URMENSCH, FEUER, KOCHEN

HANS-PETER HUFENUS

URMENSCH

Die Esskultur der frühen Menschheit

FEUER

Mit Rezepten für archaisches Kochen

KOCHEN

at VERLAG

INHALT

VORWORT

Ein Buch wie dieses zu schreiben, ist eine delikate Angelegenheit, um gleich mit einer kulinarischen Metapher zu beginnen. Im Zusammenhang mit den Themen Urmensch, Feuer und Kochen werden nämlich auch Aspekte zur Sprache kommen, die einen schnell in Teufels Küche bringen könnten, etwa das ungebremste Wachstum der Menschheit in einer endlichen Welt. Die kulinarische Metapher kann hier etwas abdämpfen, weil das Sprechen über Nahrung völkerübergreifend und instinktiv verständlich ist. Konstruktiv-kritische Botschaften, vor allem wenn sie ethisch-moralische oder Glaubensfragen berühren, werden leichter verdaulich und sind – weil Liebe durch den Magen geht – in einer grundsätzlichen Menschenliebe aufgehoben, die ich in meinem Fall als »Menschheitsliebe« bezeichnen möchte.

Es sollte ursprünglich ein Kochbuch werden, ich koche ja so gern draußen am offenen Feuer. So hieß denn der Titel ehedem auch »Das Kochbuch der Menschheit«. Aber ein »klassisches Kochbuch« wäre dann vielleicht doch nicht das Richtige gewesen, sondern eher ein Lesebuch. Weil aber die einzelnen Kapitel mit dem Fokus auf je einem Nahrungsmittel bleiben sollten, fand jeweils doch ein archaisches Rezept seinen Weg auf diese Seiten.

Nach den ersten dreißig Seiten lief das Schreiben zu meiner Überraschung wie von selbst. Es wurde zu einer Art »Dreaming«, jenem »Traumzeit«-Prozess, den die australischen Aborigines als magisches Muster leben und worin sich die Schöpfung als Wirklichkeit fortlaufend entwickelt: Mein Denken gestaltete sich nichtlinear, und meine Finger schrieben eine »Songline«, einen »Traumpfad«.

Neben dem Menschheitsgeschichtlichen, mit dem ich mich nun schon seit Jahren befasse, bot mir das die Gelegenheit, auch Biografisches einzufügen, Ereignisse und Erfahrungen, die Urgeschichtliches mit Erlebtem verflechten. Dazu gesellte sich noch die Idee, hin und wieder einen afrikanischen Göttermythos zu erzählen und den Kapiteln eine afrikanisch-mythische Huldigung oder Anrufung der

Götter voranzustellen. Afrika wird meist vergessen, wenn es darum geht, vergleichende Geschichten und Philosophien anderer Kulturen beizuziehen, jene der alten Griechen, der chinesischen Philosophen, der Indigenen Amerikas. Dabei sind wir Menschen doch alle Afrikaner. Diesem Umstand ist das Buch vor allem gewidmet.

Ich bin kein Wissenschaftler, sondern – ähnlich wie die Urmenschen – Outdoorkoch, Naturtherapeut, Tiefenmythologe und Musiker. Natürlich war ich aber stets darum bemüht, alle Fakten fachlich sauber zu recherchieren. Dabei habe ich sehr viel gelernt und bin sehr dankbar für diese geistige Nahrung, auch wenn sie mir manchmal ein wenig den Appetit verschlug. Weil ich die vielen Forscherinnen und Forscher wertschätzend als Mitwirkende betrachte, sind sie, wie es in Anmerkungen üblich ist, ähnlich einem Abspann im Kinofilm »in order of appearance« am Ende des Buches aufgeführt, also der Reihe nach, wie sie bei der Lektüre auftreten.

Dankbar bin ich auch all jenen Menschen, die mich in diesem Anliegen unterstützten. Allen voran meiner Partnerin Astrid Habiba Kreszmeier für die vielen Stunden des Austauschs, für das konstruktiv-kritische Lesen des Manuskripts und vor allem auch für die Beratung und Erzählung der Orixá-Mythen in ihrer Kompetenz als Mãe de Santo (eingeweihte Priesterin afroamerikanischer Traditionen). Mein Dank geht auch an Juliette Chrétien; als Fotografin und Verfasserin von Kochbüchern hat sie mich sehr unterstützt in der Startphase des Projekts. Danke auch an Friederike Lenart für die fachliche Prüfung meiner Texte und die wertvollen Rückmeldungen. Nicht zuletzt geht ein großer Dank an all die unsichtbaren Kräfte, die mir immer wieder gute Inspirationen zukommen ließen.

1

FRÜCHTE – ALLE MÖGEN SIE

»Euá – Wasserwesen der vielen Gesichter! Mal zeigst du dich als Fluss, bald als klarer Regen, oft als Nebel, oft bist du einfach unsichtbar. Mit dir will ich ständig wandelnd leben lernen.«

Es ist still im Urwald. Lautlos schleicht der Jaguar, und lautlos flattern die Riesenschmetterlinge. Nur hier und da ein Blatt oder eine reife Frucht, die zu Boden fällt. Aber dann wird ein dumpfes Grollen wahrnehmbar, das sich erst wie ein Vibrieren tief im Erdinnern anfühlt, dem sich einige Minuten später ein unheimliches Rauschen hinzugesellt. Es sind die Wasser des Iguazú-Flusses, die sich über eine Höhe von mehr als siebzig Metern und über eine Fallkante von fast drei Kilometern tosend in die Tiefe stürzen. Die aufsteigenden Nebel des stiebenden Wassers sind nur vom Flugzeug aus sichtbar oder von der Brücke, die ein paar Kilometer unterhalb der Fälle Argentinien mit Brasilien verbindet.

Über diese Brücke betrat ich zum ersten Mal in meinem Leben brasilianischen Boden. Es war frühmorgens, und ich hatte die Idee, auf der brasilianischen Seite zu frühstücken. Ich erwartete nichts Besonderes – in Argentinien bekam man zum Kaffee ein Brötchen oder ein Croissant; das halbe Kilo Bife de chorizo und der halbe Liter Malbec des späten Dinners hatten einen ja nachhaltig genährt. So war ich denn doch ziemlich überrascht, auf der anderen Seite des Flusses das reichhaltigste Frühstücksbuffet anzutreffen, das ich je in meinem Leben gesehen habe. Neben allen agrarischen Produkten ein farbenfrohes und duftendes Festgelage tropischer Früchte. Urfrüchte in einer Urlandschaft eines paradiesischen Planeten.

Dieser Planet entstand vor circa fünf Milliarden Jahren. Es dauerte dann noch weitere zwei Milliarden bis zur Entstehung von Essbarem. Die Erde war damals mit Wasser bedeckt, aus dem nur einzelne rauchende Vulkaninseln ragten. In einem feuchten und kühlen Klima entstanden erste Urtierchen, Einzeller und Algen. Vor 500 Millionen

Jahren begann dann die Trennung von Wasser und Land mit einem eher warmen und trockenen Klima, erste fischförmige Wirbeltiere tauchten auf, dann Fische, Muscheln, Krebse und Landpflanzen sowie Amphibien und Insekten. Vor 300 Millionen Jahren bevölkerten Raubechsen die Erde, vor rund 250 Millionen Jahren folgten die Dinosaurier, von denen einige zu Vegetariern mutierten. Es gab auch erste Säugetiere. Dann begann der Urkontinent auseinanderzudriften.

Beim Einschlag des Chicxulub-Meteoriten vor 66 Millionen Jahren starben alle Dinosaurier mit Ausnahme der Flugsaurier aus. Der Einschlag verursachte einen riesigen Tsunami, der mehrmals um die gesamte Erde ging. Überlebt haben die Sintflut nur jene Lebewesen, die sich zu diesem Zeitpunkt im Wasser, in der Luft, auf Bergen oder im Erdinnern befanden. Wir sind aber nicht die Nachkommen von Noah, sondern einer Erdbewohnerin namens Eomaia (»kletternde frühe Mutter«), einer spitzmausartigen, behaarten Insektenfresserin.

Unsere ältesten Urahnen, die Australopithecinen, belebten während fünf Millionen Jahren den afrikanischen Kontinent. Sie zogen in Gruppen umher und ernährten sich vorwiegend von Früchten, Nüssen und Kleinsttieren.

Aus dieser Linie entstanden vor sechzig Millionen Jahren die Primaten, und in dieser Abstammungslinie kam vor vier Millionen Jahren mit den Australopithecinen die Menschlichkeit in die Welt. Zwei Millionen Jahre lebten diese aufrecht gehenden Wesen im südöstlichen Afrika. Es gab zwei Arten, die »robusten«, die sich überwiegend an hartfaserigen Pflanzen gütlich taten, und die »grazilen«, die Mischkost aßen. Dies waren in erster Linie Früchte, aber auch Nüsse, von denen sie die großen mittels Steinwerkzeugen aufbrechen konnten. Und diese Menschen dürften damals schon Kaviar verspeist und Austern geschlürft haben. Auch ein rohes Frühstücksei des Perlhuhns haben sie wahrscheinlich keineswegs degoutiert.

Diese grazilen Australopithecinen wurden unsere Urahnen. Sie hatten schon einen abwechslungsreichen und reichhaltigen Speiseplan – nur, sie standen auch auf dem Speiseplan anderer Erdenbewohner. Hyänen und Säbelzahnkatzen zum Beispiel sollten dafür sorgen, dass die Bevölkerung der Australopithecinen während zwei Millionen Jahren relativ stabil blieb und noch keine Auswanderungspläne aus Afrika schmiedete. Das wäre vielleicht anders gewesen, hätten sie von den Vorkommen süßester Früchte in Asien und im südlichen Amerika gewusst. Die Früchte vor Ort mussten sie mit ihren nächsten Verwandten, den Schimpansen und Bonobos, teilen.

Aus meiner Kindheit kenne ich noch den Früchtekorb als Geschenk unterm Weihnachtsbaum oder auf Tombola-Tischen. Bananen, Orangen, eine imposante Ananas, gedörrte Feigen und Datteln in exotischer Verpackung, eine haarige Kokosnuss und Kakis, bei denen auch die Schale essbar war. Kiwis, Papayas oder Mangos waren damals noch nicht darunter. Die Früchte hießen Südfrüchte, was für mich hieß, dass sie aus Afrika kamen. Dabei hat nur eine der Früchte, die wir heute im Supermarkt finden, ihren Ursprung in Afrika: die Wassermelone. Banane, Kiwi, Litschi, Mango, Orange, Granatapfel und Kiwi haben ihre Heimat in Asien, während Avocado, Kaktusfeige, Papaya, Ananas, Cherimoya aus Südamerika stammen.

So wenig, wie die Schimpansen des paläolithischen Afrika die Banane kannten, ahnten auch unsere Urahnen noch nichts von der Früchtevielfalt unseres Planeten. Umso erstaunlicher, dass für die späteren Auswanderer auch das Obst und Gemüse außerhalb Afrikas essbar waren, so ist es in unseren Genen festgelegt: Wir alle mögen süße, wohlriechende Früchte – aber nicht nur wir, sondern auch die meisten Tiere, und zwar von der winzigen Fruchtfliege bis zum Elefanten.

Und auch die Wesen der unsichtbaren Welt, Götter- und Göttinnen genannt, scheinen Früchte zu mögen, selbst im Alpenraum. Als ich einmal durch die Wälder des Südtessins streifte, stieß ich mitten im Dickicht an einem Bächlein auf eine Schale mit frischen Früchten. Das war für mich sehr rätselhaft. Sie muss von Menschenhand bewusst dorthin gestellt worden sein. Aber für wen? Was ich schon des Öfteren im Alpenraum gesehen habe, sind Statuen der heiligen Maria mit frischen Blumen, manchmal sogar brennenden Kerzen. Es muss sich dabei um eine unbewusste, aber gespürte Erinnerung an die Ansprechbarkeit und segnende Wirkkraft von Wassergottheiten handeln. Hier aber war es lediglich eine Fruchtschale ohne Figur und ohne Kerzen.

Früchte als Gaben für Göttinnen, Geister, Naturkräfte oder Heilige kommen in allen paläolithischen Ritualen vor und sind selbst in vielen heutigen Weltreligionen noch erhalten. So finden sich Früchte nicht nur auf christlichen Altären (zum Erntedankfest), sondern auch auf hinduistischen und buddhistischen. Nur bei den ursprünglichen Wüstenreligionen, die in Gebieten entstanden, wo Früchte lediglich in bewässerten Gärten gedeihen, findet man mehrheitlich tierische Opfergaben. Bei den afroamerikanischen Orixá-Traditionen, wo jeder Orixá seine eigene Auswahl an Speisen bekommt, finden sich in den meisten Gaben, den sogenannten Oferendas oder Ebós, Früchte. Bei Euá ist es die Banane.

Als die Götter und Göttinnen eines Tages fanden, dass sie ihren Speiseplan gern durch gekochte Speisen erweitern würden, brachten sie den Menschen das Feuer, und ab da schrieb sich die Urgeschichte der Menschheit als eine Geschichte der Feuernutzung und eine Geschichte des Kochens. Eine Geschichte, die – von einer breiten Öffentlichkeit kaum bemerkt – im Augenblick gerade neu geschrieben wird. Die neuen Möglichkeiten der Isotopen- und Genforschung haben archäologischen Funden teilweise so fundamental andere Bedeutungen gegeben, dass Archäologen von einer Revolution sprechen.

Das Bild eines keulenschwingenden Urahns, der nur dumpfe Laute von sich geben konnte, sich von Aas und Beeren ernährte und sich mit seinen Artgenossen in einem stetigen Wettkampf um Ressourcen befand, gehört nun in die Mottenkiste der Geschichte. Die Menschen der Urzeit waren gesünder, friedliebender und mussten für ihr Überleben um einiges weniger arbeiten als der heutige Homo sapiens, zumindest bis zum Zeitpunkt der Vertreibung aus dem Paradies. Und was am meisten überrascht: Die Sozialstruktur der Menschen in der voragrarischen Zeit war egalitär.

Und wieso wissen wir das heute? Die Genforschung kann uns berichten, wann und wie die ersten Menschen aus Afrika auswanderten und wo wann wie viele lebten. Die Isotopenforschung in der Archäologie kann uns zeigen, was die frühen Menschen aßen. Die Primatenforschung kann uns erklären, unter welchen Bedingungen sich bei Hominiden bestimmte Sozialstrukturen herausbildeten. Die moderne Hirnforschung beweist, dass das menschliche Gehirn genetisch auf Kooperation ausgelegt ist. Die Ethnologie zeigt uns das Volk der San, die älteste lebende Homo-sapiens-Gruppe, die im südlichen Afrika noch als Sammler und Jäger leben.

Eine interessante ethnologische Studie von Polly W. Wiessner über die San trägt den Titel »Embers of society: Firelight talk among the Ju/'hoansi Bushmen« (etwa: »Glut der Gesellschaft, Gespräche am Lagerfeuer der Ju/'hoansi-Buschmänner«).[1] Aus diesen Aufzeichnungen der Gespräche am Lagerfeuer geht deutlich hervor, wie wichtig es den San-Völkern ist, einander gleichermaßen glücklich zu sehen. Will sich einer besonders hervortun, wird er – meist humorvoll, manchmal auch streng – zurückgestutzt. Wer das Sagen hat, ist nicht ein Boss, sondern das Feuer: »Our old people long ago had a government, and it was an ember from the fire where we last lived which we used to light the fire at the new place we were going.« (Etwa: »Unsere alten Leute hatten vor langer Zeit eine Regierung, und es war die Glut des Feuers vom Ort, an dem wir zuletzt gelebt hatten, mit dem wir das Feuer an dem neuen Ort anzündeten, an den wir gingen.«)

Wenn dieser San-Älteste davon spricht, dass die Glut ihre Regierung war, redet er schon von einer Vergangenheit, denn auch diese Lebensweise ist heute bedroht, weil die verbliebenen Wildnisräume durch Rohstoff- und Tourismuserschließung immer weiter eingeschränkt werden. Der San spricht von einer Vergangenheit, die 300 000 Jahre alt ist. 300 000 Jahre egalitäre Gesellschaftsform, friedliebende und frohe Charaktere, freundliche Nachbarschaftsverhältnisse, das muss sich in den Genen des Sapiens doch niedergeschlagen haben!

Aber wie konnte es dann kommen, dass wir heute in einer durch und durch patriarchalen Weltengemeinschaft leben, in der Missgunst, Neid und Fremdenfeindlichkeit die Oberhand zu haben scheinen und fast jeder nur an seiner Selbstoptimierung arbeitet? Weil das eben auch in unseren Genen steckt, nur in den noch älteren.

Die Primatenforschung präsentiert uns hierzu delikate Forschungsergebnisse durch den Vergleich der sozialen Organisierung bei den beiden uns genetisch ähnlichsten Lebewesen, den Schimpansen und den Bonobos. Die Schimpansen leben nördlich des Flusses Kongo, die Bonobos südlich. Bei den Schimpansen steht an der Spitze ein Mann, der über einen absoluten Machtanspruch verfügt. Es herrscht eine bedingungslose Dominanz über die Weibchen, die mit Brutalität durchgesetzt wird. Angriffe auf gruppenfremde Artgenossen sind üblich, und bei der Nahrungsverteilung herrscht Futterneid.

Die Bonobos sind das genaue Gegenteil. Hier führt ein Weibchen. Gegenüber benachbarten Gruppen wird Kontakt und Kommunikation gepflegt. Konflikte werden über Sex – also auf friedlichem Weg – gelöst. Beute wird gerecht untereinander verteilt. Aber was macht denn diesen Unterschied aus, bei genetisch fast gleichen Wesen, die im selben geografischen Raum, nur durch einen Fluss getrennt, leben? Es sind die Nahrungsressourcen: Südlich des Kongos gibt es für die Bonobos Nahrung im Überfluss, nördlich des Kongos herrscht Nahrungsknappheit.[2]

Vor dem Hintergrund dieses Kriteriums können wir auch die gesellschaftliche Entwicklung des Homo sapiens in seiner 300 000-jährigen Geschichte betrachten. 290 000 Jahre lebten die Menschen in egalitären und friedlichen Gesellschaften, weil Nahrung im Überfluss da war. Vor 12 000 Jahren war dann Schluss. Und zwar deshalb, weil zu dem Zeitpunkt die Besiedlung aller Kontinente abgeschlossen war und der Sapiens sich geografisch nicht mehr so leicht ausbreiten konnte. Weil einfach überall schon Artgenossen da waren, konnte der weiteren Bevölkerungsvermehrung nur durch die Erfindung der Landwirtschaft begegnet werden. Das hieß aber: mehr arbeiten. In der Bibel wird dieser Übergang als die Vertreibung aus dem Paradies bezeichnet, und es heißt dort, dass der Mensch »fortan im Schweiße seines Angesichts« mühsam den Acker bestellen müsse.

Nur war nicht »Sündhaftigkeit«, sondern Überbevölkerung der Grund für den Verlust des Paradieses, wie die Anthropologen Carel van Schaik und Kai Michel in ihrem beeindruckenden *Tagebuch der Menschheit* einleuchtend darstellen.[3] Die Agrarisierung brachte den Menschen einen enormen Zuwachs an Möglichkeiten des Verzehrs von gekochter Nahrung, und es gab Landstriche wie zum Beispiel das vorminoische Kreta, in denen so viel Überfluss herrschte, dass die späteren Geschichtsschreiber von einem Goldenen Zeitalter sprachen. In dieser Zeit war Kreta egalitär organisiert. Erst durch die Ankunft marodierender Räuberbanden vom Festland änderte sich dies. Auch Kreta wurde patriarchal. Wir können also feststellen, dass die Agrarisierung den egalitären Gesellschaften den Garaus machte und sich hierarchische Strukturen etablierten. Und dass, wenn Gesellschaften in den Mangel kommen, sich das Schimpansen-Gen durchsetzt, sprich, das Patriarchat eingeführt wird.

Den Mangel als menschliches Leid kenne ich aus meiner Kindheit. Einmal erreichte uns ein Hilferuf meiner Patin, die mit ihrer Familie als kleine Bergbauernfamilie im Wallis lebte. Sie bat um Hilfe, weil sie kaum mehr was zu essen hatten und kein Geld. Auch wir waren arm, aber wovon wir genug hatten, waren Äpfel. Ich stand dabei, wie meine Mutter einen Karton mit Äpfeln füllte, die dann auf die Post gebracht wurden.

Weil ich als Kind viele Äpfel essen »musste«, mochte ich diese Früchte dann in späteren Jahren nicht mehr so sehr. »Südfrüchte« waren da attraktiver, schon weil es sie damals im Winter nicht gab. Die Äpfel wurden im dunklen Keller gelagert, und da gab es den sogenannten Lederapfel, der den ganzen Winter durch haltbar war und gegen Frühling ganz runzelig wurde. Knackig bis in den Juni blieb der Glockenapfel, wenn er kühl gelagert werden konnte. Und ab Mitte Juli beschenkte uns die Natur schon wieder mit dem frühen Klarapfel. So gab es fast das ganze Jahr durch Äpfel, und von denen, die im Herbst in Hülle und Fülle vorhanden waren, machte die Mutter Apfelmus.

Apfelmus war eine zentrale Beigabe zu diversen Teigwarengerichten wie die berühmten Älplermakkaroni oder das bekannte und beliebte Hörnli mit Gehacktem (Rindfleisch), sozusagen die Schweizer Versionen des »Süßsauer«. Birnen waren im Gegensatz zu Äpfeln nicht so lange haltbar und wurden deshalb auf dem Dachboden gedörrt. Aus ihnen wurde dann im Winter das leckere Birnenbrot gemacht. Zwetschgen, Pflaumen und Kirschen wurden eingemacht oder zu Marmelade verarbeitet. So kam man mit den Früchten des Nordens durch den Winter. Während in den südlicheren Teilen Europas die Kultivierung der Weintraube für fröhliche Runden sorgte, waren es im Norden die am Kaminfeuer gereichten Obstbrandgetränke, die etwas Gemütswärme in die kalten Winterabende zu bringen vermochten.

Unsere Nordfrüchte stammen allesamt von Wildsorten ab und bekamen als gezüchtete und veredelte Kulturpflanzen den Namen »Obst«. So auch der Apfel, der aus einer Kreuzung aus dem asiatischen Wildapfel und dem Kaukasusapfel hervorging und der es in Europa zu einer großen symbolischen Bedeutung gebracht hat. Wir Kinder erfuhren, dass Schneewittchen von der bösen Stiefmutter mit einem vergifteten Apfel getötet wurde. Und man erzählte uns, die verbotene Frucht im Paradies sei ein Apfel gewesen. In den ursprünglichen Texten war aber nicht von einem Apfel die Rede, das wurde erst in der lateinischen Bibel so gedeutet, weil das Wort *malum* sowohl »Apfel« als auch »das Böse, Schlechte« heißen kann.

Wie wahr die erzählt überlieferte Geschichte vom schweizerischen Nationalhelden Wilhelm Tell ist, kann nicht gesagt werden. In der Legende verweigert es Tell, den auf einer Stange steckenden Hut des habsburgischen Landvogts zu grüßen. Zur Strafe befiehlt ihm dieser, einen Apfel vom Kopf seines Sohnes Walther zu schießen. Tell tut, wie ihm geheißen, steckt aber einen zweiten Pfeil in den Köcher. Als er den Apfel getroffen hat, antwortet er auf die Frage, wozu er den zweiten Pfeil brauche, dass dieser, wenn er sein Kind getroffen hätte, für den Vogt bestimmt gewesen sei. Daraufhin wird er festgenommen und abgeführt, aber es gelingt ihm durch einen Trick, wieder freizukommen, und er lauert dem Landvogt auf, um ihn mit seiner Armbrust zu erschießen.

Dieser Mythos einer heroischen Guerillatat eines einfachen Bergbauern ist Teil der ideologischen Grundlage der schweizerischen Bauern-, Gewerbe- und Bürgerpartei, die als »Schweizerische Volkspartei« die Eidgenossenschaft weiterhin von einem als »habsburgisch« wahrgenommenen Europa abschotten möchte. Dabei kamen die Habsburger ursprünglich selbst aus der Schweiz.

Dem Apfel können die heutigen Bauern trotz des Mythos keine besondere Liebe mehr entgegenbringen. In der Landwirtschaft ist diese Frucht nur rentabel, wenn sie in Monokulturen angepflanzt wird. Vielerorts wurden die altehrwürdigen, vereinzelt stehenden Hochstammbäume gefällt, weil sie beim Mähen bloß im Wege stehen. Und bei denen, die überlebt haben, werden die Früchte nicht geerntet. Sie fallen zu Boden und dienen im Winter als Nahrung für Vögel und Rehe, die sie selbst unter dem Schnee noch herausholen.

In meiner Jugend gab es noch eine weitere Apfelgeschichte, die aber im anderen Parteilager beheimatet war. Die Rede ist von jenem giftgrünen »Granny Smith«, den man auf keinen Fall kaufen sollte, weil er aus dem Südafrika der Apartheid kam. Auch Bananen waren wegen ihrer Herkunft aus den Ausbeuterplantagen verpönt. So hatte auch die moderne Zeit ihre verbotenen Paradiesfrüchte.

REZEPT

SCHOKOLADENBANANE

Bananen mitsamt der Schale der Länge nach aufschlitzen und Schokoladenstücke hineindrücken. In die Glut legen, bis die Schokolade geschmolzen ist.

Die Banane liebt die Schokolade heiß. Während sie schon im 6. Jahrhundert v. Chr. von Indien nach Ägypten eingeführt wurde, kam der Kakao, der in Mexiko seine Urheimat hat, erst 1528 nach Europa. Heute ist Lateinamerika für beide Produkte Hauptlieferant.

Bananen werden gern im Schatten der Kakaobäume gepflanzt. Die reifen Kakaofrüchte, aus denen die Schokolade hergestellt ist, werden vom Stamm getrennt, und die Samen und das Fruchtfleisch werden auf Bananenblättern ausgeschüttet und zum Fermentieren mit einer weiteren Schicht Blätter zugedeckt.

2

BLÄTTER – BELEBEND, HEILEND, BERAUSCHEND

»Ossain – du in den Blättern der tiefen Wälder Tanzender. Kundiger der tausend Säfte, ihrer Heilkunst, ihres Zaubers.«

War es der Kasperle, der krank war, oder die Prinzessin? Ich erinnere mich nicht, wer wem die Heilkräuter überreichte und ob die Hexe mit im Spiel war. Aber die Szene zog meine Kinderseele in den Bann. Dabei war es weniger die Inszenierung als vielmehr die Pflanzen. Während die Figuren aus Holz und Stoff waren, hatten die Vorführenden echte Blätter aus dem Garten genommen. Ich sehe sie noch heute deutlich vor mir: ein Bündel echter, saftig grüner Blätter.

Wieso mich diese Szene so berührte, verstand ich nicht gleich. Aber eigenartigerweise sprach ich auch mit niemandem darüber, weder mit den anderen Kindern noch mit meinen Eltern. Und so erfuhr ich natürlich auch nicht, um welche Pflanze es sich handelte: Es könnte Bärlauch gewesen sein oder aber Maiglöckchen oder Herbstzeitlose.

Heute wüsste ich es, und auch wie wichtig es ist, diese drei Pflanzen, die so ähnlich ausschauen, zu unterscheiden, sind doch die letzteren beiden für den Menschen giftig. Das Interesse für Wildpflanzen und ihre Nutzbarkeit wurde erst im Erwachsenenalter in mir geweckt; so kamen die Menschen in meinem Umfeld damals auch nicht auf die Idee, ich könnte Botaniker, Apotheker oder Naturheilarzt werden. Stattdessen sahen sie sich mit einem Kind konfrontiert, das aus unerklärlichen Gründen Straßenkehrer werden wollte. Hat ja, zumindest im Herbst, auch was mit Blättern zu tun …

Die ersten Lebewesen auf unserem Planeten waren die Blaualgen, die noch nicht eigentliche Pflanzen waren, sondern Bakterien mit der Fähigkeit, mittels Fotosynthese Sauerstoff aus dem Wasser freizusetzen. Damit wurde der Weg frei für eine der großen Kooperationen des Lebens auf der Erde, nämlich die zwischen jenen, die Sauerstoff einatmen, und jenen, die ihn abgeben. Deshalb sind die Blätter unserer Wälder für die Menschen lebensnotwendig, auch wenn sie nicht als Nahrungsmittel dienen wie bei ihren nächsten Verwandten, den Schimpansen und den Bonobos, deren Speiseplan in den sieben Millionen Jahren der Menschheitsgeschichte unverändert blieb: zu 60 Prozent Früchte und zu 20 Prozent Blätter. Den Rest lieferten Samen, Insekten und Fleisch. Somit teilten sich diese Rohköstler mit den Australopithecinen das Nahrungsvorkommen.

Das ging fünf Millionen Jahre lang gut, bis ein Klimawandel dem Australopithecus zu schaffen machte. Ein Zweig, den man als den robusten bezeichnet, änderte sein Menü und unterlag schlussendlich seinen tierischen Nahrungskonkurrenten. Überlebt hat wie gesagt der grazile Zweig. Dieser wendete sich vom Blätterkonsum ab und setzte auf das Konzept »Kopf statt Darm«. Wie wir bei den pflanzenfressenden

Der Regenbogen zeigt, dass hier gerade ein Gewitter vorbeigezogen ist. Ein Blitz hat einen Baum entzündet. Die Menschen (Erectus) schauen, wohin das Feuer ziehen wird, und werden dann mit ihren Stöcken in der Glut nach gekochter Nahrung suchen.

Tieren beobachten können, verbringen diese den ganzen Tag mit Fressen und Wiederkäuen, während fleischfressende die meiste Zeit auf der faulen Haut liegen.

Die Australopithecinen waren durch ihre Entwicklung für den Verzehr von rohem Fleisch nicht mehr ausgerüstet, weil ihnen der aufrechte Gang und ein Rückgang der Körperbehaarung den Zugang zu gekochter Nahrung öffnete, die sie in der Glut vorbeigezogener Wald- oder Buschbrände fanden. Dazu diente ihnen ein neues Werkzeug, das sich zum Faustkeil dazugesellte, der Grabstock.

Die Erweiterung der Speisekarte durch gekochte Nahrung machte es den Menschen möglich, auch Speisen zu essen, die roh ungenießbar oder gar giftig wären und an deren Genuss ihr Instinkt sie hinderte. Deshalb wurde dieser nach und nach ersetzt durch die Weitergabe von Wissen über Essbarkeit durch Kochen. Leben hieß jetzt Lernen und Weitergeben in der Community. Nicht dass die Menschen den Instinkt verloren hätten, aber er trat etwas zurück zugunsten eines wachsenden Gehirns, das sich erinnern und mit anderen kommunizieren konnte.

Was die Blätter anbelangt, deren wohltuende Wirkung den frühen Menschen nicht verborgen blieb, vollzog sich dann ein Wandel vom Blatt als Nahrungsmittel zum Blatt als Medizin; die Menschen wurden zu Naturheilkundigen. Eine Spezialisierung von Einzelnen, die einen besonderen Zugang zu den Heilkräften der Pflanzen hätten, gab es noch nicht. Alle zeichnete das mehr oder weniger gleiche Wissen aus, und alle waren bestrebt, gesund zu bleiben. In der eng zusammenbleibenden Horde waren sie sicherer vor den Angriffen der Wildkatzen, bestehen die Jagdmethoden dieser ja gerade darin, schwächelnde Individuen von der Herde zu trennen. Über die genaue Sozialstruktur dieser Urmenschen können wir nur Vermutungen anstellen. Waren sie patriarchal organisiert wie die Schimpansen? Oder matriarchal wie die Bonobos? Oder waren sie, als dritte Option, bereits egalitär wie ihre späteren Artgenossen?

Mit den Kompetenzen von Werkzeuggebrauch, aufrechtem Gang, spärlicher Behaarung, der Ergänzung des Speiseplans mit gekochter Nahrung und einem in der Folge größer werdenden Gehirn entstand vor zwei Millionen Jahren ein neuer Typus: der Homo erectus – ein Wesen, das in einer hochkooperativen egalitären Community lebte und mit einer der Gemeinschaft dienenden Originalität ausgestattet war.

Meine der Gemeinschaft dienliche Originalität machte sich – wie wahrscheinlich bei allen Menschen – schon früh im Leben bemerkbar.

Dazu gehörte das Ergriffenheitserlebnis mit den Heilkräutern im Kasperletheater genauso wie das Berührtsein von der Tätigkeit der Straßenkehrer.

Im Alter von sieben Jahren ereilte mich ein weiteres einprägsames Erlebnis. In einem Schulferienlager bauten die Leiter mit uns Kindern im Wald eine Laubhütte, von deren Anblick ich auf unerklärliche Weise zutiefst gepackt wurde. War dies ein Resonanzphänomen, eine Tiefenerinnerung an Initiationshütten in menschlichen Urgesellschaften? Natürlich wusste ich von Initiation damals noch nichts, das würde sich erst im späteren Leben entschlüsseln. Aber deutlich wurde, dass sich in mir durch dieses Erlebnis ein neuer Berufswunsch entwickelte: Ich wollte Menschen in die Natur begleiten, so wie es die Leiter mit uns machten.

Der Wunsch geriet wieder in Vergessenheit, und ich erlernte dann einen gestalterischen Beruf. Fast hätte ich die Laufbahn eines Bühnenbildners eingeschlagen, da warf mich ein schwerer Motorradunfall aus der Bahn. Ein ganzes Jahr ans Krankenhausbett gefesselt, sah ich die Welt nur noch durchs Fenster. Der Blick ging zu einem bewaldeten Hügel in der Ferne, und da, auf einmal, ereilte mich der Ruf der Natur und die Erinnerung an jenen ursprünglichen Berufswunsch aus der Kindheit.

Als ich dann nach der Entlassung aus dem Krankenhaus vor dem städtischen Jugendhaus meiner Heimatstadt eine Gruppe beobachtete, die mit Rucksack und Schlafsack, begleitet von einem Jugendarbeiter, in die Natur aufbrach, war die Entscheidung gefallen, die Ausbildung zum Sozialarbeiter anzutreten. Trotz aller Begeisterung für Gruppendynamik und andere tolle psychologische Themen fehlte mir nach Abschluss der Ausbildung aber die Motivation, eine entsprechende Anstellung zu suchen. Ich machte vorerst etwas anderes, erlernte jedoch fleißig alle natursportlichen Techniken, die damals Mode waren: Klettern, Kanufahren, Skitourenfahren. Und dann, eines Tages, bekam ich unvermittelt, wie ein Geschenk vom Himmel, das Angebot, eine Reisegruppe auf einem Himalaya-Trekking zu begleiten.

So war ich dann 1979 in Nepal unterwegs. Beeindruckt von einer gewaltigen Landschaft – im Vordergrund grüne Reisterrassen, am Horizont riesige Schneeberge –, war der etwas befremdliche Anblick meiner Reisegruppe zweitrangig. Aber es beschäftigte mich, dass die einheimischen Träger das Gepäck der Teilnehmer tragen mussten. Vierzig Kilo auf dem Rücken und keine Schuhe an den Füßen – das war gewöhnungsbedürftig. Es gab neben den Trägern noch das Kochteam und die sogenannten Sherpas, Begleiter, die wenig

Gepäck trugen. Ich lernte von den Köchinnen, wie man mit drei Steinen eine Kochstelle baut – eine Tradition, die ich seither tausendfach und bis zum heutigen Tag pflege.

Und ich lernte auch viel über westliche Touristen. Am letzten Abend der Reise sollte es ein kleines Fest mit den Sherpas geben, die dafür speziell einen Kuchen auf dem offenen Feuer gebacken hatten. Meine Teilnehmer wünschten sich, dass die Sherpas ihren Tanz vorführten, den sie manchmal vor dem Schlafengehen vollführten, wenn sie unter sich waren. Das würden sie gern tun, meinten die Sherpas auf meine Anfrage, wenn wir ihnen etwas Geld gäben, damit sie sich im nahen Dorf Marihuana kaufen könnten. Das ging nun für meine Teilnehmer ganz und gar nicht. Drogen – das könnten sie auf keinen Fall gutheißen.

Damit fiel die Tanzperformance für den Abend aus, und ich bekam meine erste Lektion in der Doppelseitigkeit von Blättern. Marihuana ist als Pflanze in Asien beheimatet, schon unterwegs während des Trekkings sah ich wildwachsende Cannabisstauden, von denen die Sherpas pflückten. Marihuana war in Nepal auch ganz legal, bis auf Druck der USA 1973 der Konsum verboten wurde.

Auch in anderen Bereichen lernte ich bei jener ersten Reiseleitung viel über Ambivalenz. Im Anschluss an das Trekking gab es eine Floßtour auf einem Fluss, mein erstes und einziges Rafting-Erlebnis. Der Rafting-Guide, damals noch mit Rudern ausgerüstet, lenkte das Gummiboot zu meinem Erstaunen immer in die größten Wellen. Auf meine Frage, warum er dies tue, meinte er: »Man muss den Leuten schon ein wenig Aufregung bieten.« Und mir wurde klar, dass das nicht die Art sein konnte, mit der ich Gruppen in der Natur begleiten würde. Das Rafting, wie ich es hier kennenlernte, wurde weltweit zum Erlebnishit für Touristen und auch zum sogenannten Teamtraining für »Manager«. Etwas abgewandelt, wurde Teamgeist trainiert in einem schwimmenden Vehikel, in dem das Team kräftig ruderte – aber nur auf Befehl des Bootsführers, der hinten ein Steuerruder bediente. Das Teamtraining war also nichts weiter als die Ausführung von Befehlen, ohne auch nur eine Ahnung von der jeweiligen Situation zu haben.

Auf jener Reise in Nepal hatte ich wieder ein Ergriffenheitserlebnis. Es war Abend, und von unserem Zeltlager aus war in der Ferne ein Feuerchen zu sehen, das vor einem der Lehmhäuser brannte. Warum mich der Anblick so berührte, verstand ich damals nicht, war es doch ein einfaches Bild, dessen Bedeutung ich erst viele Jahre später erkennen würde.

Einige Zeit danach bekam ich die Möglichkeit, an einem indigenen Feuer zu sitzen, denn eine nächste Reise führte mich nach Kolumbien, um eine Trekkingreise in der Sierra Nevada de Santa Marta zu erkunden. Das Feuerchen befand sich in der Mitte der strohbedeckten Steinhütte. Leider war der Rauch so dicht, dass ich niemanden in der Hütte erkennen konnte, ich vernahm lediglich Stimmen. Bis ich mich dann mal etwas zur Seite neigte und feststellte, dass es weiter unten keinen Rauch gab. Und so war der Sachverhalt: Da die Indianer bedeutend kleiner waren als ich, konnten sie sich durchaus gut untereinander sehen ...

Am nächsten Morgen gab es gebratene Bananen mit Spiegelei. Wie kunstvoll die Köchin hantierte und in dieser holzarmen Gegend mit drei kleinen Stöckchen ein Kochfeuer unterhielt, das reichte, ein Frühstück für die ganze Familie zuzubereiten.

Die Kinder der Familie tanzten herum und riefen mich: »Me Gusto, Me Gusto.« Ich hatte keine Ahnung, warum sie mich so nannten. Erst als sich im Laufe meines Südamerikaaufenthalts mein Spanisch ein wenig verbesserte, erkannte ich, dass ich hatte sagen wollen, wie sehr es mir gefällt. Aber statt »Me gusta« sagte ich: »Me gusto«, was so viel heißt wie: »Ich gefalle mir.« Das muss für die Kinder sehr amüsant gewesen sein. Überhaupt war ich ein richtiges Greenhorn. Nicht den leisesten Schimmer hatte ich, dass ich in einem der gefährlichsten Drogenanbaugebiete der Welt unterwegs war; und so zog ich mit meinem gebuchten einheimischen Begleiter namens Benvindo weiter durch die Berglandschaft.

Malerisch sahen sie aus, die kleinwüchsigen Indianer dieser Gegend mit ihren langen, schwarzen Haaren und ganz in Weiß gekleidet. Alle trugen sie eine Tasche mit sich, aus der sie von Zeit zu Zeit eine Handvoll Blätter nahmen und in den Mund steckten. Mit einem Stab stocherten sie dann in einer Kalabasse herum und führten ihn schließlich in den Mund.

Mein Begleiter klärte mich auf, dass es sich um Kokablätter handelte und in der Kalabasse sich ein Puder aus Meeresmuscheln befinde, mit dessen Hilfe sich das Kokain aus den zerkauten Blättern herauslösen ließ. Wie schon in Nepal gehörten auch hier die Blätter einer Pflanze, die im Westen als Droge deklariert war, zum Alltag der Einheimischen. Wenn sich zwei Männer treffen, wird eine Handvoll Blätter als Zeichen des gegenseitigen Respekts ausgetauscht. Darüber hinaus wird das Blatt der Kokapflanze aber auch bei Opfergaben und Ritualen eingesetzt. Und auch hier waren es die USA, die diese Substanz kriminalisierten. Coca-Cola hatte ja ursprünglich, wie der Name schon sagt, als Bestandteile Kokablätter und Colanuss. 1914 verbot dann die amerikanische Regierung die Verwendung von Kokain in Getränken. Seither wird der Brause angeblich Koffein anstelle von Koka beigemischt, sie müsste also eigentlich »Coffee-Cola« heißen.

Wade Davis schreibt in seinem Buch *The Wayfinders* eine wunderschöne Hommage an das Kokablatt.[4] Als junger Student durfte er 1974 an einer botanischen Expedition in die Anden teilnehmen, deren Ziel das Studium der Kokapflanze war. Das war zu einer Zeit, als der vorerst medizinische Gebrauch von Kokain in den westlichen Ländern bereits zu einem epidemischen Drogenproblem geworden war. Davis studierte den indigenen Umgang mit der heiligen Pflanze der südamerikanischen Ureinwohner. Er berichtet, wie sich schon die Inkas keinem heiligen Schrein zu nähern wagten, ohne ein Kokablatt im Mund zu haben. Und dass sich der Glaube an einen wechselseitigen Austausch von Energie in der Bevölkerung bis heute erhalten hat.

Die wissenschaftliche Untersuchung der Pflanze zeigt, dass der Anteil des Wirkstoffs Alkaloid lediglich ein Prozent des Trockengewichts ausmacht. Den weitaus größeren Anteil bilden Enzyme, die bei der kartoffelbasierten Ernährung der Andenvölker verdauungsunterstützend waren. Koka war keine Droge, aber eine heilige Speise, die als milder Stimulator ohne jegliche toxische Wirkung oder Abhängigkeit über viertausend Jahre von den Menschen konsumiert wurde.

Heute sind die Kokaplantagen der Einheimischen auf Wunsch westlicher Mächte »illegal«, weil diese sie als Ursache für die Kokaindrogenproblematik ihrer Bürger sehen – oder vielleicht auch einfach weil sie der steuerlichen Erhebung entzogen sind. Immer wenn den Ordnungskräften wieder mal ein Coup gegen Kokainhändler gelungen ist, findet das Ereignis einen großen Widerhall in den Medien. Von der global agierenden Kokainmafia ist die Rede und davon, dass der Markt überschwemmt wird von dieser Droge. Den Grund sieht man im steigenden Angebot, weshalb entsprechende Plantagen von Zeit zu Zeit medienwirksam – meist durch Militäreinheiten – zerstört werden. Das Publikum wird dabei im Glauben gelassen, es handelt sich bei den Konsumenten um Randexistenzen unserer Gesellschaft. Dass die Verfasser der entsprechenden Artikel zu einer der Berufsgruppen gehören, die besonders kokainabhängig ist, davon ist nirgends die Rede. Kokain nehmen nicht nur Partybesucher, sondern auch Banker, Hausfrauen, Bauarbeiter. Man kann es eigentlich nicht fassen, dass da so gut wie nie einer gefasst wird.

Ein neuerer Hit im Blätterwald ist das Ayahuasca. In Brasilien schon länger im Gebrauch, hat der psychedelisch wirkende Tee aus einer Mischung von einer bestimmten Liane und den Blättern eines Kaffeestrauchgewächses mittlerweile selbst die westliche Schickeria erreicht. Da wir in einer Zeit leben, in der eine wertschätzende Haltung gegenüber indigenen Völkern und ihren Bräuchen zur politischen Korrektheit gehört, können die Substanzen-Sittenwächter das Gebräu nicht mehr einfach verbieten wie die USA den Nepalesen den Cannabiskonsum und den Kolumbianern den Kokaanbau. So finden wir in verschiedenen Ländern teilweise originelle juristische Handhabungen des Ayahuasca-Konsums. In Peru gehört Ayahuasca zum nationalen Erbe und ist für Touristen nicht geregelt. In Brasilien soll der Konsum erlaubt, aber der Handel verboten sein. Im Iran ist der Konsum den Schiiten unter Aufsicht von Experten erlaubt. In den USA und in Kanada ist Ayahuasca mit der Begründung der freien Religionsausübung gestattet, während es in Deutschland und der Schweiz verboten ist.

Was den Indigenen der Amazonasregion Ayahuasca, den Bewohnern des südlichen Südamerikas das Mateblatt und den indigenen Völkern des südamerikanischen Hochlands die Kokapflanze ist, war der nordamerikanischen Urbevölkerung das Tabakblatt, eine heilige Pflanze für Ritual und Heilung. Von den Kolonisatoren im 17. Jahrhundert nach Europa eingeführt und vorerst nur als Heilpflanze angebaut, entwickelte sich der Tabakkonsum zu einer Epidemie, die heute jährlich viele Millionen Todesopfer fordert. Doch weil Zigarren und Zigaretten ein Produkt der westlichen Wirtschaft sind, ist weder der Anbau noch der Handel verboten.

Aber warum wird eine Heil- und Ritualpflanze, die Indigene seit Jahrtausenden gebrauchen, auf einmal ein die Gesundheit gefährdendes Suchtmittel? Warum wendet sich beim nichtrituellen Gebrauch das Blatt? Ist der Begriff »Missbrauch«, der ja den Drogenkonsum charakterisiert, auch spirituell zu verstehen?

In den Orixá-Traditionen wird unter anderen die folgende Geschichte über Ossain erzählt.

Nach langer Lehr- und Erfahrungszeit kannte Ossain alle Blätter,
Säfte und ihre Heilkräfte. Er begann, Blätter oder Kräuter weiterzugeben,
und bat dafür immer um eine kleine Gegenleistung, zum Beispiel
ein Essen.

Mit einem dieser Blätter machten die Menschen dann ein Vermögen, und bald vergaßen sie Ossain und letztlich auch das eigentliche Blatt. Ossain wurde zornig und schickte nun auch viele Blätter, die krank machten. Und erst als die Menschen sich daran erinnerten und wieder zu ehren begannen, was zu ehren ist, erst dann konnte Gesundheit einkehren.

So geht es einem mit Ossain.

Es war der 26. April 1986. Ich war mit einer Gruppe in einem Kanukurs am Doubs im Schweizer Jura unterwegs. Als Abendessen war ein Wildkräuterreis geplant. Obwohl es ziemlich heftig regnete, stapften wir im Gelände herum und sammelten essbare Wildpflanzen: Bärlauch, Spitzwegerich, Birkenblätter, Brennnesselblätter, Frauenmantel, Brunnenkresse, junge Löwenzahnblätter, Schafgarbe und Klee. Trotz des miserablen Wetters hatten wir es ziemlich gemütlich am Feuer und unter dem Planendach, auf das der Regen unaufhörlich prasselte.

Erst zu Hause erfuhren wir, dass an jenem Tag der Reaktor von Tschernobyl in die Luft gegangen und der radioaktive Fallout ausgerechnet in jenem Gebiet der Schweiz am stärksten gewesen war, in dem wir uns befanden. Der Name »Tschernobyl« heißt »Beifuß«, eine Pflanze, die in früheren Zeiten zur Sommer- und Wintersonnenwende zwecks Abwehr von bösen Geistern als Räuchermittel genutzt wurde. Sie galt im Mittelalter als wirksames Mittel in der Hexerei und war Bestandteil magischer Rezepturen.

Die Erfahrung mit dem Tschernobyl'schen Hexenkessel brachte mich zur Entscheidung, die Kräuterkunst in meinem Kursangebot nicht mehr zu vermitteln. Den Umgang mit Heilkräutern hatte ich, obwohl lange studiert, schon immer den Profis überlassen. Das ist bei Heilpflanzen auch ratsam, ist es doch bei vielen allein die Dosierung, die zwischen heilsam oder giftig entscheidet.

Die Pharmazie ist eines der ältesten akademischen Lehrfächer. Die Trennung von Schulmedizin und Heilmagie erfolgte aber erst in der Neuzeit. Heute führt die kapitalintensive Pharmaindustrie einen Kampf gegen die Naturheilpraxis der Komplementärmedizin, der wie eine ideologische Neuauflage der mittelalterlichen Hexenverfolgung anmutet. In der *Neuen Zürcher Zeitung* las ich ein Interview mit dem CEO eines Pharmariesen, der anlässlich eines Afrikaaufenthalts unwidersprochen behaupten konnte, dass es in Afrika keine Heilkräuter mehr gäbe. Dabei ist vielerorts nachzulesen, dass von den circa 6400 im tropischen Afrika vorkommenden Pflanzen etwa

4000 für Heilzwecke verwendet werden. Aber die Pharmaindustrie ist natürlich an der Synthetisierung von natürlichen Heilmitteln interessiert und überzeugt davon, dass diese wirksamer seien als unverarbeitete Substanzen, die sich nicht patentieren lassen. Natürlich lässt sich Aspirin ökonomisch einfacher handhaben als Weiderinde, die eine vergleichbare Wirkkraft hat. Aber bei synthetisierten Heilmitteln müssen wir dafür oft unliebsame Nebenwirkungen in Kauf nehmen.

Ich hatte nur einmal beruflichen Kontakt mit Leuten aus der Pharmaindustrie und will das nicht verallgemeinern, aber was mir da entgegenschlug, war aus meiner Sicht eine Atmosphäre von Gier und Angst. Als ich das einem Freund, einem Organisationsberater, erzählte, bestätigte er mir, dass das auch seine Erfahrung in den Trainings mit Vertretern dieser Sparte sei. Aktuell gibt der Firmenchef eines solchen Konzerns in den Medien bekannt, dass er keine »Kultur der Angst« mehr haben möchte. Da kann man nur anfügen: Wie wäre es darüber hinaus mit einer Dankesgeste an die Kräfte der Blätter, des Zaubers und der Heilkunst?

REZEPT

FEUILLES CROQUANTES

125 g Mehl, ¼ Liter herbes Bier, 1 Ei, Salz, Muskat, Pflanzenöl.
Als Blätter und Blüten verwendet werden können: Bärlauch, Beinwell, Borretsch, Brombeer-, Himbeer- und Erdbeerblätter, Holunderblüten, Huflattich, Lindenblätter, Löwenzahn, Rosenblätter, Salbei, Sauerampfer, aber auch essbare Blumen wie Rosen.

Für den Teig das Mehl mit dem Bier, dem Eigelb und den Gewürzen zu einem dickflüssigen Teig verarbeiten. Das Eiweiß zu Schnee schlagen. 1 Teelöffel Öl unter den Teig rühren und den Eischnee unterheben. Einige Minuten ruhen lassen. Öl in einer Kasserolle erhitzen. Blätter in den Bierteig tauchen, abtropfen lassen und dann im heißen Öl goldgelb ausbacken. Mit Muskat und Salz würzen.

3

KNOCHENMARK – DAS SALZ DER ERDE

»Xangô – du Mächtiger! Feuer bringen deine Blicke. Deinen Tanz in Kraft und Ruhe willkommen heißen schafft Räume weiser Ordnung.«

Schon lange lebten die Menschen zusammen mit den anderen Tieren, den Steinen, den Pflanzen und mit der Erde, die, mal heiß, mal feucht, dann wieder trocken und kalt, vieles für sie bereithielt. Neugierig waren sie und auf ihre Art immer bereit für ein Schwätzchen mit allen rundherum; und doch wussten sie noch nicht, wie ein Feuer zu machen sei, und noch weniger, wie man kocht. Eines Tages jedoch begann ihnen ihre Nahrung schwer im Bauch zu liegen, und auch der Austausch mit der sonst so lebendigen Welt der Orixás rund um sie herum wurde mühsam.

So gingen sie zur Kreuzung von Exú und baten diesen um Hilfe. Wenn jemand weiterwusste, dann er, das spürten sie. Sie warteten drei Tage und drei Nächte, ohne dass ein Zeichen gekommen wäre. Aber dann hörten sie ein Geräusch im Wald. Es waren Bäume, die über ihnen lachten, indem sie ihre Äste aneinanderrieben. Den Menschen gefiel dieses Spiel überhaupt nicht, und sie riefen nach Xangô, dass er ihnen helfe und Blitze über die Bäume sende.

So geschah es! Von den in Brand gesetzten Bäumen fielen Teile auf die Erde und verbrannten, bis nur die glühende Kohle blieb. Das gefiel den Menschen, und sie begannen die Glutstücke zu sammeln, mit Holzspänen und Erde zu bedecken. Sie waren eben verspielt und neugierig und dachten sich nicht so viel dabei. Nach einiger Zeit machten sie das Hügelchen auf und fanden schwarze Stücke. Und als sie diese Teile (die wir heute Kohle nennen) gemeinsam mit den Glutresten zwischen Steine legten, blies zuerst der Wind hinein, bis sich ein Feuer entzündete. So inspiriert und beschützt durch Xangô – und seine Windfreundin Iansã –, erfanden die Menschen das Feuer, den Herd und das Kochen. Und sie kochten und aßen und teilten, das war gut für sie und die Orixás.

Von einem Tag auf den anderen hat sich dieser Übergang natürlich nicht vollzogen. Wie viele Entdeckungen, die dem Menschen zugeschrieben werden, wurde auch diese zuvor schon von anderen Lebewesen gemacht. So ist auch von Landtieren und vor allem Vögeln bekannt, dass sie gelegentlich Nahrung aus von einem Waldbrand heimgesuchten Landstrichen besorgen. Aber dank dem Rückgang der Körperbehaarung und der damit verbundenen größer gewordenen Fähigkeit zu schwitzen konnten sich diese Menschen näher als ihre befellten Ahnen an ein Feuer wagen.

Etwas rätselhaft an dem hier wiedergegebenen Mythos ist die Stelle, an der die Bäume »lachten«, indem sie ihre Äste aneinanderrieben. Wie wir wissen, kann durch das Aneinanderreiben von trockenen Hölzern auch ein Feuer entfacht werden. Nur, diese Technik begannen die Menschen erst viele hunderttausend Jahre später einzusetzen. Und auch die Kunst, Kohlestücke zu platzieren und mit Glutstücken zu entfachen, entdeckten sie erst später. Zunächst beschieden sie sich damit, in von Blitzen in Brand gesetzten Wäldern gekochte beziehungsweise gebratene Nahrung aufzustöbern.

Keinen »Pelz« mehr zu haben hatte in Afrika auch einen Nachteil. Das menschliche Wesen wurde anfällig für Sonnenbrand und Insektenstiche. Doch es wusste diesen Nachteil in einen Vorteil zu verwandeln. Dank seines aufrechten Gangs entwickelte es die Fähigkeit des »Joggens«. Da es wegen des fehlenden Haarpelzes über eine herausragende Schwitz- und damit Abkühlfähigkeit verfügte, konnte es ausdauernder laufen als alle anderen Lebewesen, und es vermochte so, weite Strecken schneller zurückzulegen als sie. Gegen den Sonnenbrand schützte sich das Wesen durch die Änderung seiner Hautfarbe in Schwarz, was später einmal als »Rassenmerkmal« definiert werden sollte. Gegen Insektenstiche entwickelte es eine so starke Abneigung, dass es lernte, Mücken- und Tsetsefliegen-Gebiete zu meiden und somit gleichzeitig den mit diesen Insekten verbundenen Krankheitserregern auszuweichen.

In jenen Zeiten waren die feuchteren Landstriche unseres Planeten primär mit Wald, die trockeneren Gebiete mit Savanne oder Steppe bedeckt. Wald- und Steppenbrände galten damals noch nicht als »Naturkatastrophen«, sondern als normaler Bestandteil der Wachstumskreisläufe. Meist durch Blitzschlag verursacht, brannte es immer irgendwo. Und dies machte sich der Erectus zunutze. Der Blick zum Himmel sagte diesen Menschen, ob ein Gewitter kam, und aufgrund des aufsteigenden Rauchs sahen sie, wo ein Brand entfacht war. Sie eilten dann auf die windabgekehrte Seite der Brandgebiete, und dort fanden sie in der Glut gegarte essbare Nahrung. Falls sich der Wind drehte und das Feuer plötzlich in die eigene Richtung kam, nutzten sie ihre Fähigkeit des ausdauernden Rennens, um dem Feuer auszuweichen. Nach und nach verlor der Mensch - als einziges Lebewesen - die Angst vor dem Feuer, es wurde ihm ein Freund, der ihnen köstliche und verträgliche Nahrung versprach.

Anders als beim Australopithecus, dessen Wanderungen sich auf jenen Raum beschränkten, der genügend Früchte, Nüsse und essbare Pflanzen bereithielt, erlebte der Homo erectus eine enorme Reichweitenvergrößerung. Dank der sich stetig fortentwickelnden

Das Trinken aus der hohlen Hand ist eine der schönsten Gesten der menschlichen Gattung (hier ein Homo heidelbergensis). Im Hintergrund ein kleines Wildfeuer, vermutlich von einem Blitz entfacht, das Nahrung verspricht.

Fähigkeiten der Fernsicht, des ausdauernden Wanderns und der intellektuellen Kapazität erweiterte sich seine Welt um ein »Jenseits des Horizonts«, ein »Jenseits des Sichtbaren«. Blitz und Donner waren nicht mehr nur bedrohlich, sondern auch ganz pragmatisch nutzbare Botschaften. Das Lesen der Rauchzeichen am Himmel befähigte den Erectus schließlich, seine Schritte dahin zu lenken, wo Nahrung zu finden wäre.

Neben den nahrhaften Knollengewächsen, von denen viele ungekocht schwer verdaulich, ungenießbar oder gar giftig gewesen wären, kam einem Nahrungsmittel für die frühen Menschen eine zentrale Bedeutung zu, nämlich dem Knochenmark. Mit dem Faustkeil, einem Werkzeug, das zwei Millionen Jahre lang das »Multitool« der Frühmenschen war, wurden die Knochen von in Bränden umgekommenen Tieren aufgebrochen, um das schmackhafte Mark zu verspeisen.

Das phosphatreiche Knochenmark und die leichtere Verdaulichkeit gekochter Nahrung verhalf der menschlichen Evolution zu der grundlegenden Entscheidung: weniger Darm – mehr Hirn. Knochenmark ist das Anabolikum des Gehirns, das sich in den zwei Millionen Jahren um ein Dreifaches vergrößerte. Die Hirntätigkeit der Menschen verbrauchte nun ein Viertel der Energie, während das Rennen sie nicht mehr Energie kostete als das Gehen. Die zwei Millionen Jahre reichten aber auch, um in den Genen eine Abhängigkeit von salzhaltiger Nahrung – denn das war das Knochenmark – festzulegen. Seither entwickelt der Mensch, wenn er keine Salzzufuhr erhält, Entzugssymptome.

Neben dem Knochenmark mussten die frühen Menschen auch die Blutwurst entdeckt haben. In den Adern der in Bränden umgekommenen Tiere fand sich gekochtes und geronnenes Blut, das ebenso salzig wie das Knochenmark und durchaus genießbar war.

Eine der ersten warmen Mahlzeiten der Menschheitsgeschichte war möglicherweise auch die Schildkrötensuppe. Auf der hastigen Flucht vor dem Buschbrand war irgendwann eine Schildkröte im Gehölz umgekippt und lag hilflos auf dem Rücken. Im eigenen Panzer gekocht und in der Glut warm gehalten, wurde sie früher oder später entdeckt. Irgendwann gab dann ein Mensch in so einen Schildkrötenpanzerinhalt vielleicht zusätzlich Wasser, salziges Knochenmark und eventuell eine Zwiebel: Der Geschmack muss umwerfend gewesen sein, und der erste Maître de Cuisine war geboren.

Busch- und Waldbrände stellten also für den Erectus eine Art wandernde Küche dar, der er dank seines geübten Blicks zum Himmel folgen konnte. Da es je nach verbranntem Material unter der

Asche noch tage-, ja wochenlang glimmen konnte, dürften die Menschen auch noch eine Weile nach dem durchgezogenen Wildfeuer auf warme Nahrung gestoßen sein. Wenn sie dann mit ihren Stecken durch den Untergrund stocherten, stellten sie auch fest, dass eine verborgene Glut wieder zu einem Feuerchen entfacht werden konnte, vor allem wenn ein Windstoß hineinblies. Und sie entdeckten, dass sich Glut verschieben lässt. Vielleicht lernten sie auch, kurzzeitig über glühende Kohlen zu gehen – als Vorläufer des heutigen »Feuerlaufens«, das eigentlich »Glutlaufen« heißen sollte. Die Füße verbrannten sie sich dabei auch deshalb nicht so schnell, weil sie als Aufrechtgeher eine robuste Hornhaut entwickelt hatten.

So waren diese Menschen als Gruppe unterwegs, ihre Ausrichtung dorthin, wo Nahrung lockte, ihre Heimat da, wo sie sich niederließen: an einem Gewässer am Rande von verbrannter Erde. Natürlich nahmen sie weiterhin auch jene Speisen zu sich, die sie von früher her kannten: Früchte, Nüsse und Beeren. Aber die neue gekochte Nahrung gab ihnen so viel Nährwert mit so wenig Verdauungsaufwand, dass sie kein Interesse mehr hatten, zum früheren Leben zurückzukehren. Ein Zurück auf die Bäume war ohnehin nicht mehr möglich, die Entscheidung für lange Beine und kurze Arme unumkehrbar.

Damit entfiel aber der Schutz der Bäume vor Raubkatzen und anderen Feinden, die ihre Verwandten aus der Primatenfamilie sich noch zunutze machen konnten. Umso mehr waren sie angewiesen auf ein dichtes Zusammensein in der Gruppe. Faustkeil und Stecken waren noch keine sehr wirksamen Waffen, höchstens für Drohgebärden.

Es stärkte den Gruppenzusammenhalt, wenn die gefundene Nahrung egalitär verteilt wurde, und die Kommunikation untereinander wurde differenzierter: Wohin gehen wir, wo bleiben wir, was macht das Wetter? Noch war die Sprache nicht so entwickelt wie beim späteren Sapiens. Kommuniziert wurde überwiegend »nonverbal« über eine reiche Gestik und Mimik, über Laute und den gesamten Körperausdruck.

Aus der Primatenforschung wissen wir, dass ein einziger Laut bis zu sechzig Bedeutungen haben kann, je nach zugehörigem Körperausdruck, vor allem jenem des Gesichts und der Hände – Grimassen und Gestikulieren. Gegenüber den Primaten pflegten die frühen Menschen dank ihres leistungsstarken Großhirns einen immensen Informationsaustausch; die Entwicklung der komplexen Sprache war nur noch eine Frage der Zeit; es brauchte lediglich die dafür notwendige Positionsveränderung des Kehlkopfes.

Wie der Anthropologe Michael Tomasello in seinem Buch *Die Ursprünge der menschlichen Kommunikation* aufzeigt, hat sich gerade auch deswegen unsere Fähigkeit entwickelt, zusammenzuarbeiten, gemeinsam zu planen und zu teilen.[5] Tomasello sieht da den großen Unterschied zwischen Menschen und Primaten. Er meint, wenn Schimpansen auf etwas zeigen, heiße dies, dass sie das bestimmte Objekt haben wollen. Doch wenn ein Kleinkind auf einen Hund zeige, der gerade vorbeigehe, dann sei das keine Aufforderung, ihm diesen Hund zu bringen. Nur wenn der Erwachsene abwechselnd auf das Kind und den Hund blicke und dabei emotional positiv reagiere – »Was für ein schöner Hund, ist der nicht toll!« –, sei das Kind zufrieden. Denn jetzt sei ein gemeinsamer Aufmerksamkeitsrahmen entstanden, eine geteilte Welt.

Dazu müssen die Menschen nicht einmal miteinander reden, sie können es einander an den Augen abschauen. Deshalb – meint Tomasello – hat uns die Evolution mit Augen ausgestattet, an denen auch der weiße Teil des Augapfels sichtbar ist. So erkennen wir gegenseitig, wohin wir schauen. Wir folgen sozusagen den Augen der anderen. Bei unseren dunkelhäutigen Vorfahren war das noch deutlicher sichtbar.

Ob diese frühen Menschen schon ein Gefühl der Dankbarkeit entwickelten, können wir nicht wissen. Auf jeden Fall waren es ja nicht sie, die das Essen kochten, sondern die Natur: der Blitz, das Feuer, der Wind. Wir wissen aber, dass noch viel Zeit verstreichen sollte, bis die Menschen tatsächlich in der Lage waren, den Göttern ein warmes Mahl zu bereiten.

Die neue Nahrungsquelle war so reichhaltig, dass sich Menschen auf einmal verstärkt zu vermehren begannen, während ja die Population ihrer Vorfahren, der Australopithecinen, über fünf Millionen Jahre mehr oder weniger gleich blieb. Und so kam man nicht umhin, sich früher oder später wieder etwas einfallen zu lassen, um die vielen hungrigen Münder stopfen zu können.

Nach den Tausenden Jahren Erfahrung mit der Nahrungssuche in der Glut, dem Herumstochern, dem Holzauflegen, dem Reinblasen, war es nur noch ein Schritt zur Entwicklung der Kunst des Gluttransports. Diese neue Möglichkeit, Glut in pflanzlichen oder tierischen Hartschalen oder Beuteln an einen anderen Ort zu transportieren, zu konservieren und wieder neu anzublasen, war ein riesiger Entwicklungsschub, denn jetzt wurden die Menschen unabhängig von Waldbränden, und sie konnten sich eine neue Nahrungsquelle erschließen: Aas.

REZEPT

KNOCHENMARK

Ganze Rinderknochen (Oberschenkel) in die Glut geben. Nach 20 Minuten die Knochen mit einem Stein aufschlagen und das Mark herausnehmen. Mit Meersalz würzen.

Eine etwas weniger archaische Variante ist: Die Knochen vom Metzger längs durchsägen lassen. Die Enden sollen aber dranbleiben, weil sonst das Mark beim Erhitzen auslaufen würde. Die Knochenhälften 20 Minuten in 80 Grad heißes Wasser geben, um das Mark zu garen. Dazu passt getoastetes Brot.

In prähistorischen Feuerstellen fanden Archäologen immer wieder aufgeschlagene Knochen als Nahrungsreste. Knochenmark muss unter unseren Urahnen eine weit verbreitete Delikatesse gewesen sein.

4

TROCKENFLEISCH – MANNA DES HIMMELS

*»Oxossi – du großer Bruder aus alten Zeiten.
Deinen Spuren zu folgen, dein Suchen und Finden,
dein Nehmen in Maß ist mir heilig.«*

Von der genetischen Ausstattung her sind wir Menschen ja nicht so gut in der Lage, rohes, frisches Fleisch zu verzehren. Und »verdorbenes« Fleisch vertragen wir auch nicht; allein beim Geruch wird uns schon übel. Unsere Mägen sind geschaffen für »abgehangenes« Fleisch, wie der Metzger sagt. Das war die absolut einmalige Nahrungsnische, die dem frühen Menschen ein riesiges Angebot bereithielt. Geübt im Blick zum Himmel und der Deutung der Rauchzeichen, ward ihm ein neues Zeichen zum Leitstern der Nahrungsfindung: der Vogelflug.

Aus Wildwestromanen und -filmen wissen wir, dass die Aasgeier schon zu kreisen beginnen, sobald ein *möglicher* Tod sich abzeichnet. So früh diese Vögel erscheinen, so spät erst können sie sich an dem Opfer gütlich tun. Diese Vögel müssen sich nämlich gedulden, bis beim verendeten Tier der Verwesungsprozess einsetzt.

Und genau diese Frist war nun die Stunde des Menschen. Sobald man kreisende Aasgeier gesichtet hatte, hieß es, sich zu sputen. Vielleicht war ein größeres Tier einem Unfall zum Opfer gefallen oder an einer Krankheit gestorben, oder Löwen hatten es gerissen, sich aber schnell satt gefressen und einen großen Teil der Beute liegen lassen.

Der Vogelflug verriet den Menschen, wie weit entfernt und wie groß die Beute etwa sein würde. Dementsprechend machte sich dann eine Gruppe auf den Weg, die groß genug war, möglichst viel der Beute ans heimatliche Lagerfeuer in Sicherheit zu bringen. Das waren nicht nur Männer und Frauen, sondern auch Kinder. Letztere vermochten zwar noch nicht so viel zu tragen, aber ausdauernd zu rennen. Das konnten sie, und sie tun es ja auch heute noch liebend gern, weil es in unseren Genen verankert ist. So wie das Fußballspielen. Man kann sich solch eine Gruppe in etwa wie eine Kicker-Elf vorstellen. Es gibt keinen »Chef«, der befiehlt, die Gruppe organisiert sich durch Zeichen und Zurufe und findet laufend die aktuell optimale Kooperation.

Die Notwendigkeit derart intelligenter Zusammenarbeit kombiniert mit der großen Verfügbarkeit von phosphatreicher Nahrung förderte das Hirnwachstum enorm, der frühe Homo wurde immer gescheiter. Diese Entwicklung sollte noch weiter gehen, bis trotz der Erfindung der physiologischen Frühgeburt und der elastischen Hirnschale des Säuglings durch den zu engen Geburtskanal der Frau vor einigen hunderttausend Jahren eine Grenze gesetzt wurde.

Aber zurück zu unseren Urahnen, die durch die Beobachtung des Vogelflugs zu frischem Aas geführt wurden: Vom erbeuteten Fleisch

Die Homo habilis waren noch keine Jäger und kamen ohne Jagdwaffen aus. Das Fleisch besorgten sie von frisch gestorbenen Tieren, die ihnen von den Aasgeiern angezeigt wurden. Vor Ort verzehrten sie nur Leber und Knochenmark. Das rohe Fleisch, das Raubtiere übrig gelassen hatten, nahmen sie mit: zum Grillen am Feuer, zum Backen in der Glut, zum Trocknen an der Sonne.

wurde nur das sofort gegessen, was roh verzehrbar war, beispielsweise die Leber. Eine zweite Tranche konnte später am Feuer gebraten und der große Rest durch Sonnen- beziehungsweise Lufttrocknen für künftige Gerichte haltbar gemacht werden. Fett konnte nicht luftgetrocknet werden, da es zu feucht ist und ranzig wird, aber man konnte es am Feuer »auslassen«; das heißt, die sich verflüssigenden und heruntertropfenden Fettanteile wurden für den weiteren Gebrauch aufgefangen. Die andere Variante war, fetthaltige Fleischteile zu räuchern, wie das heute noch mit Speck und Schinken angewandt wird. Dass diese Menschen vom frisch erbeuteten Wild Stücke herausschnitten, um sie auf dem Spieß am Feuer zu grillen, ist wohl eher ein Bild neuzeitlicher Lagerfeuerromantik.

Diese Vorstellung hatte ich auch, bis ich als Greenhorn auf einer meiner ersten Südamerikareisen eines Besseren belehrt wurde. Nach meinem Aufenthalt in Kolumbien begab ich mich nach Peru, wo ich eine Trekkingtour in den Anden leiten sollte. Da erlernte ich jene Art des Fleischgarens, die ich als den »Peruanischen Hirtenofen« bezeichne. Aus Steinen wird eine Kuppel errichtet, die man mit einem Feuer im Innern eine Stunde lang erhitzt. Die peruanischen Begleiter gaben dann Schweinefleisch hinein, bedeckten das Ganze mit Blättern und Erde und ließen es etwa eine Stunde garen. Auf diese Weise wird auch frisch geschlachtetes Fleisch zart.

Die Einheimischen nannten den Ofen »Pacha-Mama«, weil er anlässlich der Festlichkeiten zu Ehren der Erdgöttin Pacha Mama zum Einsatz kommt. Beim Pacha-Mama-Ritual werden in dieser Art Ofen die Speisen für die Gottheit gekocht. Den Andenvölkern ist dieses Ritual sehr wichtig und das *Prinzip der Reziprozität* ein ungeschriebenes, selbstverständliches und verbindliches Gesetz. Dieses Prinzip der Gegenseitigkeit besagt, dass das gesamte Leben darauf ausgerichtet ist, ein ständiges Gleichgewicht von Geben und Nehmen zu schaffen. Die Natur wird als Gebende erlebt, der man auch gibt.

An jenem ehernen Gesetz vermochten auch die christlichen Missionare nichts zu ändern, die ja die Lehre verbreiteten, dass der Ausgleich erst im Himmel geschähe. Die Andenvölker machten – weil eine Anpassung an christliche Dogmen für ihr Überleben dienlich schien – einfach die heilige Maria zur Pacha Mama. Dieser heiligen Maria zu dienen hieß, Achtung und Ehrerbietung sowie Speis und Trank darzubieten. Wie auch in Europa sind die Orte dieser heiligen Gottheit in Peru offiziell die vielen Kirchen mit Namen wie »Kirche unserer Mutter des heiligen Herzens« (Iglesia de Nuestra Señora del

Sagrado Corazón) und viele andere. Die werden an Sonntagen von den Gläubigen gehorsam aufgesucht. Aber wirklich verehrt wird Pacha Mama bei Naturheiligtümern: Bergen, Felsen, Steinen.

Im westlichen Denken und religiösen Handeln gibt es keine heilige Natur mehr, für deren Gaben man sich bedanken sollte. Und die »Reziprozität« unter den Menschen selbst wird über das Geld geregelt. In meiner Kindheit hatte ich – weil so gelernt und gesehen – die Idee, dass das Opfer darin besteht, beim Kirchenbesuch ein paar Münzen in einen »Opferstock« zu geben.

Als Südamerika-Novize war auch ich weit davon entfernt, eine Idee von dieser ursprünglichen Form der Reziprozität zu haben. Ziemlich verlegen stocherte ich im gebratenen Meerschweinchen herum, das die Gastgeberfamilie unserer einheimischen Begleiter extra für mich brieten und an einem einsamen Tischchen vor einer Wand servierten, während die Familie in der Küche sich mit einem frugalen Mahl beschied. Ich war ja während der Vorbereitungen für die Trekkingtouren allein unterwegs und konnte da auch viele Rucksacktouristen erleben, die im Glauben an eine grenzenlose Gastfreundlichkeit der Einheimischen mit ziemlich wenig Geld herumreisten, da die Indigenen gar nicht die Idee hatten, dass ihr Angebot an Essen und Unterkunft mit Geld abgegolten werden könnte. Aber die westlichen Touristen hatten ja nichts anderes zu geben. Inzwischen haben die Einheimischen dazugelernt und wissen nun, zum Ärgernis mancher Besucher, sehr wohl, eine hohle Hand für Geld zu machen.

Nun muss man natürlich sehen, dass es sich bei Andenbewohnern ja längst nicht mehr um reine Naturvölker handelt. Schon vor Ankunft der Europäer waren große Gebiete längst keine Sammlerkulturen mehr, sondern hierarchisch gegliederte Reiche mit einer privilegierten Elite, die sich auf eine auf Sklavenarbeit beruhende Agrarwirtschaft stützte und deren Opfergaben an die Götter Menschen, vorzugsweise auch Kinder waren. Die ankommenden Spanier setzten der Gewaltherrschaft noch eins drauf, plünderten die Schätze, töteten die Männer und unterwarfen die Frauen. Die Nachkommen nennen sich heute Ecuadorianer, Peruaner, Bolivianer. Aber die alten hierarchischen Herrschaftsreiche der Inkas, der Mayas, der Azteken und so weiter waren damals noch nicht flächendeckend, und es lebte außerhalb der Ballungszentren weiterhin ein großer Teil der Menschen eine Sammler-Jäger-Kultur, deren kulturelles Erbe auch noch lebendig ist und die viele westliche Touristen anlockt. Eine sogenannte »Abenteuerreise« nach Südamerika hatte deshalb immer zwei Komponenten zu enthalten: einerseits den Besuch der Stätten der alten Hochkulturen und andererseits eine Trekkingtour in einem Wildnisgebiet mit Kontakt zu Einheimischen, die als indigen wahrgenommen wurden.

Nach und nach lernte ich auf meinen vielen Reisen zu differenzieren, was kulturell eher den Wildbeutern zugehörig ist und welche Gepflogenheiten mehr den späteren Ausbeutern zuzuschreiben sind. Einfach war das keineswegs.

»Auf einem alten Goldgräberpfad über die Anden bis hinunter in den Urwald«: So war die Reise ausgeschrieben, die ich in Bolivien erkundet hatte und dann leitete. Es war eine Reise, auf der alles schiefging, was nur misslingen konnte. Schon die Ankunft in La Paz war ein Desaster. Der Flieger landete um ein Uhr nachts. Es war verdammt kalt fast 4000 Meter über dem Meeresspiegel, und wir steckten nicht gerade in den wärmsten Kleidern. Ein ziemlicher Nachteil, wenn man in das Hotel nicht eingelassen wird, weil es belegt ist. Ich hatte bei der Buchung nicht bedacht, dass ein Uhr nachts ja mit dem Datum des Vortages hätte beginnen müssen. Wenigstens gab es dann einige Traveller, die früh aufbrachen, und nach und nach konnten wir unsere Zimmer beziehen.

Am nächsten Tag ging es dann per Bus zum Titicacasee und weiter zu einer Landstadt namens Sorata. Dort empfing uns der von mir kontaktierte Organisator mit der Bemerkung, es sei »alles« für uns organisiert, es fehlten »nur« noch die Tragtiere ...!

So starteten wir denn unsere Trekkingtour vorerst ohne die Lastenträger, das Gruppengepäck konnte mit einem Geländewagen auf einer Schotterstraße bis zu einem kleinen Dorf jenseits der Passhöhe transportiert werden, dort würden wir dann Tragtiere finden. Es gelang, einen kleinen Trupp von Einheimischen mit Maultieren für die nächsten vier Tage zu buchen. Danach gäbe es in einem Goldgräberdorf wieder Geländefahrzeuge, die Transporte hinunter bis zum nächsten Urwaldfluss durchführen würden.

Der Goldgräberpfad ist ein alter, steinbelegter Fußweg, der die Anden durch alle Vegetationsstufen bis hinab ins Amazonasbecken führt. Beginnend in der kalten Einöde, begegnet einem bei der Wanderung durch den Wolken-, den Nebel- und zuletzt den Regenwald bei fast jedem Schritt eine neue Pflanzenart. Vereinzelt trifft man einfache Hütten auf dem Weg, an den gegenüberliegenden Hängen hier und da kleine Rodungen, Spuren der Goldgräber, die ihr Glück suchen.

Den ersten Tag mit den Tragtieren gingen wir so lange, bis es wieder Bäumchen und damit Brennholz zum Kochen gab. Es war eine etwas eigenartige Stimmung, während wir als Reisegruppe gemeinsam aßen und die Einheimischen etwas entfernt hockten und uns nur zuschauten. Vor dem Schlafengehen baten sie mich, ihnen den Lohn für den einen Tag schon auszuhändigen.

Am nächsten Morgen waren sie dann verschwunden, sie hatten sich klammheimlich nachts aus dem Staub gemacht; und mir dämmerte allmählich, dass wir sie wahrscheinlich hätten zum Essen einladen sollen. Ich war ja gar nicht auf die Idee gekommen, war das in Nepal doch ganz anders. Da nahmen die Begleiter jeweils ihr Essen selbst mit und aßen separat. Kurzum, wir hatten keine andere Wahl, als das gesamte Gepäck nun selbst zu tragen. Zum Glück war die Gegend nicht völlig unbesiedelt, und es gelang uns, ab dem zweiten Tag mal einige Träger, mal ein Maultier anzuheuern und schlussendlich ohne weitere Pannen in Guanay anzukommen, von wo aus die Reise per Boot auf dem Río Mapiri weiterging.

Um die Flussreise attraktiv zu gestalten, schlug uns der Bootsführer vor, weiter unten einen Nebenfluss hinaufzufahren zu einem verborgenen See im Urwald. Das ließen wir uns natürlich nicht entgehen. Erst ging es noch ziemlich flott, aber dann folgte eine erste Untiefe, an der uns nichts anderes übrigblieb, als aus dem Boot zu steigen und zu schieben. Es blieb nicht bei der einen, und mit jeder weiteren Untiefe sank die Stimmung der Gruppe, bis wir den Punkt erreichten, dass einige zu murren begannen.

Es war wie ein Wunder, dass ich sie zum Weitermachen motivieren konnte mit dem Versprechen, dass wir bei Ankunft am See ein Wildschwein braten würden. Und das Wunder geschah, nach einigen Minuten kam uns ein Boot entgegen, in dessen Rumpf tatsächlich eine erlegte Sau lag; und die Jäger waren sogar bereit, sie zu verkaufen.

Bald darauf erreichten wir unser Etappenziel. Während unsere Begleiter sich an die Zerlegung des Schweins machten, bauten wir aus grünen Holzstämmchen einen Grillrost, unter dem wir ein kräftiges Feuer entfachten. Leider wurde der Braten nicht richtig gar, und je länger wir die Stücke auf dem Grill ließen, desto zäher wurden sie. Daher gestaltete sich unser Abendessen als etwas anstrengend.

Rurrenabaque hieß die Ortschaft, die wir nach ein paar weiteren Tagen auf dem Río Mapiri und später auf dem Río Beni erreichten. Von dort aus sollte uns ein Flugzeug zurück nach La Paz bringen. Die planmäßige Ankunft des Fliegers aus La Paz wurde mir im örtlichen Office bestätigt, doch als wir am nächsten Tag zum Flugplatz wollten, war weit und breit kein Taxi zu finden. Das einzige Fahrzeug in der Ortschaft war ein Lastwagen, von dem gerade Ziegel ausgeladen wurden. Glücklicherweise willigten die Arbeiter ein, dass wir ihnen beim Abladen helfen und sie uns dafür und gegen ein Entgelt zum Flughafen fahren würden. Das musste aber schnell gehen, und es war der Einsatz der ganzen Reisegruppe gefragt. Das Flugzeug zu verpassen wäre ein Drama gewesen, da ich den Rückflug nach Europa schon für den nächsten Tag gebucht hatte.

Trotz all der Schwierigkeiten verlief die Reise alles in allem nach Programm, und die Teilnehmer kamen wohlauf nach Hause. Aber ich rechnete mit dem Schlimmsten, Reklamationen und damit der Gefahr, meinen Job zu verlieren. Doch es kam anders. Die Rückmeldungen der Teilnehmer waren durchaus positiv; und einer von ihnen verfasste sogar einen handgeschriebenen Brief, in dem er kundtat, dass ihn diese Reise tief bewegt hätte und er jetzt sein Leben verändern würde. Ich hatte keine Ahnung, was genau der Anlass dazu war; ich vermutete die Wirkung des einfachen Unterwegsseins mit einer Menschengruppe in einer Urlandschaft. Das war eine Offenbarung für mich, die Geburtsstunde einer neuen Tätigkeit, die sich dereinst Erlebnispädagogik nennen sollte. Aber das ist noch Zukunft – und es brauchte noch viele weitere Erfahrungen bis zum Erkennen des Grundprinzips, das Menschen bewegt und motiviert: das Erleben von *Kooperation*.

In der Kooperation sind wir ganz Mensch, weil wir genetisch so angelegt sind. Zwei Millionen Jahre wandten wir dieses Modell erfolgreich an. Und zwar nicht nur innerhalb unserer Spezies, sondern auch zwischen uns und der Natur. Wie gesagt schauten unsere Ahnen ehrfürchtig den Blitzen zu und lauschten dem Donner. Mächtige Kräfte des Himmels, oft bedrohlich, aber auch großzügig. Ihnen verdankten die Menschen reichliche Mahlzeiten. Und sie verdankten ihnen auch das Feuer, das sie zu kultivieren lernten. Der geschulte Blick zum Himmel ermöglichte ihnen die genaue Lokalisierung von frisch gestorbenen Tieren, ihre Fähigkeiten des ausdauernden Rennens und der kooperativen Organisation das Einholen reicher Beute. Und die Aasgeier ihrerseits kamen so leichter an die Überbleibsel, weil sie von den Menschen schon aufgeschnitten waren. Jetzt galten nicht mehr Donner und Blitz als die Himmelskräfte, die Nahrung brachten, sondern die Vögel, und das Verhältnis mit diesen entwickelte sich zu einem des gegenseitigen Gebens und Nehmens.

Die Nutzung des Feuers brachte dem Menschen nicht nur eine große Erweiterung des Nahrungsangebots, sondern reduzierte darüber hinaus gewaltig die Gefahr, selbst Nahrung für andere zu sein. Der Mensch war nicht mehr Teil jener Balance unter den Lebewesen, die dem Gesetz des Fressens und Gefressenwerdens unterlag. Das führte zu einem so großen Bevölkerungswachstum, dass mit der Zeit das vorhandene Angebot von Aas für die Ernährung nicht mehr ausreichte, und so begannen die Menschen, die Tiere auch aktiv zu töten, sie wurden zu Jägern. Diese frühen Jägertruppen machten mit ihren Holzspeeren mit Vorliebe Jagd auf Großwild. Großwild war gutmütig und schwerfällig und leichter in eine Falle zu treiben als kleinere Tiere. Die Beute reichte für eine ganze Sippe, und das über Wochen.

Das Feuer ermöglichte die Weiterverarbeitung des Erbeuteten, während es gleichzeitig Schutz vor Raubtieren bot – und durch seinen Schein erhellte es die Nacht im Umkreis der Gruppe und brachte somit einen weiteren Gewinn gegenüber der Tierwelt: die Verlängerung des Tages. Nach Verrichtung des Tagewerks kauerten sie nun abends rund ums Feuer und ließen den Tag Revue passieren – die Menschen wurden zu Geschichtenerzählern.

Das war nicht nur unterhaltsam, sondern auch lehrreich. Das Erinnern und Teilen von Erfolgen und Missgeschicken ermöglichte ihnen eine neue Lernform. Durch die aus der geteilten Erfahrung gewonnenen Erkenntnisse konnten sie ihre Strategien optimieren und so beim nächsten Jagdausflug das Spiel von »Versuch und Irrtum« durch geplante Aktionen mit möglichst viel Erfolg mit möglichst kleinen Verlusten beeinflussen.

Noch gab es kein Spezialistentum, zum Jagdtrupp gehörten Frauen, Männer und Kinder. Nachdem die Menschen gelernt hatten, die Zeichen am Himmel zu lesen, kam mit der Einführung der Jagd die Fähigkeit dazu, die Zeichen auf der Erde zu interpretieren. Statt den Waldbränden und den Aasgeiern folgten sie nun direkt den Tierherden. Sie studierten deren Wander- und Sozialverhalten, feilten an Strategie und Taktik und übernahmen zwangsläufig auch deren Migrationsverhalten. Die Erfolge aufgrund der sich immer mehr verfeinernden Kommunikation und Kooperationskompetenzen, die sich ja nicht nur auf die Nahrungsbeschaffung auswirkten, sondern auch auf die Schutzstrategien gegenüber Feinden, führte zwangsläufig zu einem weiteren enormen Bevölkerungswachstum, das die Menschen bereits früh durch Auswanderung in andere Kontinente drängte. Schon vor 1,7 Millionen Jahren erreichten die ersten Homines China und Indonesien.

Die Kenntnisse in der Handhabung von Feuer begannen sie auch für die Jagd einzusetzen, indem sie bewusst Brände legten, um die

Tiere in Richtung natürlicher Fallen wie Sümpfe oder Klippen zu lenken. Vielleicht geschah so zum ersten Mal, dass mittels dieser Techniken die Menschen mehr erbeuteten, als sie zu verbrauchen in der Lage waren. Damit wurde aber auch der alte Pakt mit der Natur gebrochen, der das Gleichgewicht zwischen Nehmen und Geben regelte. Die »edlen Wilden« entwickelten eine erste Untugend, die Unmäßigkeit. Die Menschen hatten so zwar ihre Unschuld verloren, aber gleichzeitig konnten sie dank ihrer Fähigkeit zur Reflexion ein Gegengewicht schaffen. Sie entwickelten Opferrituale und Speisetabus; mit anderen Worten: Sie wurden religiös.

Ist nicht die uns allen bekannte biblische Paradiesgeschichte die eines Tabubruchs? Nicht zu essen von der Frucht eines bestimmten Baumes als Gebot, das von den Menschen gebrochen wurde? Geschehen in einer schon frühagrarischen, patriarchalen Welt, der Mann nur wenig schuldig, die Verführerin eine Schlange, die Schuld am Tabubruch bei der Frau?

Viele Mythen und Sagen, auch solche, die auf die lange Sammler-Jäger-Zeit verweisen, erzählen vom Tabubrüchen, zum Beispiel die folgende.

So wie jeder Tag seine Nacht braucht und jede Bewegung ihre Ruhe, so gab es in frühen Zeiten Tage, an denen Menschen, auch die Orixás, einfach ruhten oder ihre Aufmerksamkeit ganz einem Ritual, einem Platz oder einem bestimmten Orixá widmeten. Diese Geschichte erzählt von einem Tag, der Orunmila gewidmet war und an dem alle von ihren Gewohnheiten abließen, um Orunmila die Ehre zu erweisen.

Daran hielten sich fast alle, aber Oxossi, jung und ungestüm, wollte jagen, wie er es jeden Tag machte. Er legte keinen Wert auf diese Gebote und ging wie immer ruhig auf die Pirsch, dem Waldpfad folgend. Mit wachen Sinnen und hellen Ohren hörte Oxossi ein Lied: »Ich bin nicht Vogel, um durch dich getötet zu werden …« Weit und breit war kein Vogel zu sehen, doch da erblickte er plötzlich eine Schlange! Instinktiv und zielsicher tötete Oxossi die Schlange mithilfe seines Speers und zerteilte sie.

»Ich bin nicht Vogel, um durch dich getötet zu werden …«, klang es wieder durch den Wald, und auch jetzt konnte er keinen Vogel erspähen. Zu Hause angekommen, bereitete er sich jedoch mit seiner Beute ein köstliches Mahl.

Als Oxum am nächsten Tag ihren Freund und Geliebten Oxossi besuchte, fand sie ihn tot am Boden liegend. An seiner Seite sah sie die Spur einer Schlange, die sich bis zum Waldrand dahinzog. Oxum kannte Oxossi, sie ahnte, was ihm widerfahren war; sie suchte Orunmila auf und brachte ihm viele Geschenke. Sie bat und beschwor ihn; und angesichts der Klage der trauernden Oxum ließ er Oxossi unter einer Bedingung wieder zum Leben erwachen: Er müsse fortan der Beschützer der Jäger sein und sie in das Gesetz des rechten Maßes einweihen. So war es, und so wurde Oxossi zum Orixá.

Oxossi führte in diesem Mythos einen Speer mit sich, das ist jene Waffe der Frühmenschen, die sie zur Jagd auf Großwild brauchten. Das Lied wurde zwar von der Schlange gesungen, aber der Liedtext spricht vom Vogel. In der Gestalt des Aasgeiers war der Vogel ein erster Kooperationspartner der Natur und belegt Platz eins unter den Hütern des alten Pakts der Reziprozität, eines Pakts, über dessen Einhaltung nun der zum Orixá gewordene Oxossi wacht und deshalb seinen Platz zwischen der Welt der Tiere und der Welt der Menschen innehat.

REZEPT

CARNE DE SOL

Das Fleisch für diese Zubereitung wird nicht, wie es der Name andeuten könnte, an der Sonne getrocknet, so wie es das Bild aus Afrika zeigt. Fleisch, das an der Sonne getrocknet wird, muss völlig fettfrei sein. Nicht so beim »Carne de Sol«, einer traditionellen Zubereitungsart aus dem Nordosten Brasiliens. Das Besondere daran ist, dass Frischfleisch trotz des tropischen Klimas auf diese Art für mehrere Tage haltbar gemacht werden kann, ohne sein saftiges Inneres zu verlieren. Es handelt sich also um eine uralte Konservierungstechnik.

Zutaten: 1 kg Rumpsteak, 3 Esslöffel grobes Meersalz, 1 Teelöffel brauner Zucker; Bratbutter, Zwiebeln, Salz.

Das Fleisch wird dafür in daumenbreite Stücke geschnitten, mit der Mischung aus Salz und Zucker eingerieben und an einem gedeckten, aber gut durchlüfteten Ort einige Tage gelagert. Dabei trocknet nur die äußere Schicht, innen bleibt das Fleisch saftig.

Nachdem das Salz abgewaschen und das Fleisch in klarem Wasser eingeweicht worden ist, kann es wie Frischfleisch verwendet werden, zum Beispiel am Feuer gegrillt oder zum typisch brasilianischen Gericht »Carne encebollada« verarbeitet werden. Das geht ganz einfach: Das Fleisch in kleine Stücke schneiden und anbraten. Aus der Pfanne nehmen. Zwiebeln in große Stücke oder Ringe schneiden und glasig braten. Zum Schluss das Fleisch wieder dazugeben und salzen.

5

KNOLLEN – NAHRUNG AUS DER UNTERWELT

»Obaluaiê – du umwälzende, gnadenlos lebensschöpfende Kraft. Nichts entgeht dir, wenn die Zeit gekommen, das Untere nach oben zu wenden. Hier bin ich, das zu begreifen.«

Obaluaiê war ein schöner, kräftiger Mann, der sich seine Manneskraft auf Lebenszeit erhalten wollte. Er ging zu Exú, und dieser sicherte ihm zu, dass ihn diese Kraft nie verlassen werde, allerdings unter einer Bedingung: Einen Tag im Jahr müsse er keusch bleiben. Anders sei das nicht zu machen.

Obaluaiê hielt sich lange daran, aber eines Tages lief ihm Oxum über den Weg, die so verführerisch war, dass all seine Vorsätze dahinschmolzen. Dann wurde er sehr schwer krank und starb sogar.

Oxum fand den toten Obaluaiê (Oxum schien des Öfteren tote Männer zu finden …) und legte diesmal bei Exú Fürsprache ein. Und auch ein weiteres Mal sollte es gelingen, allerdings nicht ohne Einschränkung. Obaluaiê wurde als Aussätziger wieder zum Leben erweckt. Sein Weg und sein Leben mit dieser Krankheit war so weise und tief, dass man sich seiner letztlich als großen Orixá erinnerte.

Wie schon Oxossi im vorangegangenen Mythos hat also auch Obaluaiê ein Tabu gebrochen, das mit der Unmäßigkeit zu tun hat. Beim einen bezog sich diese auf die Jagd, beim anderen auf die Sexualität. In der Lebensform der Großwildjagdgesellschaften stellten Schwangerschaft, Säuglinge und Kleinkinder eine Beeinträchtigung in der Beweglichkeit dar. Die Frauen schauten darauf, dass sie nicht zu oft Kinder bekamen. In den Sammler-Jäger-Gesellschaften ist der Abstand zwischen den einzelnen Geburten einer Frau durchschnittlich vier Jahre. Durch das lange Stillen konnten sie das mitkontrollieren. Außerdem waren jene Gesellschaften noch egalitär, was unter anderem hieß, es galt die Damenwahl: Die Frauen mussten sich noch nicht dem Verlangen der Männer unterwerfen.

Die Orixá-Mythen stammen aus einer Zeit, in der es die »mosaische Unterscheidung« zwischen wahr und unwahr noch nicht gab. Die vormosaischen Religionen unterschieden zwischen sakral und profan; erst mit Moses wurde dies ersetzt.[6] Im vorkolonialen, das heißt auch vormissionarischen Afrika waren es unter anderem die Orixás, die die unsichtbare Welt bevölkerten. »Orixás« kommt aus der westafrikanischen Yoruba-Sprache. Ähnliche Vorstellungen hatten die ostafrikanischen Bantus mit den Inkisis und die Bewohner Westafrikas mit den Voduns. Wenngleich mit kulturellen Unterschieden, so stehen all diese Namen für naturgöttliche Kräfte und sind Teil afrikanischen Religionsverständnisses. Mit den Sklaven nach Amerika gebracht, wurden sie je nach Region unterschiedlich weiter kultiviert, so in Haiti als Voodoo, in Kuba als Santería und in Brasilien als Candomblé.

Darum gibt es zum selben Orixá auch unterschiedliche Mythen, die aber trotzdem gemeinsame Merkmale aufweisen. Die Geschichte des schönen, zeugungskräftigen Mannes, der zu einem Aussätzigen wird, erzählt man in der kubanischen Santería, während der Obaluaiê-Mythos des brasilianischen Candomblé der eines verstoßenen hässlichen Kindes ist, das zu einem potenten Mann wird. In beiden Versionen ist aber Obaluaiê ein hinkender, von Narben gezeichneter Erdgott, der Transformation, der Reinigung und der Heilung. Sein Gesicht verbirgt er hinter einem Schleier aus Stroh, in der Hand trägt er einen Besen.

Für die Lebensform der Großwildjäger, die vielfach im Umherziehen bestand, war Krankheit besonders ungünstig. Sie versuchten vorausschauend, diese so weit wie möglich zu vermeiden. Grundsätzlich lebten sie sehr gesund. Viele der Krankheiten, wie wir sie kennen, kamen erst in der Agrarzeit zu den Menschen. Der Malaria wichen sie wie gesagt aus, indem sie deren Verbreitungsgebiete, die Sümpfe, mieden. Vor der Tsetsefliege konnten sie sich dadurch schützen, dass sie sich in der Nähe von Zebras aufhielten. Die spezielle Musterung des Zebrafells irritiert diese Fliegen, und sie bleiben den Herden fern.

Nach und nach erkannten die Menschen auch, dass Kinder aus nah verwandten Verhältnissen eher kränklich oder gebrechlich waren als andere. Also vermieden sie solche Kontakte, indem sie das Inzestverbot einführten. Das Inzesttabu findet sich in allen menschlichen Gesellschaften. Weil es schon so alt ist, hat es sich auch in den

Genen als Inzestscheu festgelegt, die allerdings bei den Weibchen ausgeprägter ist als bei den Männchen. Deshalb zeigten sich auch hier die Frauen als bestimmter. Um die Inzestvermeidung kulturell zu verankern, entwickelten diese Menschen das Konzept der Exogamie, das heißt, dass sich nur Menschen aus nichtverwandten Gruppen paarten. In den meisten früheren Gemeinschaften waren es die Männer, die die eigene Verwandtschaftsgruppe verließen und sich in die Verwandtschaftsgruppe der Frau begaben.

Wie die Zuständigkeiten von Obaluaiê schon zeigen, gehören Reinigung und Gesundheit zusammen. Reinlichkeit war also eine weitere Maßnahme, um Krankheiten und Befall zu vermeiden. Die Menschen lebten am Wasser, und sie sorgten dafür, dass ihr Lagerplatz immer sauber, das hieß gekehrt war. Böse Zungen sagen zu dieser genetischen Veranlagung heute »Putzfimmel«, aber ein solcher war nötig, um die Gruppe und vor allem Kleinkinder vor lästigen und gefährlichen Kriechtieren fernzuhalten. Kehren ist ein ritueller Akt; überall auf der Welt können wir das rhythmische Geräusch des täglichen Kehrens hören. In tropischen Feriendestinationen kann beobachtet werden, dass es meistens Männer sind, die Innenhöfe, Strände und Parkanlagen kehren. In Japan wurde das Kehren des Zen-Gartens zur geistigen Kunst entwickelt, und wir können annehmen, dass schon beim Erectus das Führen des Palmwedels oder des Reisigbesens eine kontemplative Tätigkeit war.

Das Lagerfeuer und der gekehrte Platz waren das Zuhause des Erectus, dort konnte er sich relativ angstfrei aufhalten. Wollte sich ein Liebespaar zurückziehen, dann war es klug beraten, ein eigenes Feuerchen zu entfachen. Vielleicht kommt es daher, dass man die körperliche Liebe bis heute mit der Metapher des Feuers verbindet. Vom Feuer entfernte sich der Mensch wann immer möglich in der Gruppe, das war sicherer. Einsame Helden konnte die menschliche Gemeinschaft damals noch nicht brauchen. Man erledigte auch gemeinsam seine Notdurft, so wie das im ländlichen Indien heute noch beobachtbar ist.

Es ist anzunehmen, dass die Frauen sich während der Menstruation an einem speziellen Ort außerhalb der restlichen Gruppe aufhielten. Auch heute stellt sich noch eine gleichzeitige Menstruation bei Vollmond ein, wenn die Frauen in der Wildnis leben. Eine mondrhythmische (circalunare) Menstruation war einfach sicherer und wurde deshalb genetisch festgelegt. Bei Neumond waren die Frauen dann fruchtbar, so konnten sie sich unbemerkter im Dunkeln mit ihrem Liebsten treffen.

Da Obaluaiê gleichzeitig ein Gott der Krankheit wie auch ein Gott der Heilung ist, mit starker Lendenkraft, aber auch mit Ausschlag befallen, ist er ein Gott des Lebens und des Todes. Obaluaiê stellt den Kontakt zwischen den Lebenden und den Ahnen her, deshalb finden seine Rituale oft bei Friedhöfen statt.

Auch in unserer Kultur werden die Ahnen auf dem Friedhof besucht, es sind dafür sogar zwei spezielle Tage geweiht: Allerheiligen und Allerseelen im November. Die Wahl dieser Tage geht auf den keltischen Kalender zurück, dem zufolge an Halloween die Tore zur Unterwelt offen stehen. In Mexiko kommen an diesem Tag, dem »Día de los Muertos«, die Toten aus dem Jenseits zu Besuch, um mit den Lebenden ein fröhliches Stelldichein mit Musik, Tanz und gutem Schmaus zu feiern. Dass der alte Erdgott der Afrikaner nicht nur die Sklaven auf dem Weg nach Amerika begleitete, sondern auch unsere Urahnen, die in der Frühzeit Afrika in Richtung Europa und Asien verließen, davon zeugen die noch heute praktizierten Bräuche vom Silvesterklausen im Appenzellerland in der Schweiz über den Krampus am Nikolaustag bis zu den bayrisch-österreichischen Perchten der winterlichen Raunächte. Obaluaiê tanzt immer noch mit uns.

Als ein Gott des Lebens und des Todes ist Obaluaiê auch für den Verwesungsprozess, die Kompostierung und damit auch für die Bildung von Humus zuständig, aus dem wieder neues Leben entstehen kann. Darum ist er ein Erdgott und ein Gott der Transformation. Sein Reich ist auf Erden, ist die Erde, ist in der Erde. Diese Erde birgt in der Humusschicht mit all ihren lebendigen Verwandlungsprozessen und standhaften Verwurzelungen ein höchst nahrhaftes und haltbares Lebensmittel – die Knolle.

Mich faszinierte schon als Kind die Vorstellung, dass man sich im Wald von der Natur ernähren kann. Da gab es die von Erwachsenen erzählten Geschichten, dass Menschen in den Wald fliehen mussten oder sich im Wald verirrten und dort von Früchten und Wurzeln lebten. Als Jugendlicher begann ich dann zu forschen und gründete als junger Mann eine Wildnisschule, in der das Wissen über wild vorkommende Nahrung in Survival-Kursen vermittelt wurde. Klar war, dass es in unseren Breitengraden vor der Agrarisierung absolut unmöglich war, sich das ganze Jahr über nur von Beeren und Wurzeln zu ernähren. Wild war mit Sicherheit der Hauptnahrungsbestandteil. Hätten die Frühmenschen in nordischen Regionen kein Fleisch gehabt, hätte sich ihr Denkorgan wohl wieder auf Schimpansenhirngröße verkleinert, und sie hätten wie die Bären den Winterschlaf erfinden müssen.

Die einzige Wurzel in unseren Regionen, die wirklich etwas hergibt, ist die Rapunzel, auch »Teufelskralle« genannt. Sie findet sich im Wald und ist vor allem im Frühjahr an den schönen Blüten zu erkennen. Ihre Wurzel ist nicht leicht auszugraben, weil sie sich zwischen anderen Wurzeln und Steinen einklemmt. Das hat für die Menschen den Vorteil, dass sie sich dem Zugriff von Nagetieren entzieht und nur für sie zur Verfügung steht.

Es braucht ein starkes Grabstöcklein und geschickte Finger, um die Wurzel vollständig aus dem Erdreich herauszuholen. Man sagt, die Rapunzel heiße Teufelskralle, weil ihre weißen, manchmal auch blauen Blüten wie Krallen aussehen. Aber vielleicht heißt sie auch deshalb so, weil sie sich so im Erdreich festkrallt und es daher Finger wie Krallen braucht, um sie ernten zu können. Vielleicht stellten sich die Menschen vor, dass der Teufel, der ja angeblich in der Unterwelt lebt, die Pflanzenwurzel festhält. Schließlich wurde in den monotheistischen Religionen den einfachen Menschen weisgemacht, dass alle Kräfte, die nicht Gott zugeschrieben werden, zum Teufel gehören, wie beispielsweise die Heilkraft von Pflanzen, was man als einen der Gründe dafür anführte, dass die diesbezüglich kundigen Frauen im Mittelalter als »Hexen« auf dem Scheiterhaufen landeten.

Neben dem Fleisch waren also im Erdreich wachsende und in der Glut essbar gemachte Knollen ein Hauptbestandteil der Nahrung der frühen Menschen. Es muss von diesen Knollengemüsen viele weitverbreitete, aber auch lokale Arten gegeben haben. Einige davon starben aus, andere wurden später bei der Agrarisierung kultiviert. Heute finden wir im Supermarkt Karotten, Schwarzwurzeln, Pastinaken, Topinambur, Meerrettich, Petersilienwurzeln, Ingwer, Süßkartoffeln, Taro, Yamswurzeln, Maniok und Kartoffeln.

Die Kartoffel ist die in unseren Breitengraden die wohl meistgegessene Knolle. Ungekocht ist sie in Blatt, Schale und Keimen leicht giftig. Im Handel finden wir heute ein paar wenige Sorten, während im Ursprungsgebiet Südamerika 3000 verschiedene Varianten ausgemacht werden konnten. Auch Maniok ist roh giftig, und die Ursprungssorten mussten aufwendig durch Mahlen, Wässern und Kochen essbar gemacht werden.

Nun sind diese Knollen ja nicht giftig, weil sie bösartig wären beziehungsweise aus dem Reich des Teufels kämen, sondern weil sie wirkungsvolle Abwehrmechanismen gegen Schädlinge in sich tragen, zum Beispiel gegen Fäulnisbakterien. Und solche antibakteriellen und andere »giftige« Eigenschaften sind eben für den Menschen im richtigen Maß oder in der richtigen Zubereitung nicht Gifte, sondern Heilmittel. Gerade den Knollen wird viel Heilkraft zugeschrieben. So wirken Petersilienwurzeln gegen verschiedene Krankheiten wie Blähungen, Husten, Zahnschmerzen, Ohrenschmerzen, Verdauungsstörungen sowie Menstruationsbeschwerden. Süßkartoffeln fördern das Funktionieren des Immunsystems und hemmen Entzündungen. Pastinaken enthalten eine Vielzahl entzündungshemmender Substanzen, Rüben sind ein gutes Gemüse gegen Alzheimer und beherbergen Substanzen, die den Krebs bekämpfen. Ingwer wirkt gegen Übelkeit, Maniok gegen Rheuma. Möhren sind gut für die Leber, und Topinambur reguliert den Blutzucker.

Die Nahrung aus dem Untergrund – aus des Teufels Küche sozusagen – hatte also für den Homo nicht nur großen Nährwert, sondern auch Heilkraft. Die Menschen entwickelten eine hohe Kunst im Auffinden von Knollen, was wir heute noch bei den Hadzabe im südlichen Afrika beobachten können. Anhand von Blättern oder der Bodenbeschaffenheit wissen sie, wo sich etwas Essbares verbirgt. Wenn sie mit einem Stock auf den Boden klopfen, spüren und hören sie, wo die Knollen liegen. Sicher haben die damaligen Menschen auch fasziniert die Spürkraft der Tiere beobachtet, so wie man heute noch Schweine einsetzt, um Trüffeln zu finden.

Mit dem verfügbaren Großwild und den Knollengewächsen bot sich den Menschen ein reiches Nahrungsangebot, dessen Ertrag noch erhöht wurde durch die Einsparung an Verdauungsenergie durch das Kochen. Dem ungebremsten Bevölkerungswachstum konnte der Erectus durch Auswanderung begegnen, stand doch das Nahrungsangebot von Großwild und Knollen auch außerhalb Afrikas überall reichlich zur Verfügung. Jene kritische Bevölkerungsdichte, die den Übergang zur Agrarwirtschaft nötig machen würde und bei der die Jäger zu Hirten und die Knollensammler zu Ackerbauern werden müssten, lag noch in weiter Ferne.

Die maximale Hirngröße hatten die Frühmenschen schon lange vor dem Erscheinen des Homo sapiens erreicht; es erfolgte seit dem Homo heidelbergensis vor 600 000 Jahren kein weiteres Wachstum mehr. Man gab sich offenbar zufrieden mit dem, was man war. Die hohen organisatorischen und sozialen Kompetenzen dieser Leute ermöglichten ihnen ein friedliches Gemeinschaftsleben mit reicher Nahrung und geschützten Wohnstätten. Die Orte des Wohllebens verließen sie nicht ohne Not, und wenn, dann als ganze Gruppe.

Ob es damals schon Menschen gab, die auch einzeln unterwegs waren, wissen wir nicht. Der einzige archäologisch nachgewiesene Einzelgänger, der Ötzi, war ein Homo sapiens, der vor 5000 Jahren lebte. Seit wann wurden wohl die ersten Geschichten über einsame Helden erzählt, die ein Abenteuer überlebten? Von solchen, die von Sehnsucht zu einer fernen Liebe bei Nacht und Nebel loszogen, und solchen, die von der Gruppe abkamen und sich in der Wildnis verirrten.

Von den San, jenem ältesten Sammler-Jäger-Volk im südlichen Afrika, kennen wir die Geschichte eines Mannes, der seine Gruppe wegen eines Zwistes verließ und viele Jahre allein an einem Wasserloch lebte. Als man ihn nach der Rückkehr fragte, ob er denn nie Angst gehabt hätte, gab er zur Antwort, dass dies ein einziges Mal vorgekommen sei, als sein Hund in der Nacht unruhig wurde. Er habe dann schnell ein Feuerchen gemacht, und die Angst sei verflogen. Der Mann berichtete nicht von einem wilden Tier, das ihn angegriffen hätte und das er erfolgreich zu bezwingen wusste. Solch eine Übertreibung – man sprach noch nicht vom Jägerlatein – wäre von den Zuhörern bemerkt und infrage gestellt worden. Wir wissen von den Aufzeichnungen der Gespräche der San am abendlichen Lagerfeuer, dass die Gruppe sehr bedacht war darauf, dass sich kein Einzelner mit besonderen Leistungen brüstete. Individuelle Heldentaten waren damals keine dienlichen Beiträge; der Erfolg der Gruppen basierte auf egalitär-kooperativem Teamwork.

Heldengeschichten wie die Odyssee werden erst in den militarisierten Gesellschaften der Agrarzeit entstehen und sich als eigenes Erzählgenre in unzähligen Varianten bis zum heutigen Tag weiterentwickeln. Je öfter solche Rückkehrerstorys erzählt wurden, desto mehr beobachtete die Zuhörerschaft eine seltsame Strukturgleichheit in den Geschichten. Dieses Erzählmuster wird der Mythologe Joseph Campbell später als den »Monomythos« bezeichnen, eine Storyline, unter anderen mit den Passagen Berufung (Ruf des Abenteuers), Weigerung (Zögern), Entscheidung zum Aufbruch, Auftreten von Problemen, übernatürliche Hilfe durch Mentoren, zentrale Prüfung (zum Beispiel Kampf mit dem Drachen), Sieg, Erhalt eines Schatzes, Verzögerung der Rückkehr durch weitere Probleme und Heimkehr.[7]

Je mehr die Menschen diese Geschichten zu lieben begannen, desto häufiger wurden sie erzählt. Kaum ein Film kann sich heute leisten, ohne diese Struktur auszukommen, die Zuschauer würden ihn als langweilig empfinden. Mit Spannung verfolgen wir im Film »The Revenant – Der Rückkehrer« Leonardo DiCaprio auf seiner

Blutspur über *plot point one* und *plot point two* bis zum triumphalen Ende. Und selbst Geschichten ohne Happy End wie »Easy Rider«, in denen der Antiheld die Story nicht überlebt, können uns fesseln. Erste Aufzeichnungen von »Roadmovies« finden wir schon in ägyptischen Tempeln, wo auf wunderschönen Wandmalereien der Sonnengott auf seiner Barke die Nachtmeerfahrt durchlebt. Wir finden diesen Archetypus auch in den biblischen Geschichten von Jona im Bauch des Wals (Jon 1–4) sowie Josef und seinen Brüdern (Gen 37–50). Wir erleben den Monomythos in Gedichten wie in Hermann Hesses »Stufen«, wo der Aufbruch (in einen neuen Lebensabschnitt) mit der Zeile »Und jedem Anfang wohnt ein Zauber inne« so wunderschön beschrieben wird. Der Ethnologe Arnold van Gennep erkannte diese Storyline auch in indigenen Initiationsritualen und nannte sie die initiatorische Gestalt mit dem Dreischritt »Loslösung – Zwischenstufe – Einfügung«.[8] Dieser Struktur folgen auch Selbsterfahrungsformate wie die Visionssuche oder die von dem Psychotherapeuten Paul Rebillot entwickelte »Heldenreise«, die sich heute großer Beliebtheit erfreuen.[9]

Ob auch die Reise von Ötzi einer solchen Struktur folgte, wissen wir nicht – einige Details, wie der Tod durch einen Pfeilschuss, lassen eine Flucht vermuten. Andererseits deuten die vielen Gegenstände, die er mit sich führte, eher auf eine geplante Wanderung hin. Ein unfertiger Bogen könnte sogar als ein Geschenk gedacht gewesen sein.

Das Reisemotiv der Überbringung eines Geschenks kennen wir von den Sammler-Jäger-Kulturen der San. Dieses Volk pflegt einen Brauch des Austauschs von »Nonfood-Präsenten« wie Schmuck oder Pfeilspitzen. Das nennt sich Xaro. Jeder San pflegt einen persönlichen Freundeskreis von durchschnittlich fünfzehn Xaro-Partnern. Die Ethnologin Polly Wiessner konnte miterleben, wie ein San, als in den Erzählungen am abendlichen Lagerfeuer einer seiner Xaro-Partner erwähnt wurde, so von Sehnsucht gepackt wurde, dass er noch in derselben Nacht aufgebrochen ist, jenen Menschen zu besuchen. Und sie hat in ihren Forschungen festgestellt, dass die Wohndistanzen der Xaropartner zwischen 30 und 200 Kilometer betragen konnten.

Auf dem Jakobsweg müssen die Pilger zu Fuß mindestens 100 Kilometer und per Fahrrad oder Pferd mindestens 200 Kilometer zurücklegen, um die begehrte Pilgerurkunde, die »Compostela«, zu erhalten. Dieses Ziel erreichen jährlich über 300 000 Pilger, und es werden immer mehr. Auch mich faszinierte das Phänomen Jakobsweg, vor allem die Frage, was die Menschen dazu bringt, diesen langen Weg trotz schmerzhaften Blasen an den Füßen bis zum Ziel zu gehen. So kam ich auf die verrückte Idee, den Jakobsweg »verkehrt« zu gehen, also in Santiago de Compostela zu beginnen. Als ich dieses Vorhaben einem meiner Bekannten vorstellte, einem Filmemacher, war er gleich Feuer und Flamme und wollte das Projekt filmisch begleiten. So flogen Paul und ich direkt nach Santiago.

Rund um die Kathedrale bietet sich dem Besucher das für solche Orte übliche Bild eines geschäftigen Treibens. Im Innern der großen Kirche findet sich dann aber auch Überraschendes. Gleich ins Auge fiel uns die Menge von Beichtstühlen, wir zählten zwölf. Offenbar gibt es viele Pilger, die noch etwas zu bereinigen haben. Und dann das Bild des berittenen, schwertschwingenden Santiago, am Boden ein abgeschlagener Kopf und die Überschrift »Matamoros«, das heißt »Maurentöter«. Es hat mich schon etwas befremdet, die lange Schlange von Besuchern vor dem – mit einem Lichtsignal geregelten – Eingang zur Krypta mit dem Grab eines fremdenfeindlichen Heiligen. Ist doch der Pilger selbst ein Fremder, wie es die eigentliche Wortbedeutung nahelegt: Der Begriff geht letztlich wohl zurück auf das lateinische Substantiv beziehungsweise Adjektiv *peregrinus* für »Fremdling« respektive »fremd«.

Für den Besuch des Grabes öffnete sich mir eine unerwartete Möglichkeit. Aus welchem Grund auch immer erwachte ich des Nachts und konnte nicht mehr weiterschlafen. So stand ich auf und begab mich auf einen Spaziergang durch die mittelalterlichen Gassen. Vom Kirchturm schlug es vier. Aber da war noch ein anderes Geräusch, ein Zischen, das allmählich lauter wurde. Schließlich erblickte ich den Verursacher: Es war ein Reinigungsmobil. Im Scheinwerferlicht leuchteten die zischenden Wasserstrahlen wie viele kleine Springbrunnen. Und dann hörte ich dasselbe Geräusch auch in einer anderen Richtung; es mussten mehrere solcher Fahrzeuge unterwegs gewesen sein. Das große Reinemachen vor dem nächsten Pilgeransturm. Die Kathedrale lag im Dunkeln, auf den Mauern der matte Schein einer ferneren Straßenlaterne.

Ich stieg die wenigen Treppenstufen hinauf zu einer Tür, die überraschenderweise unverschlossen war. Im Innern bot das Licht einiger brennender Kerzen etwas Orientierung. Schritt vor Schritt setzend, näherte ich mich dem Eingang zur Krypta mit dem Grab des Santiago. Da, auf einmal ein seltsames Geräusch – *sscht … sscht … sscht*. Mit beklemmendem Gefühl in der Brust und mit dem Mut der Neugier stieg ich vorsichtig eine andere Treppe hinunter.

Das rhythmische Geräusch wurde lauter; es kam von einem seitlichen, kuppelförmigen und vergitterten Raum, der leicht beleuchtet war. Zentimeter um Zentimeter schob ich mich vorwärts, bis ich dann um eine Ecke schaute und einen kehrenden Besen sah – *sscht … sscht … sscht.*

So wie draußen in den Straßen war nachts also auch drinnen in der Kathedrale Reinigungspersonal am Werk. Dass eine Frau genau dann im Grab kehrte, als ich nachts hinunterstieg, war eine eigenartige Koinzidenz – eine Botschaft? Dass Obaluaiê, der Orixá der Erde, des Lebens und Sterbens und der Gräber, mit einem Besen dargestellt wird, davon wusste ich damals noch nichts. Ich wäre auch nicht auf die Idee gekommen, dass der Name »Compostela« etwas mit »Kompost« zu tun haben können, hieß es doch, der Name leite sich von *campus stellae* (Sternenfeld) ab und beziehe sich auf eine Lichterscheinung in Zusammenhang mit dem Jakobsgrab. Heute nimmt man an, dass der Name sich vom lateinischen *compostum* (Friedhof) ableitet, weil die Römer an der Stelle, an der heute die Kathedrale steht, möglicherweise ihre Toten begruben.

Der Name lädt zu weiteren Wortspielen ein: Wenn wir Jakobspilger als Friedhofsbesucher, also »Kompostisten« bezeichneten, gäbe es da eine überraschende Verbindung zur Biologin Donna J. Haraway, die sich »Kompostistin« nennt.[10] Sie meint, wir heutigen Menschen seien nicht Posthumanisten, sondern Kompostisten, weil wir durch unser immenses Bevölkerungswachstum eine Unmenge an anderen Lebewesen zum Aussterben bringen. Mit ihrem Slogan »Make kin, not babies« (etwa »Macht euch verwandt, nicht Babys«) appelliert sie an uns, uns wieder mehr als Teil auch der »mehr-als-menschlichen Welt« zu sehen und mit ihr eine Sippe zu bilden. Für die Jakobs-Kompostisten hieße das, als Ziel nicht eine zu erbringende Leistung zu sehen, sondern eine Kontaktpflege mit der Erde und allem Lebendigen: »Make kin, not selfies.«

Wenn wir ein Grab besuchen, ist das eine Kontaktaufnahme mit Ahnen; und so sind Jakobspilger eigentlich Ahnenreisende. Wir wissen, dass schon die Neandertaler Gräber für ihre Toten anlegten. Noch älter ist ein Fund in Spanien, den Archäologen aufgrund einer Steinaxt als vermutete Grabbeigabe als letzte Ruhestätte deuten. Mit 350 000 Jahren wäre dies das älteste bekannte Grab der Menschheitsgeschichte. Das älteste gefundene Grab eines Homo sapiens liegt in Israel und ist 100 000 Jahre alt.

Unsere Vorfahren hatten also schon vor Urzeiten die Erfahrung gemacht, dass Verstorbene nicht einfach tote Körper sind, sondern auf irgendeine unsichtbare Art weiterwirken können. Es war von Bedeutung, wie sie begraben wurden, und so gehört auch der Ahnen- neben dem Opferkult zu den Urelementen religiöser Praxis.

Die Neandertaler besiedelten Europa während 200 000 Jahren. Ihre Höhlenmalereien, ihr Kunsthandwerk und ihre Bestattungsriten zeugen von einer großen religiösen Praxis. Die Grabbeigaben Speer, Fleischstück und Mammutzahn, und das junge Alter des Verstorbenen deuten darauf hin, dass der Mann bei der Mammutjagd ums Leben gekommen ist. Der Leichnam wird mit Ocker bestreut und mit einem weißen Fell zugedeckt; vielleicht ein Akt der Würdigung und des Ausgleichs gegenüber einer gebenden Erde?

REZEPT

HIRTENOFEN

Diese Kochart stammt aus den Anden Südamerikas, wo sie vor allem am großen Fest der Pacha Mama (Mutter Erde) zum Einsatz kommt. Der Kochprozess ist eine Mischung aus Grillen und Dämpfen, man braucht weder Wasser noch Gewürze oder Kochutensilien. Und das Essen schmeckt wunderbar.

Aus der Natur brauchen wir: mittelgroße Steine, Brennholz, große Pestwurzblätter, zahlreiche Grassoden.

Zutaten sind: Kartoffeln, große Zwiebeln, dicke Karotten, geviertelte Sellerieknollen, Maiskolben, Kohl, Kohlrabi, Wirsing, Paprika (Peperoni), Hühnchenfleischstücke.

Zuerst wird ein Ofen aus Steinen gebaut, und zwar kuppelförmig. Das heißt, der Grundriss ist kreisförmig, wobei eine Öffnung für das nachherige Einfeuern frei gelassen werden muss. Dann wird wie bei einem Iglu Stein auf Stein gesetzt. Wichtig ist, dass schon von allem Anfang an die Steine so aufeinandergeschichtet werden, dass sich die Wände nach innen neigen. Die Schlusssteine sollten dann wie bei einer römischen Brücke senkrecht eingesetzt werden können. Das ist nicht immer ganz einfach, oft geschieht es, dass das Bauwerk teilweise einstürzt. Je kantiger die Steine und je flacher ihre Seiten sind, desto besser geht es. Die Größe des Ofens lässt sich je nach Anzahl der Leute, die ernährt werden sollen, anpassen.

Nun wird der Ofen eine Stunde lang kräftig eingeheizt. Am Schluss lässt man das Feuer herunterbrennen, sodass nur noch eine kräftige Glut übrigbleibt.

Nun beginnt das Befüllen des Ofens, was eine ziemlich heikle Angelegenheit ist. Zuerst werden die Kartoffeln durch die Feueröffnung hineingeworfen, sodass sie auf der Glut zu liegen kommen. Dann wird die Öffnung mit einem Stein verschlossen. Im nächsten Schritt bewaffnen sich einige Personen mit Holzstöcken und Handschuhen und lösen vorsichtig die obersten Steine, sodass diese in den Ofen hineinpurzeln und die Kartoffeln bedecken. Dann werden nach und nach alle Gemüse – außer Paprika und Wirsing – sowie das Fleisch hineingegeben, dazwischen immer wieder auch die heißen Steine der Ofenmauer, die so nach und nach abgebaut wird. Nach dieser Prozedur sollte das gesamte Gemüse (außer die Paprika) von heißen Steinen umhüllt sein. Nun bedecken wir den heißen Haufen vollständig mit Pestwurz- oder anderen großen Blättern. Oben darauf kommen Paprika und Wirsing, die auch noch mit einer Blätterschicht bedeckt werden.

Jetzt muss der ganze Haufen mit den bereitgestellten Grassoden absolut dicht zugedeckt werden. (Wichtiger Hinweis: Es werden meist zu wenig Grassoden bereitgestellt, und dann beginnt der Stress …) Nach einer Stunde sollte das Essen gar sein. Wir entfernen zuerst die Grassoden, nehmen die Paprika und den Wirsing, bauen danach den Steinhaufen ab und fischen die gegarten Speisen heraus.

6

MUSCHELN – DER SCHATZ AM MEERESSTRAND

»Yemanjá – großzügige, tiefe, weite Mutter, du zeigst uns die Kunst des Gebärens, du lehrst Hingabe und Halt im großen Spiel des Lebens.«

Am Morgen nach jenem nächtlichen Besuch des Jakobsgrabes berieten Paul und ich das weitere Vorgehen. Seltsamerweise hatten wir denselben Impuls – statt wie ursprünglich vorgesehen, den Jakobsweg in umgekehrter Richtung zu wandern, zog es uns beide in die andere Himmelsrichtung, zum Meer. Die Frau vom Kiosk, in dem es allerhand Souvenirs, Postkarten und Wanderkarten zu kaufen gab, antwortete auf unsere Frage, ob es einen Weg zum Meer gäbe, mit der Antwort: Ja, das sei der Weg der Heiden.

Der Weg der Heiden? Das war nun doch eine tolle Wendung unserer ursprünglichen Absicht. Den Jakobsweg anders gehen heißt nicht, ihn in umgekehrter Richtung, sondern in seiner wahrscheinlich ursprünglichen Form zu gehen, denn die Heiden waren ja vor den Christen da.

Der Pilgergang ist eine uralte religiöse Geste. Die Priester der Inkas bestiegen heilige Berge, um Opferungen darzubringen. Buddhisten wie Hindus pilgern zum heiligen Berg Kailash. Für Hindus ist auch die Pilgerreise zum heiligen Fluss Ganges ein Akt, der wenigstens einmal im Leben vollzogen werden will. In Brasilien strömen am 2. Februar Hunderttausende ans Meer, um der afroamerikanischen Meeresgöttin Yemanjá Blumen und Edelsteine zu bringen. Heidnische Pilgerorte haben so eine starke Wirkkraft, dass sie von den neuen monotheistischen Religionen nicht eliminiert werden konnten und deshalb übernommen wurden. Mekka war ursprünglich das Zentrum eines heidnischen Steinkults. Lourdes war ein Wasserheiligtum, an dem einem Kind eine weiße Frau erschienen war, die von der katholischen Kirche als Maria identifiziert wurde, so wie in allen christianisierten Gebieten heidnische Göttinnen zur Maria wurden. In Peru wird sie als Pacha Mama auf Prozessionen mitgeführt, in Brasilien steht ihre Statue auf den Altären von Yemanjá. Überall da, wo es nicht gelungen ist, die weibliche Göttin durch den männlichen Gott oder einen männlichen Heiligen auszuwechseln, wurde ja die heilige Maria eingesetzt. Und selbst wenn die Vermännlichung gelang, finden sich oft Spuren des ursprünglich Weiblichen. So wie bei den Jakobspilgern die Muschel.

Jakobspilger tragen sie als Zeichen mit sich. Es heißt, weil die Pilger früher diese Muscheln verwendeten, um daraus zu trinken. Nun liegt aber der Pilgerort Santiago de Compostela in der Nähe des Atlantiks, und die hohle Jakobsmuschel, aus der man trinken kann, kommt nur im Mittelmeer vor; jene am Atlantik ist flach, so wie die Wegmarkierungen des Jakobswegs. Wir waren überrascht, dass die Wege von Santiago an die Westküste ebenfalls mit diesem Zeichen markiert waren.

Es gab offenbar auch Pilger, die noch zum Meer weiterwanderten, und weil diese anschließend nach Santiago zurückkehrten, begegneten wir einigen. Da war ein Koreaner, der kaum Englisch und kein Wort Spanisch konnte. Und eine junge Italienerin, die erzählte, dass ihr Mann gestorben und ihr eine Firma zurückgelassen habe. Man tauscht sich ja sonst eher nicht so aus, wenn sich Pilger begegnen; die meisten begnügen sich mit einem »Bon camino«.

Am zweiten Tag erreichten wir spätabends die Ortschaft Muxía, in der wir uns entschieden, uns erst am folgenden Morgen direkt ans Meer zu begeben.

Nach dem Frühstück wanderten wir denn vom Hotel aus in Richtung Meer, weiterhin den Muschelzeichen folgend. Auf einmal wurde ich von einer seltsamen Kraft gebremst, und ich konnte nur noch ganz langsam weitergehen, Schritt für Schritt. Und dann urplötzlich, angesichts des Meeres, überkam mich eine große Ergriffenheit. Ich schämte mich der Tränen nicht, die mir über die Wangen rollten. Noch ein paar Schritte, und dann stand ich auf einem großen Felsen gleich am Meer. Und da kam die Welle: Unerwartet groß, knallte sie auf mich zu, sodass ich fast das Gleichgewicht verlor und völlig durchnässt wurde. Paul, der alles filmte – wie ich meine Schritte verlangsamte, mir die Tränen über die Wangen liefen und ich auf dem Felsen stand –, war völlig überrumpelt; das sei ihm als Profi noch nie passiert: zu übersehen, dass der Film zu Ende war. Die Welle war nicht mehr auf dem Streifen.

Die Begrüßung durch das Meer hatte offenbar nicht gefilmt werden dürfen. Es schien, als hätten uns verborgene Kräfte zum ursprünglichen Meeresheiligtum geführt, von dem viele annehmen, es sei der originäre Zielort des Jakobwegs gewesen. Tatsächlich findet sich an der Stelle ein weiterer Hinweis auf eine ehemalige Verehrung einer weiblichen Meeresgottheit, eine Kirche mit dem Namen »Nosa Señora da Barca«, das heißt »Unsere Frau des Schiffes«.

Das klingt ganz ähnlich der »Nossa Senhora do Mar«, wie die afrikanische Meeresgöttin Yemanjá in Brasilien auch genannt wird und oft – wie die griechische Aphrodite – in einer Muschel dargestellt ist. Und erinnert nicht selbst der Ortsname Muxía (ausgesprochen »Muschia«) an eine Muschel?

Zurück in der Ortschaft, fand ich in einem Geschäft eine braune Leinenhose, die ich gleich anzog. Die tropfnasse Bluejeans legte ich auf einen Müllcontainer, sie mitzutragen war mir zu schwer. Wir hatten vor, die Küste entlang noch weiter zu wandern bis Fisterra.

Als wir eine Pause einlegten, kam ein Vagabund auf uns zu, der denselben Weg ging. Wir kamen ins Gespräch, und ich erzählte ihm meine Geschichte mit der Welle und der nassen Hose. Da grinste er übers ganze Gesicht und zog meine Jeans aus seinem Rucksack: Ist es diese? Als wir in Fisterra sahen, dass dort viele Jakobspilger ihre Kleider und Schuhe verbrannten, war ich froh, eine nachhaltigere Lösung gefunden zu haben.

Wieder in Santiago, gönnten wir uns noch einen schönen Frühlingstag in der Stadt. Köstlicher Fisch und Meeresfrüchte auf den Tischen warteten auf die Gäste, Pilger, die nach praktizierter Enthaltsamkeit wieder mal lustvoll schlemmen konnten. Paul filmte, und als ein paar Amerikaner am Nebentisch fragten, was das denn für ein Film werden sollte, antwortete ich spontan: »Beyond Santiago.« Das fanden sie großartig.

Aus dem Film wurde dann nichts, aber die Geschichte hat ja nun in diesem Buch einen Platz gefunden. Eine Story, die, geführt von seltsamen Attraktoren, die Aufforderung enthielt, uns zu erinnern, dass es ein spirituelles Kulturerbe der Menschheit jenseits von Santiago gibt. Jenseits von Santiago, das ist eben nicht der Osten, wohin sich seit den 68ern nach wie vor viele suchende Menschen spirituell ausrichten, jenseits von Santiago ist Südamerika, ist Afrika. Sind die Indianer, die Aborigines, die Afrikaner, die Urmenschen, die Ahnen und Indigenen der südlichen Halbkugel.

Im Jahr 2007 fand man an der südlichsten Küste Afrikas in einer Höhle Gegenstände, die von Menschen vor 164 000 Jahren benutzt worden waren. Die Höhle liegt heute 18 Meter über dem durchschnittlichen Meeresspiegel, sie war aber schon zur Zeit der Benutzung durch die sogenannten Pinnacle-Point-Menschen einige Meter über Meeresniveau. Das Besondere hier ist, dass diese Höhle nach der letzten Eiszeit vom ansteigenden Meeresspiegel nicht überflutet wurde, weil sich das umgebende Gelände in den vergangenen 200 000 Jahren angehoben hatte. Neben Steingeräten wurden in der Höhle Schalen von fünfzehn unterschiedlichen Muschelarten gefunden. Es wird vermutet, dass die Artefakte vom Homo sapiens stammen, der vor 300 000 Jahren aus dem Homo erectus hervorgegangen ist.

Ungefähr parallel zum Sapiens in Afrika ging in Europa der Neandertaler aus dem Erectus hervor. Erectus und Neandertaler machten letztlich dem Sapiens Platz. Der Erectus starb vor 100 000 Jahren aus, der Neandertaler vor 40 000 Jahren. Alle heute auf der Erde lebenden Menschen sind Vertreter der Gattung Sapiens, und die hätte es schon zweimal fast erwischt; erstmals vor 120 000 Jahren und dann wieder vor 70 000 Jahren. Gemäß der Theorie des genetischen Flaschenhalses – womit in der Populationsgenetik die starke genetische Verarmung einer Art und die damit verbundene Änderung der sogenannten Allelfrequenzen bezeichnet wird – nimmt man an, dass der Sapiens vor 120 000 Jahren in Afrika beinah ausgestorben wäre und nur wenige Exemplare überlebten, unter anderem in der Pinnacle-Point-Höhle.

Aber dann machten sie sich erneut auf, die große, weite Welt zu besiedeln. Die Reiserouten führten, dies zeigen die archäologischen Funde, überwiegend die Meeresküsten entlang. Warum, das können wir noch heute an der afrikanischen Ostküste beobachten, zum Beispiel in Mosambik: Bei Ebbe weicht der Indische Ozean zurück, und es erscheint eine riesige Sandfläche, in der es von Meeresfrüchten nur so wimmelt: Muscheln, Schnecken, Seegurken, Krebse und kleine Fische. Die Menschen von den Dörfern strömen hinaus in diesen unendlich großen Meeresacker, um den Reichtum einzusammeln. Der stand schon unseren migrierenden Vorfahren zur Verfügung. Die Fortbewegung die Küsten entlang versorgte die Menschen aber nicht nur laufend mit proteinreicher und salzhaltiger Kost, sie war auch ziemlich ungefährlich. Die Flüsse verlieren sich im Sand, und es gibt gefahrlose Übergänge, während im Landesinnern eine Durchquerung wegen der gefährlichen Krokodile weit weniger erfolgversprechend war.

Jene Vertreter der Gattung Sapiens, die den ersten Flaschenhals überlebten, schafften es über die Arabische Halbinsel bis nach Indien und Ostasien. Dann kam das Unglück ein zweites Mal über sie. Statistische Genanalysen des modernen Menschen führen zur Annahme, dass es vor rund 70 000 Jahren einen weiteren genetischen Flaschenhals gegeben hat und nur etwa 1000 bis 10 000 Individuen, größtenteils in Afrika, überlebt haben. Das Trauma, fast ausgelöscht worden zu sein, hat seine Spuren im mythologischen Gedächtnis der Menschheit hinterlassen.

Die Sintflut wird in den Erzählungen vieler antiker Kulturen als eine göttlich veranlasste Flutkatastrophe beschrieben, die die Vernichtung der gesamten Menschheit und der Landtiere zum Ziel hatte und die nur wenige, in vielen Überlieferungen als besonders gottesfürchtig Genannte, überlebten. Als Gründe für die Sintflut nennen die Erzählungen meist den Zorn Gottes respektive der Götter über die Verfehlungen der Menschheit.

Auch in vorbiblischen Sintflutmythen kommt ein Boot vor, mit dem der Held seine Angehörigen und eine Auswahl von Tieren rettet. Weitere gemeinsame Details sind die Vorwarnung, die Aussendung von Vögeln für die Erkundung und das Dankesopfer für die Errettung. Im Unterschied zur biblischen Erzählung wird in den älteren Erzählungen noch von mehreren Göttern ausgegangen, die beteiligt waren. Im Yemanjá-Mythos ist es eine weibliche Gottheit, die Göttin des Meeres, die die tödliche Flut bringt. Historische Erklärungsversuche nennen Naturkatastrophen wie Seebeben und Vulkanausbrüche als Auslöser der großen Flut. Sollte diese Flut tatsächlich vor 70 000 Jahren stattgefunden haben, dann stand sie wahrscheinlich im Zusammenhang mit dem Ausbruch des Supervulkans Toba auf Sumatra. Wenn die Fastauslöschung der Menschheit weltweit geschah, wie angenommen, und wenn das Unglück eine Riesenflut war, wie im mythologischen Bewusstsein niedergeschrieben, dann kommt dafür nur ein Tsunami infrage.

Es ist leicht nachvollziehbar, dass die Meeresgöttin Yemanjá auch die Göttin der Nahrung, der Fruchtbarkeit und des Geburtlichen ist, denn alles Leben unseres Planeten kam ursprünglich aus dem Meer. Das Meer war und ist für die Menschheit ein großer Lieferant von Nahrung. Wie zentral in der frühen Menschheitsgeschichte die Ernährung durch Muscheln war, kann man an sogenannten Muschelhaufen erkennen, die weltweit zu finden sind. Einer der größten befindet sich in Portugal mit einer Höhe von 18 Metern. Viele dieser »Abfallberge« wurden von den archaischen Menschen auch rituell genutzt. Wie stark das Muschelsammeln in unseren Genen verankert ist, können wir an jedem Meeresstrand beobachten. Sobald Menschen an den Strand kommen, beginnen sie – vor allem die Frauen und Kinder –, Muscheln aufzusammeln. Auch in der Pinnacle-Point-Höhle fand man Hinweise darauf, dass Muscheln nicht nur als Nahrung, sondern die Schalen ebenso als Schmuck dienten. Die portugiesischen Kolonialherren setzten die Kaurimuschel, die an der Ostküste Afrikas im Überfluss zu finden ist, in Westafrika, wo sie nicht vorkommt, als Zahlungsmittel ein. Die Kaurimuschel hat auch sonst in Afrika einen hohen Wert. Sie wird nicht nur mit Vorliebe für Schmuck und Verzierungen verwendet, sondern auch vielerorts für spirituelle Anliegen, wie beispielsweise zur Weissagung.

Ob die Muscheln auch damals die Menschen warnten, bevor Yemanjá ihre todbringenden Wellen über die Länder schickte? So wie im Mythos die Männer nicht auf die Bitten von Yemanjá hörten, wollten die Menschen vielleicht auch nicht auf das Gesetz der Reziprozität hören. Bestand die Sündhaftigkeit des Sapiens nicht in der unterlassenen Würdigung des unendlich gebenden Meeres? Wie schon in den vorangegangenen Orixá-Mythen geht es also bei dieser Götterverstimmung um eine unterbliebene Geste der Dankbarkeit. So ist es nur eine Frage der Zeit, wann angesichts der heutigen Ausbeutung und Verschmutzung der Weltmeere die nächste Welle kommt.

Als ich zum ersten Mal gewahr wurde, dass man bei einer Übernachtung am Meer von einem Tsunami überrollt werden könnte, erinnerte ich mich, einst gelesen oder gehört zu haben, dass es zwei Signale gibt, die das Kommen eines Tsunamis ankündigen: Vögel können ihn vorausspüren und verstummen. Und das Meer weicht zurück. Als dann der große Tsunami 2004 im Indischen Ozean wütete, durchforstete ich die Augenzeugenberichte und stieß auf viele, die das Zurückweichen des Meeres beschrieben, aber nur einen, in dem eine Frau das Verstummen der Vögel erwähnte. Können die Vögel das Herannahen eines Tsunamis spüren, weil sie in sich eine Erinnerung an solche Ereignisse tragen? Sind Vögel ohnehin besondere Träger der Erinnerung? Wie der Sankofa-Vogel in der westafrikanischen Symbolbilderwelt, der zurückschaut und ein Ei im Munde trägt, was bedeutet: Lerne aus der Vergangenheit.

REZEPT

PAELLA

Unverzichtbar, damit es wirklich nach Paella schmeckt, sind 1 kg Venusmuscheln (Almejas), Wasser, Meersalz, 40 Miesmuscheln (Mejillones), 1 kg Calamari, 2 Hühner, 1 großes Bund Petersilie, 4 Knoblauchzehen, 4 grüne Paprika, 4 große Zwiebeln, 6 Tomaten, 40 mittelgroße Crevetten, 20 Kaisergranate (Cigalas), 1 kg festkochende Fische (Congrio, Merluzza, Rape), Olivenöl, 1½ kg Risottoreis, Safran, 500 g grüne Oliven (Manzanilla).

Die Venusmuscheln in Wasser gründlich waschen, in einem Topf Salzwasser auf das Feuer stellen und erhitzen. Sobald die Muscheln sich öffnen, sofort vom Feuer nehmen, die Muscheln herausnehmen und in einer Schüssel bereitstellen. Das Wasser durch ein Tuch filtern (wegen des Sands in den Muscheln) und bereithalten. Die Miesmuscheln im fließenden Wasser eines Baches gut abbürsten und wie die Venusmuscheln zubereiten. Als Garnitur wird nur jeweils eine Hälfte der Muschelschale benutzt. Die Calamari schälen, aufschlitzen, ausnehmen, waschen und in Scheiben schneiden.

Die Hühner waschen, in Teile schneiden, trocknen. Genügend Wasser in Töpfen bereitstellen. Petersilie und Knoblauch mörsern, etwas Wasser dazugeben. Die Paprika in längliche Streifen schneiden. Die Zwiebeln hacken. Die Tomaten würfeln. Crevetten, Kaisergranate und den Fisch (gehäutet und ausgenommen) waschen und in Stücke schneiden.

Die richtige Temperatur beziehungsweise das Feuer ist enorm wichtig. Es muss eine perfekte Glut haben, es darf keine Flamme lange auflodern. An einer Stelle mit Abstand zur Pfanne muss immer ein schönes Feuer brennen, damit genug Nachschub für die Glut da ist. Die Teilnehmer müssen sich gut um die Pfanne herum bewegen können. Die Paellapfanne muss vorsichtig erwärmt werden, damit nicht schon von Beginn an dunkle Flecken entstehen oder die Pfanne sich verbiegt.

Den ersten Schritt macht die Köchin. Durch das Eingießen und kreisförmige Einreiben des Olivenöls eröffnet sie den Kreis. Paprika leicht anrösten, damit das Öl den Geschmack annimmt, dann zur Seite stellen für die Schlussdekoration. Die Hühnerteile goldbraun anbraten und an den Rand schieben. Die Calamari anbraten und ebenfalls an den Rand schieben, dann die Crevetten anbraten, herausnehmen und zur Seite stellen. Die Zwiebeln anrösten.

Die von den Tomaten abgegebene Flüssigkeit abgießen und die Tomaten anrösten, bis sie kein Wasser mehr abgeben. Den Reis mit anbraten. Das Wasser vom Muschelkochen und normales Wasser zugießen (in der doppelten Menge wie der Reis).

Nach und nach Safran, Petersilie, Knoblauch dazugeben und salzen. Die Oliven beifügen.

Auf kleinstem Feuer sanft und regelmäßig köcheln lassen (wichtig, kein heißes Feuer mehr!). Nach 10 Minuten Crevetten und Fisch dazugeben und unterrühren, sodass sie bedeckt sind. Die Kaisergranate im Kreis hineinlegen (Mandala), die Venusmuscheln dazugeben. Die Miesmuscheln am Rand hineinstecken, sodass die Spitzen herausschauen.

Wenn der Reis gut gegart ist (noch leicht Biss hat), die Pfanne vom Feuer nehmen. Mit den Paprikastreifen sternförmig garnieren, das Ganze mit einem Baumwolltuch zudecken und im eigenen Dampf etwas weitergaren. 10 Minuten ruhen lassen und dann genießen.

7

HONIG – DIE SÜSSE DES LEBENS

»Oxum – Schöne! Rebellin! Schicksalskraft! Alles durch dich, du Wasser. Zeig dich in tausend Weisen immer neu. Lass dich erinnern, zärtlich und groß, auf allen Wegen, immer neu.«

»Lerne aus der Vergangenheit«, sagt der Sankofa-Vogel. Und jene wenigen Pinnacle-Point-Menschen, welche die Weltkatastrophe überlebt haben, wussten, dass sie sich erinnern müssen, wenn sie die Wiederholung des Unglücks vermeiden wollen; die Vögel halfen ihnen dabei, denn schließlich haben sie selbst eine solche Katastrophe einmal überlebt. Damals, vor 66 Millionen Jahren, als der Chicxulub-Meteorit alle Saurier vernichtete, außer den Flugsauriern, den Vorfahren aller späteren Vogelwesen. Die Menschen wussten, dass sie sich auf die Vögel verlassen konnten, zeigten sie ihnen schon seit Hunderttausenden von Jahren zuverlässig, wo tierische Nahrung zu finden war. Und sie zeigten ihnen auch, wo sich die süßeste aller Speisen verbarg.

Den Zugang zu versteckten Honignestern verschafften sich die frühen Menschen durch jene Fähigkeit, die viele Jahrhunderttausende später im antiken Europa den Völkern zur Wahrsagung diente: das Deuten des Vogelflugs. In diesem Fall war der Vogel der sogenannte Honiganzeiger, der mit dem Homo eine besondere Kooperation einging: Der Honiganzeiger, der selbst keinen Honig aß, zeigte mit seinem Flug, wo es Nester zu finden gab. Der Mensch holte sich die Nester mit seinen Stöcken, wozu der Vogel nicht in der Lage war. Hatte der Mensch den Honig genommen, fraß der Honiganzeiger die heruntergefallenen Waben. So schufen beide eine frühe Win-win-Situation. Wahrscheinlich teilten sie sich auch die in den Waben enthaltenen Insektenlarven. Insekten wie Heuschrecken, Käfer, aber auch Würmer und Maden stellten für den Homo eine sehr leicht zugängliche nahrhafte Kost dar, die ihm, gerade in Kombination mit Honig gebraten, köstlich schmeckte.

Um unsere Zukunft gut zu gestalten, müssen wir uns erinnern. Das ist die große religiöse Offenbarung, die den Menschen in der Folge jenes Urtraumas widerfuhr: Beachte die Zeichen und befolge sie. Und sie setzten auch zum ersten Mal selbst ein dauerhaftes Zeichen. Diese älteste Zeichnung der Menschheitsgeschichte wurde in der Wohnstätte der Pinnacle-Point-Menschen 2018 von Archäologen gefunden. Beim Fundstück, dessen Alter auf circa 70 000 Jahre geschätzt wird, handelt es sich um ein Stück Stein, auf dem neun sich teils durchkreuzende Linien zu sehen sind. »Beachtung der Zeichen und Vorschriften«, das ist die ursprüngliche Bedeutung des Wortes »Religion«. Selbst der biblische Gott, der ja als allwissend gesehen wird, bedurfte eines Zeichens, um sich zu erinnern. »Ich verspreche, dass nie wieder alle Menschen und Tiere durch eine Sintflut vernichtet werden. Ich lasse in den Wolken meinen Regenbogen erscheinen. Und wenn der Regenbogen da ist, sehe ich ihn und erinnere mich an mein Versprechen.«

Es gibt viele Sintfluterzählungen außerhalb der biblischen. In der ältesten, dem babylonischen Atraḫasis-Epos, baute Ziusudra ein Boot, mit dem er und seine Angehörigen sowie ausgewählte Tiere die Flutkatastrophe überlebten. Im sumerischen Etana-Mythos fand die »große Flut« unmittelbar vor dem ersten irdischen König Etana statt. Die griechische Mythologie kennt eine ähnliche Erzählung im Deukalion-Mythos. Die Inder erzählen vom mythologischen Fisch Matsya, der den König Manu zum Bau einer Arche aufforderte, in der er die sieben Rishis rettete. Auch die Schöpfungsgeschichte der altisländischen Prosa-Edda weiß die Geschichte einer weltweiten Flut zu berichten, die nur der Riese Bergelmir und seine Frau überlebten. In der Schöpfungsgeschichte der australischen Aborigines, der Traumzeit, gibt es den Mythos des Großen Kängurus, das einst mit anderen »Tierleuten« *(animal people)* die Sintflut *(Great Flood)* zurückhielt. Aus dem chinesischen Altertum der Zeit Kaiser Yaos gibt es Sagen, dass sich Fluten bis zum Himmel türmen, oder von Überschwemmungen, die mit ihren Fluten den Himmel bedrohen.

Auch die amerikanischen Indianer kennen Geschichten von einer Flut, die die gesamte Erdoberfläche überspült haben soll. Der Schöpfungsmythos der Fayu verbindet das mythische Ahnenpaar mit einer Flut. Lediglich in Afrika sollen keine Sintflutmythen vorkommen, wird gemeinhin angenommen. Nur – das stimmt nicht, wie das Beispiel vom Yemanjá-Mythos zeigt; im Westen gelten halt allein die schriftlich tradierten Mythen als wirklich, von den mündlichen Überlieferungen Afrikas nimmt man kaum Notiz. Dabei war Noah doch Schwarzafrikaner. Allerdings hieß er wohl nicht Noah und war auch noch nicht ein patriarchales Oberhaupt; die Menschheit zur Zeit des genetischen Flaschenhalses war egalitär und sollte es noch eine ganze Weile bleiben.

Die Handvoll Exemplare der Gattung Homo sapiens, die am Pinnacle-Point überlebten, trugen in sich das gesamte genetische Erbe, die Geschichte und das Können und Wissen, das die Menschheit während der vorangegangenen Millionen Jahre geprägt hatte. Das große Gehirn, ein Merkmal, das die Menschheit schon seit 600 000 Jahren unverändert auszeichnete, war in der Lage, das Leben in Bewusstheit zu gestalten. Die große Flut lehrte sie, fortan die Zeichen zu beachten, und diese Haltung bescherte ihnen auf lange Sicht ein recht schönes und reiches Leben. Dabei vermehrten sie sich wieder und begannen erneut, die ganze Welt zu besiedeln.

Nicht, dass sie alle nur im Sinn gehabt hätten, Afrika zu verlassen. Weitergezogen sind nur jene, denen es zu viele wurden. Als sich die salzigen Wasser nach der großen Flut wieder zurückzogen, bot das Meer von Neuem Nahrung im Überfluss, die bei Ebbe nur eingesammelt werden musste. Neben den Früchten des Meeres gab es ebenso die Früchte des Landes, die Knollen aus der Erde und die Nüsse, Beeren und Früchte von Sträuchern und Bäumen. Und natürlich wurde, wie schon immer, auch hie und da ein Großwild als »Sonntagsbraten« gejagt.

Die Flüsse aus dem Landesinnern und die Quellen führten nach dem Rückgang der Salzwasser wieder süßes Wasser, das für die Menschen so zentral wichtig war. Süß war auch der Honig – und ein wunderbares Lebensmittel noch dazu. Unter Lichtausschluss und in Trockenheit ist Honig praktisch unbeschränkt haltbar. Der älteste je gefundene Honig – als Grabbeigabe in Südgeorgien – war 5000 Jahre alt. Neben der Schmackhaftigkeit und dem enormen Nährwert wird dem Honig auch seit jeher große Heilwirkung zugeschrieben.

Noch heute gibt es Völker, die Honig in der Wildnis sammeln, wie jene »Honigjäger« in Südostasien, die eine nicht ungefährliche alte Tradition der Honigernte pflegen: Rauch und Wickeltücher waren oft der einzige Schutz gegen die Stiche. Man kletterte in große Höhe, näherte sich behutsam, schnitt die frei hängende Wabe ab und ließ sie in einem Korb am Seil hinunter. Die Bienen, die der Wabe folgten, mussten mittels Rauch vertrieben werden. So ähnlich lief die Honigernte wahrscheinlich schon seit jeher ab. Und der Honig wurde von dem frühen Sapiens sicher wertgeschätzt, wie von den heutigen südostasiatischen Honigsammlern, denen er als heilig gilt und von denen er spirituell verehrt wird. Das Wort »Honig« stammt vom althochdeutschen Begriff *hona(n)g*, was so viel wie »der Goldfarbene« heißt. Honig war das Gold der frühen Menschen.

In einem Lied aus den brasilianischen Orixá-Traditionen heißt es übersetzt: »Die Flut kam und ging, von weit, sehr weit, sah ich den [Schnee-]Berg, meine strohbedeckte Hütte, meine Kalabasse mit Honig.« Die Kalabasse, also die harte Halbschale von Früchten, Gemüsen oder Nüssen, diente den frühen Menschen bis zur Entwicklung der Keramik – also jahrtausendelang – als Aufbewahrungs-, Transport- und Kochutensil. Mit einer Kalabasse Honig zu sammeln und ihn darin aufzubewahren ist eine uralte Technik.

Irgendwann geschah es, dass sich ein solches Gefäß, in dem noch Honig war, mit Regenwasser füllte. Dazugekommene Hefebakterien ließen das Gemisch an der Sonne gären. Ein Durstiger kam des Weges und trank das alkoholische Getränk. Ein Vorläufer des Bieres war erfunden. Der Mensch, der das obige Lied sang, freute sich möglicherweise einfach auf sein »Feierabendbierchen« ...

Das Zuhause-Gefühl, das im Lied besungen wird, könnte auch für jene Pinnacle-Point-Menschen zutreffen, die auf ihrer Wanderung die schönen Plätze zum dauerhaften Bleiben fanden. Während im südlichen Afrika die Landschaft Höhlen als Heimstätten bereithielt, brauchte es in weniger felsigen Regionen Hütten zum Schutz der Menschen. Die Beschreibung mit dem Meer, der Hütte und dem Schneeberg könnte auf das Gebiet des heutigen Tansania zutreffen, wo der weiße Gipfel des fast 6000 Meter hohen Kilimandscharo weitherum sichtbar ist. Die Schönheit solcher Landschaftskulissen berührt die Menschen; Palmenstrände und Schneeberge sind die beliebtesten Landschaftsmotive in Ferienbroschüren.

So blieben die frühen Homines an den schönsten Plätzen mit reichlicher Nahrung und im Schutze ihrer nächtlichen Feuer. Einzelne zogen weiter, wenn die Nahrung knapper zu werden drohte, denn sie vermehrten sich zusehends. Zwar war die Geburtenrate der Sammler und Jäger nie besonders groß, aber dank der exzellenten Nahrungsversorgung und der großen Sicherheit hatten sie eine gute qualitative Lebenserwartung. Es war immer für alle gesorgt; für die Kinder, weil sie niedlich waren (das sogenannte Kindchenschema löst zum Beispiel den Schlüsselreiz des sogenannten »Brutpflegeverhaltens« aus), für die Alten, weil ihre Lebenserfahrung geschätzt war, aber ebenso für Kranke und Behinderte, weil der Homo sapiens halt auch die Liebe und das Mitgefühl entwickelt hatte. Alle profitierten gleichermaßen von dieser Versorgungssicherheit, dem »bedingungslosen Grundeinkommen« der Urmenschen.

Wie gesagt brachte die Überwindung der Angst vor dem Feuer den ersten Menschen nicht nur den Schutz vor gefährlichen Raubtieren und vor lästigen Insekten, das Feuer verlängerte auch die Tageszeit um einige Stunden. Der Mensch entwickelte einen seiner Art eigenen Tagesrhythmus, der Tausende von Jahren unverändert blieb und sich deshalb genetisch im sogenannten 24-Stunden- oder zirkadianen Tagesrhythmus festsetzte (lat. *circa* [etwa] und *dies* [Tag]). Er wird auch »innere Uhr« genannt und ist noch heute in uns unverändert wirksam (die unten genannten Uhrzeiten, eine Errungenschaft neuerer Zeit, sind natürlich nicht als auf die Minute genau zu verstehen):

7.30 Uhr: Die Produktion des im Körperinneren gebildeten (endogenen) schlaffördernden Hormons Melatonin stoppt.
8.30 Uhr: Stuhlgang ist wahrscheinlich.
9.00 Uhr: Die Produktion des »Powerhormons« Testosteron ist am höchsten.

In ihren Halbhöhlen und mit ihren Feuern waren die frühen Menschen an einem sicheren Ort. Der Löwe traut sich nicht näher heran.

10.00 Uhr: Es besteht hohe Aufmerksamkeit.
12.30 Uhr: Die Leistungsfähigkeit befindet sich auf einem Tiefststand.
14.30 Uhr: Koordination gelingt jetzt am besten.
15.30 Uhr: Schnellste Reaktion bei geringster Schmerzempfindlichkeit ist möglich.
17.30 Uhr: Kreislauf und Muskeln sind am stärksten.
21.00 Uhr: Die Melatoninproduktion beginnt erneut.

Dieser Rhythmus hat sich entwicklungsgeschichtlich als der geeignetste für die Lebensfähigkeit der Menschen erwiesen und ist deshalb genetisch gespeichert worden. Dass er bei allen gesunden Individuen gleich ist, heißt, dass die Menschen in der Gruppe jeweils zum Gleichen simultan angespornt wurden. Man erwachte mehr oder weniger gleichzeitig, verrichtete gemeinsam seine Notdurft, dann rief das Testosteron zum Aufbruch der Nahrungsbeschaffung. Am Mittag hielt man Siesta. Am Nachmittag machte man sich daran, zu werkeln und zu bauen. Da viele Werkzeuge und Schmuckstücke mithilfe der Naturfaser Bast gefertigt wurden, waren es schon damals »Bastel-Nachmittage«. Das Schlafhormon wird erst ab circa 21 Uhr produziert, und so blieb ein langer Abend für geselliges Beisammensein am Lagerfeuer.

Der »Wecker« der Urmenschen war der Sonnenaufgang. Sie hatten es sicher nicht eilig und nahmen sich Zeit fürs »Frühstück«, bevor sie loszogen, um zu sammeln und zu jagen. Unterwegs verrichteten sie gleichzeitig ihr Geschäft – wie beschrieben, etwa zwischen 8 und 9 Uhr nach unserer Zeitmessung –, was den Vorteil hatte, dass es rund um die Wohnstätten keine Ansammlungen von Ausscheidungen gab. Spätestens zum Mittagessen war die Gruppe zurück. Am Abend blieb dann Zeit, um am Feuer Geschichten zu erzählen oder Rituale zu vollziehen.

In den Runden ums Feuer wurde der Alltag der Sammler und Jäger geregelt, sie dienten der Aufrechterhaltung des Lebens und des Zusammenlebens. Die Kommunikation war zwangsläufig ehrlich, denn im Feuerkreis wurde nicht nur der Erzählung gelauscht, sondern man nahm auch die Feinheiten der Gefühlsregungen wahr, die sich in Körperreaktionen, Mimik, Gestik und der Emotionalität der Sprache zeigten. Noch heute können Menschen, die nicht besonders abgebrüht sind, nichts dagegen tun, dass sie beim Lügen erröten. »Fake News« wurden so gesehen erst mit der Erfindung der Schrift vor etwa 5000 Jahren möglich. Die bereits erwähnten Gespräche, die die Anthropologin Polly Wiessner bei den abendlichen Lagerfeuern der Ju/'hoansi analysierte, machen deutlich, wie die San sich bemühen, ein egalitäres Klima zu pflegen. Will einer sich besonders hervortun mit der Schilderung seiner Erfolge, wird er von anderen sofort, meist humorvoll, zurechtgestutzt.

Über Äonen hinweg verbrachten unsere Urahnen die Abende gemeinsam am Feuer. Hier vertiefte sich jene gefühlsgesteuerte Kultur des menschlichen Zusammenlebens, die sich in unseren Genen manifestiert hat. Wir lieben gute Gefühle und haben schlechte nicht so gern. Oder besser gesagt: »Weh spricht: Vergeh! Doch alle Lust will Ewigkeit«, wie Friedrich Nietzsche es formulierte.[11] Gefühle sind uralte in uns gespeicherte Kompetenzen zur guten Lebensgestaltung. Gute Gefühle sagen uns, dass alles in Ordnung ist und unser Leben ein gelingendes ist.[12] Schlechte Gefühle sagen uns, dass etwas nicht in Ordnung ist.

Gefühle gehören zu unserem genetischen Rüstzeug, sie können zwar unterdrückt werden, bleiben aber wirksam. Wir müssen also davon ausgehen, dass unser gesamtes Gefühlsspektrum für die Evolution dienlich war und es eigentlich keine »schlechten« Gefühle gibt, wenn sie im Dienst des Menschlichen stehen. Neid und Eifersucht zerfressen uns nur, wenn wir sie zurückhalten – werden sie sofort ausgedrückt, sobald sie wahrnehmbar sind, dienen sie der Regelung von Gerechtigkeit und Ausgleich. Wut wird sich nicht zu Hass aufbauen, wenn das wütend Machende gleich angesprochen wird. Zorn und Ärger brauchen nicht in verletzende Rache zu kippen, wenn sie frühzeitig und humorvoll gezeigt werden. Zugelassene Trauer oder Schmerzen werden von der Gemeinschaft mit Mitgefühl geteilt. Aber auch sogenannte positive Gefühle wie Liebe, Sehnsucht, Bewunderung sind Ausdruck von Wertschätzung und tragen zur guten menschlichen Gruppenstimmung bei, wenn sie offen gezeigt statt geflissentlich verborgen werden. Aufregung, Verwirrung, Entsetzen oder Verlegenheit zeigen den anderen, dass uns etwas in Bedrängnis bringt, und wird sie in aller Regel motivieren, uns zu unterstützen.

Von den San wird berichtet, dass sie friedliebend seien und ihr größtes Ziel es sei, die anderen glücklich zu machen. Sie pflegen ein verwandtschaftliches Beziehungsgeflecht unter anderem durch arrangierte »Heiraten«, um sicherzustellen, dass Kinder in ein unterstützendes Familiennetzwerk geboren werden und um störende Wettbewerbe um Bräute zu vermeiden. Die San regeln die Nahrungsteilung mit Mitjägern und nahen Verwandten und Angeheirateten.

Fleisch wird in Schüben verteilt, bis jeder seinen Teil bekommen hat. Durch den Austausch von Geschenken (Xaro) werden darüber hinaus weite Netzwerke kreiert und aufrechterhalten.

Jeder San hat durchschnittlich fünfzehn Xaro-Partner im Umkreis von 30 bis 200 Kilometern. Sie verbringen mehrere Monate im Jahr bei anderen Xaro-Partnern. Da jeder San wieder andere hat, ist das ganze Volk miteinander befreundet. Um ein abendliches Feuer hat nur eine kleinere Gruppe Platz, manchmal Alte und Junge separat, oft aber alle Generationen zusammen. Gegessen wird in der Regel in der Familie. An den Tanzritualen, die zwei- bis dreimal wöchentlich stattfinden, nehmen dann größere Gruppen teil. Tranceheilung ist die einzige Aktivität, bei der der ganze Clan oder Koalitionen von Clans zusammenkommen.[13]

Paul Wernicke schreibt in seinem Bericht über den Besuch bei seinen Freunden, den Ju/'hoansi-San in der Kalahari, die Buschleute seien bekannt für ihr freundliches und bescheidenes Wesen. »Sie sind offensichtlich bemüht, dass es dem Gegenüber gut geht. Ihre Geduld und Einfühlsamkeit beim Weitergeben ihres Wissens oder der Beantwortung vieler unserer täglichen Fragen schien grenzenlos, ihre offene und herzliche Art entwaffnend. Das am häufigsten benutzte Wort ist ›Gadscha‹, dazu beide Daumen nach oben und ein fettes Grinsen, das bedeutet so viel wie: ›Hast du super gemacht!‹«[14]

Wir können getrost annehmen, dass die Pinnacle-Point-Menschen ähnlich miteinander umgingen wie ihre nächsten noch lebenden Verwandten, die San. Und weil diese Veranlagung in unserem Blut, das heißt genetisch angelegt ist, will es auch nicht einfach gelingen, uns diese auszutreiben, wie es seit den letzten 10 000 Jahren probiert wird. Die Enkulturation in ein hierarchisch und wettkämpferisch denkendes und handelndes Wesen bringt den modernen Menschen zwangsläufig in ein Dilemma, das auch Sigmund Freud erkannt und als »Unbehagen in der Kultur« benannt hat.[15] Er beschrieb es als eine offensichtliche Diskrepanz zwischen dem eigentlichen Lebenszweck, der durch das Lustprinzip gesetzt wäre, und dem, was die Außenwelt, die sozialen Beziehungen und der eigene Körper als »Quellen der Unlust« von einem verlangen.

Carel van Schaik und Kai Michel stellen in ihrem *Tagebuch der Menschheit* fest, dass wir Menschen in eine Welt gestellt sind, für die wir nicht geschaffen sind. Sie bezeichnen den genetischen Sapiens als »Mensch der ersten Natur« und die Diskrepanz zum inkulturierten Menschen als *mismatch*, als ein »Nicht-Zusammenpassen«.[16]

In der Bibel wird diese »erste Natur« beschrieben als ein seliger Urzustand der Menschen in der »Fülle des Lebens« vor der Vertreibung aus dem Paradies. Heute sind wir durch die neuen Erkenntnisse aus Archäologie, Genforschung, Isotopenanalyse, Hirnforschung und Ethnologie in der Lage, diesen Urzustand nicht nur als historische Tatsache zu sehen, sondern wir wissen auch, dass dieses liebenswürdige, eben menschliche Wesen unseren Planeten schon seit zwei Millionen Jahren als Erectus und seit 300 000 Jahren als Sapiens bewohnte. Es lebte in einer egalitären Clan-Community, baute auf Kooperation, und es war ihm nichts wichtiger, als seine Mitmenschen glücklich zu sehen.

Auch die moderne Neurologie zeigt uns, dass unser Gehirn nicht, wie oft behauptet, auf Wettbewerb, sondern auf Kooperation ausgelegt ist. Das deckt sich mit den aktuellen Erkenntnissen aus Archäologie und Genforschung, die besagt, dass die frühen Menschen eben gerade wegen ihrer spezifischen Nahrungsbeschaffung in kooperativen Gruppen so erfolgreich werden konnten. Und es deckt sich auch mit den Beobachtungen unter den Koi-San, jenem Sammler-Jäger-Volk in der südafrikanischen Kalahari, der heute ältesten noch lebende Sapiens-Gruppe weltweit.

Ich habe in meiner langjährigen Tätigkeit als Begleiter von Menschen in Wildnis- und Naturräumen erst im Trekkingtourismus, dann in der Erlebnispädagogik und die letzten zwanzig Jahre in der naturtherapeutischen Arbeit immer wieder das Gleiche feststellen können: Wenn ich mich von einer direktiven Leitung zurückhalte und die Menschen partizipieren lasse, entwickelt sich in der Gruppe ein Geist der Selbstverantwortung, und schwierige Situationen werden automatisch in kooperativem Zusammenspiel gelöst, selbst wenn Einzelne an ihre Leistungsgrenzen stießen und das Bedrohungspotenzial groß war. Die Bewältigung der Situation hinterließ immer eine tief zufriedene Stimmung. Und das abendliche Sitzen rund ums Feuer, eine von mir schon vierzig Jahre gelebte Praxis, schuf immer eine freundschaftliche Atmosphäre, selbst wenn schwierige Themen behandelt wurden. Die erste Natur des Menschen steckt in uns allen und kann leicht aktiviert werden.

Alles, was uns angenehm ist, gehört zur ersten Natur des Menschen. Was wir schön finden: schöne Landschaften, den Blick aufs Meer und in die Schneeberge, den Sonnenuntergang, den Regenbogen, die Milchstraße, ein flackerndes Feuerchen. Was wir gern hören: das Rauschen des Windes, das Plätschern eines Wassers, den Ruf des Kuckucks, das Zirpen der Grillen. Wir singen gern zusammen und lieben es zu tanzen. Was wir gern riechen: eine frische Meeresbrise, Blütenduft, den Duft eines schönen Feuerchens, Bratenduft. Wir sind gern mit geliebten und liebenden Menschen zusammen, wir berühren gern und lassen uns gern berühren. Wir mögen unsere Hobbys, Wandern, Handarbeiten, Basteln, Zeichnen, Jagen, Fischen, Sammeln. Wir hören und erzählen gern Geschichten, und wir lachen gern. Und wir verabscheuen das, was uns nicht guttut: den Geruch von Verwesendem und Verbranntem und den beißenden Rauch eines schlechten Feuers.

Selbst unsere Veranlagung, eine bestimmte Anzahl Freunde zu haben, ist genetisch festgelegt. Diese Anzahl nennt sich »Dunbar-Zahl«. Darunter versteht man die theoretische »kognitive Grenze« der Anzahl an Menschen, mit denen eine Einzelperson soziale Beziehungen unterhalten kann. Sie liegt bei durchschnittlich 150. Das Forschungsteam rund um den britischen Psychologen Robin Dunbar hat im Auftrag der Royal Society herausgefunden, dass die Anzahl der möglichen stabilen affektiven Beziehungen unmittelbar mit der Gehirngröße zu tun hat. Bei den Schimpansen ist die Zahl sechzig.[17]

Intelligenz ist so gesehen »nur« eine Nebenerscheinung, unser großes Gehirn dient aus Sicht der ersten Natur des Menschen mehrheitlich der Kooperation und der Pflege von Beziehungen zu Mitmenschen. Damals bestand das Beziehungskollektiv noch ausschließlich aus konkreten lebendigen Wesen in leiblicher Verbundenheit, heute wird deren Fehlen vielfach zu kompensieren versucht durch »virtuelle Freunde« wie Pop- oder andere Stars, Spitzensportler oder »Followers«.

Da jeder San natürlich unterschiedliche Freundschaften pflegt, sind schlussendlich alle mit allen befreundet. Das wäre auch unsere natürliche Mitmenschlichkeit, wenn wir nicht zu viele geworden wären und statt Mitmenschlichkeit inzwischen Neid, Missgunst und Fremdenhass herrschten. Fremdenfeindlichkeit war den Menschen der ersten Natur nicht bekannt. Solange es noch genügend Platz gab auf der Erde, waren sie überall, wo sie hinkamen, Neusiedler und Beheimatete gleichermaßen. Sie hatten genug zu essen, lebten in ansprechenden Landschaften und pflegten ihre Freundschaften. Ihre Religion war Ausdruck der Dankbarkeit gegenüber den gebenden Kräften mittels Gaben, Ahnenverehrung, Beachtung der Zeichen, mythischen Erzählungen und heilsamen Tänzen in Trance um das Feuer. Das Kunsthandwerk und die Musik waren, wie noch im vorkolonialen Afrika üblich, Teil des religiösen Handelns.

Das Wissen, die Erfahrungen, die sozialen Regelungen und die Religion, all das kam mit den Menschen auch in die Welt außerhalb Afrikas. Sie wanderten über die Arabische Halbinsel. Vor 40 000 Jahren erreichten sie Europa. Sie brachten die Kunst der Musik mit. Das Fundstück einer aus einem Gänsegeierknochen verfertigten Flöte auf der Schwäbischen Alb wird von Archäologen auf ein Alter von 35 000 Jahren geschätzt. Die Flöte ist pentatonisch gestimmt. Das ist die alte Tonart oder Fünf-Ton-Musik, die vor der Globalisierung der Musik in Afrika üblich war (gr. *pénte* [fünf]). Heute finden wir sie noch im westafrikanischen Balafon. Sie brachten die Kunst der Malerei mit und schufen in Frankreich und Spanien die wunderschönen Felszeichnungen von El Castillo (vor mindestens 48 000 Jahren), Altamira (vor etwa 15 000 Jahren) und vielen mehr. Sie brachten die Kunst der Bildhauerei mit und schufen Statuen weiblicher Gottheiten, von denen die 30 000 Jahre alte »Venus von Willendorf« die berühmteste ist. Sie brachten sicher auch Masken und Trommeln und andere aus Naturmaterialien gefertigte Gegenstände mit, aber weil Felle und Hölzer verrotten, finden sich davon keine archäologischen Spuren.

Neben der Schau der Wolkenbilder, des Vogelflugs und der Erscheinung des Regenbogens sahen sie das Göttliche überwiegend im Irdischen, in den Bergen, den Wäldern, den Bäumen, dem Meer, den Quellen, den Wasserfällen und der Flüsse. Und sie interpretierten mindestens jene Gottheiten, die sie als zuständig für das Schöpferische und Nährende betrachteten, dem man danken oder das man um etwas bitten wollte, als weiblich; das zeigen die vielen gefundenen Venusfigurinen. Waren das schon spezialisierte Künstlerinnen und Künstler, die diese Werke schufen, oder war es die ganze Community?

In der Grotte von Fontanet am Nordrand der Pyrenäen finden sich seltsame Spuren, die den Archäologen Rätsel aufgaben, bis einer der Forscher auf die Idee kam, eine Gruppe von San aus Afrika zu engagieren. Die Erkenntnisse der Spurenleser waren eine große Überraschung; die San identifizierten Spuren von siebzehn Menschen, von denen sie nicht nur Männer und Frauen unterscheiden konnten, sondern auch eine Altersspanne vom dreijährigen Kind und bis zum sechzigjährigen Greis. Doch nicht nur die Ergebnisse waren äußerst interessant, sondern auch der Weg, wie die San zu diesen Erkenntnissen kamen. Da es in ihrer Sprache keinen Konjunktiv gibt, mussten sie immer zu eindeutigen Aussagen kommen. Diese erreichten sie dadurch, dass sie so lange studierten und diskutierten, bis sie zu einem eindeutigen Konsens kamen.

Und ein weiteres macht diese Begegnung der europäischen Forscher mit den San zu einem besonderen Ereignis: Sie wurden sich gewahr, dass sie sich mit den Spuren ihrer aller gemeinsamen Vorfahren befassten, die Europäer als Nachkommen der afrikanischen Auswanderer, die San als Repräsentanten der Zurückgebliebenen. Die Höhlenbilder zeugen von einer liebevollen, verbundenen und würdigen Weltenschau, welche die gemeinsamen Vorfahren offensichtlich pflegten.

Es sind ja nicht alle Menschen aus Afrika ausgewandert; es waren immer nur einige, die das Weite suchten. Aber warum finden sich denn in Afrika selbst keine solchen Malereien und keine »Venus«-Figuren? Es gibt eine wissenschaftliche These, die besagt, dass es sich um eine einheitliche religiöse Vorstellung handelte, die zu einem Zeitpunkt vor dem Höhepunkt der letzten Eiszeit herrschte, in der bereits ein Mangel an Nahrung bestand. Die Menschen richteten sich in der Not an die Götter, mit Ritualen, bei denen sie neben dem Tanz auch gestaltende Ausdrucksformen einsetzten.

Auch in Afrika gab es schwierige Zeiten aufgrund klimatischer Veränderungen, nur konnten hier die Völker ausweichen, indem sie weiterwanderten. Es finden sich viele mythische Erzählungen, die von der Not berichten, zum Beispiel die folgende.

Eines Tages wollte Olodumaré die Menschen bestrafen. Er leitete alles Wasser der Welt in den Himmel, bis die Erde so trocken wie die trockenste Wüste wurde. Menschen wie Tiere, ja, alle Lebewesen kamen um vor lauter Trockenheit. Die Not wurde so groß, dass man Ifá aufsuchte.

Das Orakel sprach, es solle ein Ebó gemacht werden, mit Kuchen und Eiern, mit weißem und schwarzem Garn, mit einer Nadel und einem Hahn. Oxum sollte den Ebó in den Himmel bringen.

Auf dem Weg dorthin traf sie Exú und schenkte ihm die Nadel und das Garn. Ein wenig später traf sie auf Obatalá, dem sie die Eier schenkte und der ihr im Gegenzug den Weg zum Himmelstor zeigte.

Als Oxum am Himmelstor ankam, traf sie auf eine Kinderschar und teilte den Kuchen unter ihnen auf. So geschah es, dass Olodumaré der Erde das im Himmel gestaute Wasser zurückgab und alles wieder zu gedeihen begann.

Es ist offensichtlich, dass es sich in diesem afrobrasilianischen Mythos um eine synkretistische Erzählung handelt, also um eine, in der Motive aus verschiedenen Religionen vermischt sind. Die polytheistischen Religionen kannten noch keinen strafenden Gott. Diese Idee wurde im Judentum entwickelt und vom Christentum übernommen wie auch die, dass die Götter in einem Himmel sind. Auch ist die Erzählung patriarchal kontaminiert. Oxum hätte sich nie gefallen lassen, nur als eine untergeordnete Göttin zu fungieren, die – wie in dem Mythos beschrieben – lediglich das Opfer einem Gott im Himmel bringt. Darauf weist die folgende Erzählung hin.

> Nachdem die Welt geschaffen war, kamen alle Orixás auf die Erde und begannen Entscheidungen zu fällen und Aufgaben untereinander zu verteilen, in einem Komplott, an dem nur die Männer teilnehmen durften. Oxum war damit ganz und gar nicht einverstanden.
>
> Verbittert über den Ausschluss legte sie das Land trocken. Die Männer befragten Olodumare, der ihnen mitteilte, dass die Unfruchtbarkeit der Frauen eine Folge des Ausschlusses von Oxum war. Nachdem sie das erkannt und verändert hatten, wurden die Frauen wieder fruchtbar.

Ganz ähnlich klingt der griechisch-kleinasiatische Mythos von Demeter. Traurig darüber, dass Hades Demeters Tochter Kore in sein Reich, die Unterwelt, entführt hatte, verbot Demeter den Pflanzen zu wachsen, den Bäumen Früchte zu tragen, und den Tieren sich zu vermehren. Als die Menschen mehr und mehr starben und die Gefahr bestand, dass sie den Göttern nicht mehr die angenehmen Opferrauchwolken darbringen würden, schickte Zeus Hermes zu Hades, er möge Kore um des allgemeinen Götterwohls wegen freilassen. Hades beugte sich widerstrebend dem Willen des Göttervaters, zwang Kore aber, Granatapfelkerne zu essen, bevor sie in den Wagen des Hermes stieg. Da niemand, der von den Speisen der Toten gekostet hatte, auf Dauer in der Oberwelt bleiben konnte, durfte Kore nun acht Monate des Jahres mit ihrer Mutter verbringen, in denen die Erde Früchte trug. Vier Monate aber verblieb sie als Persephone bei Hades, in denen die Erde unfruchtbar blieb.

Wie Oxum, so wird auch Demeter als eine Göttin des Überflusses gesehen; beiden ist der Honig attribuiert. In den afrobrasilianischen Traditionen wird Oxum immer Honig dargebracht. Das hat einerseits mit der Farbe zu tun, denn die Kleidung von Oxum ist goldfarben. Warum, das erzählt der folgende Mythos.

Oxum war als glühende Geliebte bekannt. Sie hatte einen schönen Körper von anmutiger Gestalt. Ihre Taille ließ sich mit einem Arm umfassen. Während vieler Nächte hatte Oxum Geliebte in ihrem Lager, denen sie Augenblicke von erlesenem Vergnügen schenkte. Oxum hatte viele Lieben, die ihr mit wertvollen Geschenken aufwarteten. Oxum war reich. Sie hatte Schmuck, Gold, Silber, wunderbare Gewänder, Sandalen, die Neid auslösten, und noch viel mehr nannte sie ihr Eigen: Kämme aus Elfenbein, Spiegel aus Perlmutt, allerlei funkelndes Kleinod und feine Stoffe.

Eines Tages kam ein junger Trommler ins Dorf. Es war Xangô, ein schöner Mann, und schon bald weckte er das Begehren Oxums. Offen bot sie sich ihm an, wurde aber brüsk zurückgewiesen. Unter Einsatz aller Raffinessen näherte sich Oxum Xangô immer wieder, bis er sie eines Tages in einem heißblütigen Liebesakt nahm.

Aber selbst danach fuhr Xangô fort, die schöne junge Frau geringschätzig und demütigend zu behandeln.

Zeiten später, als der gute Ruf und das Glück Xangô aus den Händen geglitten waren, fand er sich ohne Einkommen und vergessen wieder, wenngleich er auch weiterhin als ausgezeichneter Alabê [Leiter eines Trommler-Ensembles] gedient hatte. Beschämt floh er. Weit weg vom Dorf, weit weg vom Klang der Trommeln. Aber in ihm blieb das Verlangen nach einem Leben in Luxus und Vergnügen wach.

Oxum blieb seine Geliebte, tröstete ihn und opferte für ihn alles, was sie hatte. All ihre Habe stellte sie zur Verfügung, um Xangô ein angenehmes Leben zu ermöglichen. Zuerst den Schmuck, dann die Gewänder, die Schuhe, die Kämme, die Spiegel, letztlich hatte Oxum alles versetzt. Sie wurde arm aus Liebe zu Xangô. Nichts blieb ihr außer einem weißen Kleid. Das war das Einzige, was sie noch zum Anziehen hatte. Und jeden Tag wusch Oxum dieses weiße Kleid am Fluss. Vom vielen Waschen wurde auch das einzige Stück, das ihr noch geblieben war, ebendas weiße Kleid, ganz gelb. Von dieser Zeit an begann Xangô, Oxum zu lieben.

Oxum, die Göttin der Schönheit und der Liebe, war mit den Menschen in Afrika und ging mit ihnen bei ihrer Besiedelung der übrigen Welt. Noch liegt jenes Ereignis in weiter zeitlicher Ferne, bevor die Mythentradition eine Wende in eine negative Deutung nimmt, also bevor Eva der Verführung zur Sünde bezichtigt wird und für die Vertreibung aus dem Paradies schuldig gesprochen wird. Von da an sollte sie mehrere Tausend Jahre dem Manne untertan sein, bis etwa ab der zweiten Hälfte des 20. Jahrhunderts der Frauenbewegung eine Änderung dieser Ungerechtigkeit in Teilen der Welt graduell gelingt.

Die feministische Sängerin Beyoncé erschien auf der Grammy-Verleihung 2017 als Göttin Oxum auf der Bühne. Der Name Oxum stammt von gleichnamigen Fluss in Nigeria. Dort, in Oshogbo, befindet sich das weltweit größte Heiligtum der Göttin, das jährlich Zehntausende Besucher aus aller Welt zum Oxum-Festival ruft.

Die österreichische Künstlerin Susanne Wenger lebte von 1950 bis zu ihrem Tod 2009 in Nigeria. Sie erkrankte dort an Tuberkulose und wandte sich der einheimischen Yoruba-Religion zu, wo sie später eine Yoruba-Priesterin wurde. Sie war Gründerin der archaisch-modernen Kunstschule »New Sacred Art« und Hüterin des Heiligen Hains der Göttin Osum (alias Oxum) an den Ufern des Flusses Osum. Die dort von ihr zusammen mit lokalen Künstlern geschaffenen Skulpturen gehören seit 2005 zum Unesco-Weltkulturerbe.

Der in Senegal lebende Ethnologe David Signer berichtet von einer Marienerscheinung 1973 in einer Piroge mitten auf dem Togosee, die von Papst Johannes Paul II., der den Ort 1985 besuchte, als korrekt bestätigt wurde. Der zum katholischen Pilgerort gewordene Ort ist aber gleichzeitig eine Voodoo-Hochburg, und es wird erzählt, dass es sich bei der damaligen Marienerscheinung gar nicht um die Heilige Jungfrau gehandelt hätte, sondern um eine weibliche Voodoo-Gottheit. Das Volk hätte seinerzeit, als es aus dem alten Ägypten floh, eine Statue von Isis mitgebracht, die sich am Ende der Wanderschaft in Togo in eine Voodoo-Göttin verwandelt habe.

Oxum, die Flussgöttin und Göttin der Schönheit, des Reichtums und der Liebe, hat viele Namen. Bei den Bantu-Völkern heißt sie Dandalunda, bei den Griechen Aphrodite. In Österreich Venus von Willendorf, in Indien Lakshmi. Der Anthropologe Attilio Gatti, der von 1922 bis 1948 Afrika bereiste, beschreibt in seinem Buch *Bapuka*, wie er von dieser Göttin der Liebe gerufen wurde. Gatti, der ernste Forscher, folgte dem Ruf, der ihn in die mörderischen Sümpfe eines unerforschten Gebietes führte, weil er – wie er schreibt – ihm folgen *musste*.[18]

Immer wieder können wir Geschichten hören, wie westliche Wissenschaftler bei ihren Forschungen von afrikanischen Göttinnen gerufen werden. Der Anthropologe Lindsay Hale beschreibt in seinem Buch *Hearing the Mermaid's Song*, wie er anlässlich seiner Forschungsarbeiten zur afroamerikanischen Umbanda-Religion in Rio de Janeiro der Meeresgöttin Yemanjá begegnete.[19] Er erzählt, wie er abends auf einem Felsen am Meer saß und sie singen hörte, wovon er seltsam ergriffen wurde. Obwohl er ursprünglich gar nicht die Umbanda selbst beforschen wollte, war dieser Ruf so stark, dass er statt wie geplant ein paar Wochen viele Jahre in Brasilien blieb, um diese afrobrasilianische Religion in ihrer Tiefe kennenzulernen.

REZEPT

PITABROT MIT HONIG

Mehl mit Wasser und Salz mischen, etwas Öl dazugeben und durchkneten. Vom Teig kleine Stücke abnehmen und mit den Händen zu dünnen Fladen auseinanderziehen. Die Glut aus dem Feuer rechen und die Teigstücke auf die Glut legen, etwas warten, bis die Glut den Teig leicht angekohlt hat. Dann mit einem Stäbchen wenden und auf der anderen Seite backen. Von der Glut nehmen, Honig daraufträufeln und essen. Wir brauchen dafür also weder Koch- noch Essgeschirr.

8

DRY AGED BEEF – EIN TEURES STÜCK NAHRUNG

»Iansã – mutige Wilde des Windes! Grenzenlos dein Flug und doch so sanft und klar dort in jenem Raum, der die Toten von den Lebenden scheidet.«

Aus dem Erectus, dessen erste Vertreter den afrikanischen Kontinent vor mehr als zwei Millionen Jahren verließen, entwickelten sich in Europa vor 600 000 Jahren der Heidelbergensis und dann der Neandertaler. Das waren die ersten Europäer, abgesehen von den ersten Sapiens-Griechen vor 200 000 Jahren. Die heutigen Europäer stammen aber von keinem dieser Erstsiedler ab, sondern sind Nachkommen jener Sapiens-Gruppen, die erst vor 40 000 Jahren in Europa einwanderten, zu einem Zeitpunkt, der eigenartigerweise zusammenfällt mit dem Aussterben der Neandertaler.

Da im heutigen Europa keine Nachkommen der Neandertaler leben, verfügen sie auch nicht über eine Interessenvertretung, die sich gegen die rassistischen Abwertungen durch die Sapiens-Forscher seit der Entdeckung der ersten Fossilien hätte wehren können. Für Letztere war es unvorstellbar, dass die Neandertaler ein größeres Hirn hatten als sie selbst, und sie hielten den ersten Fund für einen krankhaft deformierten Schädel. Als dann weitere Ausgrabungen folgten, war diese These nicht mehr haltbar. Das neue Argument, warum die Neandertaler trotz größeren Gehirns doch dümmer gewesen sein sollten als sie, war nun, dass diese halt nicht sprechen konnten. Außerdem hieß es, dass diese armen Menschen das Feuer noch nicht kannten.

Als ich zum ersten Mal von diesen Zuschreibungen erfuhr, regte sich in mir großer Widerstand. Offenbar finden sich in meinem Genom mehr als jene ein bis vier Prozent Neandertaler-DNA, die in einigen meiner heute lebenden Artgenossen nachweisbar sind.[20] Ich konnte mir einfach nicht vorstellen, dass selbst ein Mensch mit der Hälfte des Hirnvolumens des Sapiens nicht in der Lage gewesen sein sollte, ein Feuer zu entfachen und zu unterhalten. Was für ein Leben im eiszeitlichen Europa sollte das gewesen sein? Vor allem abends?

So wurde ich zum Neandertaler-Lobbyisten und merkte bald, dass ich nicht allein dastand. Mehr und mehr Forscherteams kamen zu Ergebnissen, die ein neues Bild der Neandertaler zu zeichnen begannen. Mit den Verfahren von Isotopenanalyse und Genetik wurde beweisbar, dass die Neandertaler nicht nur Nahrung kochten, sondern auch miteinander sprachen. Außerdem war der Neandertaler hellhäutig und bekleidet. Und wer hätte gedacht, dass selbst die blonden Haare und die blauen Augen, mit denen so viele Nordeuropäer sich brüsten, ein Vermächtnis jener 4 Prozent Neandertaler sind, die sich mit dem Sapiens vermischten? Wir wissen allerdings nicht, ob diese Vermischungen wirklichen Liebschaften entsprangen oder ob Gewaltanwendung im Spiel war. Wenn ja, müssen wir die Täterschaft nicht zwingend unter den Neandertalern suchen.

Wir können auch annehmen, dass die Neandertaler ziemlich liebenswerte, gutmütige und musische Menschen waren. Sie sorgten sich nachweislich um ihre Behinderten, bestatteten ihre Toten und hatten einen Sinn für Kunst, wie Höhlenmalereien in Spanien zeigen. Wer Tote mit Grabbeigaben bestattet und Höhlenwände bemalt, ist religiös. Das ist allerdings archäologisch nicht beweisbar, weshalb vonseiten der Sapiens-Wissenschaftler infrage gestellt wird, ob man hier überhaupt von Religion sprechen kann: Nach einem evolutionären Verständnis von Religionsentwicklung könne man in dem Verhalten der Neandertaler Protoreligiosität sehen. Nach der Religionswissenschaftlerin und Biologin »Ina Wunn waren den Neandertalern Gedanken über den Tod hinaus nicht ganz fremd, doch fehlte ihnen ein tieferes Symbolverständnis. Diese Meinung müsste allerdings revidiert werden, sollten sich handfeste Indizien für Kulthandlungen finden.«[21]

Es fehlte ein tieferes Symbolverständnis? Diese Menschen brachten in Höhlen rote und schwarze Malereien an, die nicht nur Tiergruppen, sondern auch Punkte und geometrische Zeichen enthalten. Dafür wählten sie Orte, die auch eine abstrakte Bedeutung haben, wie Höhlen. Dazu mussten sie über eine Lichtquelle verfügen, Farben herstellen und mitbringen. Das belegen unter anderem Forschungen des Max-Planck-Instituts.[22] Wenn Religion bedeutet, Vorzeichen und Vorschriften zu beachten und nicht nur an eine konstruierte Gotteswelt zu glauben, dann waren die Neandertaler zutiefst religiös.

Gottesbilder werden aufgrund von Phänomenen generiert. Wir finden in den alttestamentlichen Schriften keine einzige Stelle, an der Gotteserscheinungen als anthropomorph-männlich beschrieben werden. Es sind immer Epiphanien in Form einer Wolke, eines Windhauchs, einer Stimme. Wieso sollen nicht die Neandertaler schon solche Phänomene wahrgenommen und interpretiert haben? Waren die frühen Menschen doch schon seit Ewigkeiten geübt darin, auf Zeichen zu achten.

Eines der gewaltigsten Zeichen, von denen man in den Herkunftsländern der biblischen Texte wohl keine Ahnung haben konnte, war in den eiszeitlichen Lebensräumen der Neandertaler das Nordlicht. Nordlichter sind nicht nur visuelle Himmelserscheinungen, sie bringen auch ganz weltliche Töne von sich wie Knistern, Knacken und Klatschen. Wieso soll die Gotteserfahrung »im Säuseln des Windes« eines biblischen Hiobs von einer tieferen Religiosität zeugen als die Göttinnen-Erfahrung »im Knistern des Nordlichts« der eiszeitlichen Neandertaler? Eine Göttin, die in hellgrünen und pinkfarbenen Schleiern gewaltig schön am nächtlichen Himmel erscheint?

Dass Nordlichter mit den Menschen sprechen, konnte bei den Indianern Nordamerikas beobachtet werden: Henry Youle Hind, Leiter einer wissenschaftlichen Expedition in Kanada, schrieb 1858 über die Vorhersagen der Ojibway-Indianer:

> »Vorige Nacht war die Aurora sehr schön und ging bis weit über den Zenit hinaus, was die Reisenden zur Vorhersage eines windigen Tages veranlasste. Sie folgten der Überzeugung, dass bei niedriger Aurora es am nächsten Tag schwachwindig sein würde, während bei starker Aurora am nächsten Tag stürmisches Wetter zu erwarten ist.«[23]

Ähnliches berichtet Samuel Hearne, der bei den Chipewyan erfuhr, dass diese, wenn das Nordlicht sehr hell ist, sagen, es gäbe in jenem Teil der Atmosphäre viele Rentiere.[24]

Rentiere waren nebst Bison und Mammut auch eine Hauptnahrungsquelle der Neandertaler. Diese Tiere sind der Grund, weshalb die Menschen den nördlichen Regionen am Rande der eiszeitlichen Vergletscherungen den Vorrang vor milderen Weltgegenden gaben; sie waren ausgesprochene Feinschmecker und aßen nichts lieber als ein am Knochen gereiftes Steak.

Das »Dry Aged Beef«, das bei Temperaturen um null Grad und hoher Luftfeuchtigkeit bis zu sechs Wochen gelagert wird, zählt heute zu den beliebtesten und teuersten Fleischsorten weltweit. Und damals mussten diese Steaks noch besser geschmeckt haben, denn die Tiere weideten ausschließlich auf würzigen Magerwiesen ohne Düngung und lebten ohne Hormon- und Antibiotikazugabe. Wer einmal ausprobieren möchte, wie das geschmeckt haben könnte, sollte, wenn er die Gelegenheit hat, in einer Parrilla in Buenos Aires ein Bife de chorizo bestellen: vom Holzgrill, mit wenig Salz. Das kommt dem wohl am nächsten. Besonders schmackhaft ist dabei das Fett. Im Fett lagern die wertvollen Stoffe. Bären erhalten sich in der Zeit der Winterruhe ausschließlich von ihrem angesammelten Fett und bringen darüber hinaus auch noch ihre Jungen zur Welt.

Gute Köche wissen, wie ein solches Steak zuzubereiten ist, damit der Geschmack zur vollen Wirkung kommt: heiß und schnell beidseitig anbraten und dann bei niederer Temperatur garen. Das wussten schon die Neandertaler. Das am Knochen gereifte Steak wurde nicht

Unsere Sammler-Jäger-Vorfahren waren in kleinen kooperativen, egalitären Gruppen von der Größe einer Fußballelf unterwegs; Frauen, Kinder und Männer. Der Mann in der Mitte trägt einen Grabstock und einen Faustkeil. Sein Blick sagt uns, dass er heute zuständig ist für den Schutz vor Fressfeinden.

laienhaft am Spieß über dem Feuer gebraten, sondern im Gluthaufen eingegraben, wodurch es denselben Prozess durchlief wie in der heutigen Küche.

In den gräser- und kräuterbewachsenen Tundren des Nordens weideten riesige Herden. Sie verwandelten diese für die Menschen schwerverdauliche Nahrung in bekömmliches Fleisch. Der köstliche Bratenduft musste weitherum vernehmbar und unwiderstehlich gewesen sein. Möglicherweise waren es dieser Bratenduft und die Zeichen des Nordlichts am nächtlichen Himmel, die vor 40 000 Jahren einige der neuerlich aus Afrika emigrierenden Menschen ins eiszeitliche Nordeuropa zu locken vermochten.

Beide Hominiden lebten da noch einige Tausend Jahre nebeneinander. Von gewalttätigen Verdrängungskämpfen gibt es keine Spuren. Offenbar hatten die kräftigen Neandertaler nichts gegen die neuen Immigranten aus Afrika. Da helle Haut den Knochenbau fördert, können wir annehmen, dass der europäische Neandertaler helle Haut hatte, während der Sapiens – noch frisch aus dem tropischen Afrika gekommen – dunkelhäutig war. Unsere weiße Haut entwickelten wir erst später als Anpassung an das nordische Klima.

Abgesehen davon, dass die Neandertaler kräftiger waren, hellere Haut hatten und ein größeres Hirn, waren sich die beiden Menschenarten ziemlich ähnlich. Sie hatten ja schließlich dieselben Vorfahren, als sie sich 300 000 Jahre zuvor als Völker getrennt hatten. Beide benutzten den Speer als Jagdwaffe und kochten ihr Essen am Feuer. Sie bekleideten sich mit Fellen und konnten gemeinsam Nachfahren zeugen. Sie pflegten dieselbe Ahnenverehrung und malten ähnliche Höhlenzeichnungen. Und die Götter, die sie mitbrachten, waren den lokalen ähnlich. Diese waren ja zu jenen Zeiten noch nicht transzendente Figuren in einer fernen Götterwelt, sondern Naturkräfte ganz auf Erden.

Mitgebracht haben sie aber möglicherweise auch ein Virus, gegen das die Neandertaler nicht immun waren. So könnte das Aussterben Letzterer nach Ankunft des Sapiens auch gedeutet werden. Ein Virus vielleicht, das vor 70 000 Jahren auch den Sapiens fast ausgelöscht hätte. Alle Funde jüngeren Datums als 30 000 Jahre stammen vom Sapiens.

Diese Menschen hinterließen viele wunderschöne Felsmalereien in den Höhlen Südfrankreichs und Nordspaniens. Eines der bekanntesten Bilder ist der sogenannte Hirschmensch, der in der Grotte des Trois-Frères (Drei-Brüder-Höhle) im französischen Département Ariège gefunden wurde. Die Zeichnung zeigt ein mit Hörnern versehenes tierartiges Geschöpf. Wegen den Hörnern wird von Forschern immer wieder zu belegen versucht, dass männliches Schamanentum seit der Altsteinzeit die Regel sei und bereits männliche Götter angebetet wurden. Es soll sich demnach um einen Gott der Tiere, um einen »gehörnten Gott«, Zauberer oder einen tanzenden, männlichen Schamanen handeln. Die Patriarchatsforscherin Gabriele Uhlmann wehrt sich in ihren Publikationen gegen solche Patriarchalisierungen. Sie meint, inzwischen wüssten wir,

> »dass die altsteinzeitlichen Höhlen die Heiligtümer einer Erdmutter bzw. Metaphern auf die Gebärmutter der Urmutter waren und überwiegend von Frauen ausgemalt wurden. Der spektakuläre Fund eines Frauengrabes in der Hilazon Tachtit-Höhle in Israel belegt, dass auch die Schamanen weiblich waren. Dafür sprechen auch die vielen Frauendarstellungen als Zeichnung, Plastik oder Relief, die ohne männliche Entsprechung in den Höhlen gefunden wurden.«[25]

Unbestreitbar weiblich ist ein anderer Fund, die sogenannte Venus von Laussel. Sie ist eine etwa 25 000 Jahre alte, in Stein gemeißelte Darstellung einer Frau, die in der einen Hand ein Horn hält, das zu einem Wisent gehören könnte.

Eine weibliche Göttin mit einem Horn kennt man auch in den afroamerikanischen Traditionen. Es ist die bereits genannte Iansã, die Göttin der Winde, der säuselnden und der stürmischen. Zu ihr gehören die Blitze und die Stimmen aus den Wolken. Von Menschen mit afroamerikanischem Hintergrund würde sie in den pinkfarbenen Schwaden von Nordlichtern sofort erkannt werden.

Als Obaluaiê von einer Reise in sein Heimatdorf zurückkehrte, fand gerade ein großes Fest statt. Alle Orixás tanzten im Kreis. Doch Obaluaiê, verschüchtert und beschämt ob seiner furchterregenden Erscheinung, wagte nicht einzutreten. So beobachtete er das Fest durch eine Lücke in der Mauer. Als Ogun den scheuen Orixá bemerkte, bedeckte er ihn mit einem Kleid aus Palmblättern, das sein entstelltes Gesicht verbarg, und lud ihn ein, Teil der Festgemeinschaft zu werden. Obaluaiê trat ein, aber niemand wollte sich ihm nähern, niemand wollte mit ihm tanzen.

Iansã beobachtete alles aus den Augenwinkeln, fühlte und verstand die traurige Lage und begann langsam ihren Tanz mit Obaluaiê. Sie führte ihn in die Mitte der Hütte. Das Fest war in vollem Gange, und die Orixás tanzten voller Freude. Iansã kam nun so nah an Obaluaiê heran, und blies mit ihrem Wind in sein Blättergewand. In diesem

> Moment entfaltete der Wind seinen Zauber. Die Wunden von Obaluaiê sprangen in die Höhe und verwandelten sich in einen Regen aus Puffmais, der sich weiß über die Hütte ergoss. Obaluaiê, der Gott der Krankheit und Schmerzen, ward ein hübscher und bezaubernder junger Mann. Die Festgesellschaft jubelte ihm zu angesichts seiner Schönheit.
>
> Welche Heilung und welche Dankbarkeit war im Raum! Zum Ausgleich teilte Obaluaiê fortan sein Reich mit Iansã. Vor Freude über dieses Geschenk tanzte und tanzte sie, und so wurde sie zur Königin der Totenseelen.

Im afroamerikanischen Synkretismus wird Iansã mit der katholischen heiligen Barbara gleichgesetzt. Der brasilianische Schriftsteller Jorge Amado widmete ihr einen Roman mit dem Titel *Das Verschwinden der heiligen Barbara*. In dieser Geschichte entsteigt die Göttin Iansã – von Amado wegen ihrer Hautfarbe gelegentlich die »Schwarze« genannt – dem Bild der heiligen Barbara, lässt ein leeres Bildergestell zurück, geht durch Bahia und vollbringt in dieser Stadt ihre Wunder.

Maria Bethânia, die wohl bekannteste Sängerin Brasiliens, singt über Iansã (übersetzt):

> »Meine Stimme ist der Maiwind,
> der in den Lüften, über die Meere und auf der Erde weht,
> und mein Blick hat die Kraft des Blitzes,
> der aus meinem Herzen kommt.
> Der Blitz von Iansã, das bin ich …«

Maria Bethânia ist eine Orixá-Initiierte. In diesen afrikanischen Traditionen geht man davon aus, dass jeder Mensch mit einem bestimmten Orixá verbunden ist, der im Tranceritual auch persönlich inkorporiert wird. Der Orixá von Maria Bethânia ist Iansã, deshalb singt sie hier davon, dass sie selbst der Wind und der Blitz ist.

Zusammen mit Yemanjá, der Meeresgöttin, und Oxum, der Süßwassergöttin, ist Iansã die Dritte im Bund des mächtigen weiblichen Trios der afrikanischen Orixá-Tradition. Und so, wie alle Götter und Göttinnen der alten Welt an speziellen Orten verehrt und besucht wurden, gibt es auch die Heiligtümer von Iansã. Und weil Iansã eine Göttin des Windes ist, sind ihre Orte dort, wo die Winde besonders stark wehen, also in den Bergen und da besonders in den Sattelsenken zwischen zwei Hügeln. Solche Bergsattel sind ja meist auch Passübergänge und repräsentieren damit gleichzeitig den anderen

Aspekt von Iansã, jenen der Hüterin der Grenze zwischen den zwei Welten, nämlich der Lebenden und der Toten.

Solche heiligen Plätze waren für die Menschen meist auch Orte der Heilung. Davon spricht ja schon die Verwandtschaft der Wörter: »heilig« und »heil«, lateinisch *sanctus* und *sanus*. Luftkurorte gab und gibt es weltweit. Einer der berühmtesten Luftkurorte der heutigen Welt ist die Ortschaft Davos in den Schweizer Bergen, dem Thomas Mann seinen Roman *Der Zauberberg* gewidmet hat. Heute spielt sich dort das jährliche World Economic Forum ab, auf dem sich mehr Staatsoberhäupter und Wirtschaftsführer aus aller Welt einfinden als anderswo auf dem Planeten, um ihrem Luftgott Mammon zu huldigen.

Der älteste nachweisbare Luftkurort der Menschheit ist jedoch Epidauros in Griechenland, der noch heute wegen seines imposanten Amphitheaters jährlich eine halbe Million Besucher anzulocken vermag. Epidauros – der Name bedeutet »jenseits des Berges« – ist die größte Kultstätte des Heilgottes Asklepios der antiken Welt. Sie bestand über einen Zeitraum von vielen Tausend Jahren und vermochte in der Hochblüte Zehntausende von Heilsuchenden aus der ganzen antiken Welt anzulocken, unter diesen selbst römische Kaiser. Um der wachsenden Besucherzahl gerecht zu werden, wurde das Heiligtum an den heutigen Ort verlegt. Das ursprüngliche befindet sich etwa zwei Kilometer entfernt auf einem Bergsattel namens Kynortion. Die ältesten archäologischen Spuren wurden hier für die Zeit vor 5000 Jahren nachgewiesen. Dem Mythos zufolge wurde an diesem Ort Asklepios als Sohn des Gottes Apollon und der Göttin Koronis geboren, heimlich ausgesetzt und dort von einer Ziege mit Milch genährt und von einem Hund beschützt. Während an der aktuellen Kultstätte der Heilgott Asklepios zusammen mit einer um einen Stab gewickelte Schlange abgebildet ist und damit eher auf eine Erdgottheit hinweist, legt der ursprüngliche Standort auf dem Bergsattel eher ein Luftheiligtum nahe.

Die persönlichen Erfahrungen, die ich und mein Weggefährte Hans-Martin in den vergangenen Jahren in Epidauros machen durften, sind so außergewöhnlich, dass sie hier unbedingt erzählt werden sollen.

Im Jahr 2001 war Hans-Martin Teilnehmer in einem Naturtherapie-Lehrgang, den ich mit meiner Partnerin Habiba leitete. Wir besuchten die Kultstätte von Epidauros, wo neben dem Amphitheater vor allem der sogenannte Tholos beachtenswert ist. Im Untergrund dieses runden Säulenbaus finden sich Hinweise auf ein ehemaliges

Labyrinth, das als Modell des unterirdischen Reiches des Gottes Asklepios gedeutet wird. Hans-Martin war so beeindruckt von diesem Symbol, dass er es als Logo für seine damals geplante Unternehmensausrichtung wählte.

Zwei Jahre später besuchte er erneut das Heiligtum, wo ihm diesmal beim Eintritt in den epidaurischen Raum ein tiefes Friedensgefühl überkam. Das Erlebnis ließ ihn nicht mehr los, und er bat mich, ihn bei einer nächsten Epidauros-Reise zu begleiten.

Diese Reise fand im Jahr 2008 statt und war von seltsamen Phänomenen begleitet. Schon beim Anflug auf Athen musste sein Flieger aus Wien wegen heftigsten Winden bei der Landung durchstarten und einen zweiten Anlauf nehmen, während meine Landung eine halbe Stunde früher – ich kam von Zürich – völlig ruhig verlief. Als er dann sein Handy einschaltete, erschien auf dem Display: »Wind heißt sie in Griechenland willkommen.« Das war natürlich nur im Zusammenhang mit der schwierigen Landung eine bemerkenswerte Synchronizität, und der »Wind« auf dem Display war lediglich der Firmenname eines lokalen mobilen Netzwerkanbieters. Forciert wurde die »Windgeschichte« dann aber auf dem Rückflug, während Hans-Martins Flugzeug nach Wien von so heftigen Turbulenzen erfasst wurde, dass die Mitpassagiere zu beten begannen, während mein Flug wiederum eine halbe Stunde vorher völlig ruhig verlief.

Auf dieser Epidauros-Reise hatten wir entschieden, uns dem Heiligtum auf einem besonderen Weg zu nähern. Wir starteten in der alten Hafenstadt von Epidauros, von wo aus uns der Weg vorbei an vielen Hunden vorerst über einen Bergsattel in ein anschließendes Tal auf eine Anhöhe unmittelbar über dem Heiligtum führte. Dort verbrachten wir die Nacht im Freien.

In dieser Nacht widerfuhr Hans-Martin etwas Eigenartiges. Während ich ein wenig entfernt von unserer Feuerstelle in meinem Schlafsack schlief, blieb Hans-Martin am Feuer und unterhielt es die ganze Nacht, von einem Angstgefühl eingenommen, das plötzlich über ihn gekommen war. In der Dunkelheit der Nacht waren die Glocken und das Getrappel von Ziegen zu hören, und eine Stimme sagte: »Du gehörst nicht auf unsere Seite.« Dann aber stieg die Sonne über dem Horizont auf, und die Geister der Nacht verflüchtigten sich.

Wir stiegen hinunter zur archäologischen Stätte, die gerade die Tore öffnete. Frühmorgens gibt es noch kaum Menschen im großen Amphitheater, das mit seiner speziellen Akustik von den Besuchern gern für allerhand lautstarke Darbietungen genutzt wird. Genaugenommen ist auch dieser imposante Bau wegen der Ausrichtung auf den Schall und dessen Verbreitung ein Luftheiligtum. Der Wind, der schon in der Nacht Hans-Martin den Satz »Du gehörst nicht auf diese Seite« zugetragen hatte, brachte ihm im Amphitheater die Worte »Epidauros ist nicht das Ziel, es ist der Weg«. Diese rätselhafte Botschaft markierte den Beginn eines beruflichen Prozesses Hans-Martins, der zur Entscheidung führte, sich zum Therapeuten ausbilden zu lassen und in die Fußstapfen des Asklepios zu treten.

Diese Ausbildung schloss Hans-Martin im April 2014 ab, und aus diesem Anlass unternahmen wir eine weitere Reise nach Epidauros. Diesmal wanderten wir auf dem ursprünglichen Pfad, der von dem Hafenstädtchen Palea Epidavros aus durch einen Taleinschnitt direkt nach Epidauros und leider nur ein kleines Stück durch den Wald führt, der größte Teil muss auf asphaltierten Straßen zurückgelegt werden. Inzwischen hatten wir ja in Erfahrung gebracht, dass das ursprüngliche Heiligtum sich woanders befand, bei einem Berg namens Kynortion, den wir auf der Karte aber nirgends ausmachen konnten. Außerdem wollten wir jene Quelle finden, die die heiligen Brunnen von Epidauros speiste. So streiften wir durch die trockene Gegend östlich der heutigen Ausgrabungsstätte, ohne irgendwelche Hinweise oder Spuren zu finden. Jeder Steinhaufen entpuppte sich als Steinhaufen und nicht mehr.

Es wurde schon langsam dunkel, da, plötzlich, hörten wir vor uns ein Plätschern – die Quelle. Sie hatte uns endlich gerufen; und es war wunderbares frisches Wasser. Wir stiegen noch eine Anhöhe hinauf, wo wir einen schönen Platz für ein Nachtlager fanden. Dann, am nächsten Morgen, stießen wir beim Weitergehen auf eine eingezäunte, aber menschenleere Ausgrabungsstätte; es musste sich um das ursprüngliche Heiligtum handeln, es befand sich unmittelbar oberhalb der Quelle.

Weil das alles so eindrücklich und so berührend war, unternahmen wir im September des folgenden Jahres gleich eine weitere Reise an den Ort. Diesmal nahmen wir uns vor, einen Weg zu finden, der direkt an die Stelle des ursprünglichen Heiligtums führen sollte, denn wir vermuteten, dass der ehemalige Pilgerpfad woanders zu finden sei als der offizielle. Wir wählten eine Route, die sich unserem Ziel von Norden näherte. Wir hatten keine Idee, wie weit vom Ziel wir noch entfernt waren, als das Gewitter losbrach. Mit übergestülpten Pelerinen stapften wir durch den heftigen Regen, begleitet von hellen Blitzen und heftigem Donner.

Vor uns stand da auf einmal ein Traktor mit Anhänger mitten auf dem Weg. Kein Fahrer weit und breit. Dann aber endeckten wir eine alte Frau, die unter dem Anhänger lag; eine Wunde blutete in ihrem Gesicht. Offenbar hatte sie Unterschlupf vor dem Gewitter gesucht und sich dabei den Kopf angeschlagen, ein schrecklicher Anblick. Sprachlich verständigen konnten wir uns nicht, aber es war klar, sie wollte in diesem Schutz bleiben, und die Wunde war nur eine Platzwunde, die sie offenbar nicht mal bemerkte.

Wir überlegten kurz, ob wir uns auch unter den Wagen flüchten sollten, entschieden aber weiterzugehen; das Gewitter würde sich wohl bald verziehen, so hofften wir. Doch das Gegenteil war der Fall: Immer heftiger und näher schlugen die Blitze ein, und wir suchten Unterschlupf bei einer Gruppe kleiner Bäumchen. Ein wirklicher Schutz war das nicht, und wir machten uns wieder auf den Weg; da schlug ein Blitz unmittelbar auf dem Pfad vor mir ein. Das war zu viel; es war wie ein Zeichen; keinen Schritt weiter! Wir rannten Hals über Kopf zurück, dem tiefsten Punkt des Tales zustrebend. Und unmittelbar hörte das Gewitter auf.

Es war uns klar, dass es uns vom Besuch abhielt, aber warum? War es, weil wir ohne ein wirkliches Anliegen zum Heiligtum wollten, war das zu wenig ernsthaft?

Wenn diese Geschichte ein Angehöriger einer Orixá-Tradition zu hören bekäme, wäre für ihn eindeutig klar, welche Kräfte mit im Spiel waren: Es war der Gott Xangô, der durch den Berg, das Feuer, den Donner und die Steinbauten repräsentiert ist. Sein Tier ist die Schildkröte. Und es ist die Göttin Iansã, die durch den Wind, die Stimmen und den Blitz vertreten ist. Ihr Tier ist neben dem Büffel auch die Ziege. Sowohl Xangô wie auch Iansã erhalten in den afroamerikanischen Traditionen rote Bohnen als Opfergabe. (Auf Bohnen kommen wir im übernächsten Kapitel zu sprechen, siehe Seite 117.)

Auf jeden Fall unternahmen wir im Folgejahr einen weiteren Versuch, diesmal mit dem Ziel, eine Strecke zu finden, die sich für eine ganze Gruppe eignen könnte. Auf einem der Pfade wanderte auf einmal eine Schildkröte vor uns, was wir als Zeichen dafür nahmen, dass dies ein »richtiger« Weg sein könnte. Und so war es dann auch.

Seither bin ich jedes Jahr mit Teilnehmern auf diesem Pfad unterwegs. Es handelt sich um eine Ausbildungsgruppe in einer Therapiemethode, die sich »Tiefenmythologie« nennt. Die Erfahrungen, die die Menschen dabei machen können, gehen immer sehr tief. Wir folgen dabei einer Struktur, wie sie für die damaligen Heilungssuchenden vorgegeben war: Wanderung auf dem Pilgerpfad zum Heiligtum, Reinigung an der Quelle, Schlaf im Freien. Ursprünglich erträumte man in diesem Schlaf, welche Heilmethode für einen die geeignete ist. Bei uns ist dies der Entwurf eines persönlichen Heilungsprozesses, der die Teilnahme an einem sogenannten Mythodramenspiel enthält.

Was Hans-Martin rund um Epidauros widerfuhr, ist ein Erleben, das potenziell jedem Menschen möglich ist. Die Natur- und Ahnenkräfte suchen mit uns über Resonanzphänomene in einen dialogischen Kontakt zu gehen. Wir können diesen Dialog unsererseits durch ebenjene Haltung aufrechterhalten, die wir mit der »sorgsamen Beachtung der Zeichen« als ursprüngliche Bedeutung des Religiösen schon erwähnt haben. C. G. Jung hat der Beschreibung solcher Phänomene sein Buch *Synchronizität, Akausalität und Okkultismus* gewidmet.[26] Und wir können wie gesagt davon ausgehen, dass dieses Beachten der Zeichen und die Pflege des Dialogs mit dem Unsichtbaren ein Kulturgut ist, das der Sapiens schon in jenen frühen Zeiten der Menschheitsgeschichte pflegte. Mit der Erfindung der Schrift und der Vereinnahmung der Deutungshoheit religiöser Anleitungen durch die entstehende Elite wurde diese alte lebendige Dialogkultur nach und nach ersetzt.

Die Menschen wussten auch aus Erfahrung, dass es einen Unterschied macht, wenn der Naturdialog mit spezifischen Kräften gepflegt wird, dass Luftgottheiten für andere Themen zuständig sind als Wasser-, Erd- oder Feuergottheiten, dass die Wirklichkeit beziehungsweise Wirksamkeit der unsichtbaren Kräfte komplex und polytheistisch ist.

Von den neun Weltreligionen, die Stephen Prothero in seinem gleichnamigen Buch beschreibt, basieren sechs auf einer Einzeloffenbarung durch eine männliche Person wie Buddha, Mohammed, Moses, Jesus, Laotse und Konfuzius.[27] Da Prothero auch den Atheismus zu einer der Religionen zählt, bleiben nur noch zwei, die plural, das heißt polytheistisch und mehrgeschlechtlich sind, der Hinduismus und die Orixá-Traditionen.

Die Orixás sind keine transzendenten Götter, sondern irdischer Natur. Sie zeigen sich in Phänomenen, die kollektiv wahrgenommen und gedeutet werden. All das sind Merkmale einer Religiosität, wie wir sie auch bei den ersten Vertretern des Homo sapiens vermuten können. Und zur Ausübung dieser Urreligion der Menschheit gehörte neben der sorgsamen Beachtung der Zeichen und der Opfergaben ganz zentral der Tanz um das Feuer. An diesem Tanz nahmen auch die Götter teil, so wie es heute noch in den afroamerikanischen Religionen des Candomblé, der Santería und des Voodoo praktiziert wird.

REZEPT

STEAK IN DER GLUT

Ein dickes saftiges Stück Steak in einem Haufen Glut vergraben, sodass das Steak vollständig bedeckt ist. Es muss nicht gesalzen werden. Nach 20 Minuten herausnehmen und genießen.

9

FISCH – REICHTUM DER GEWÄSSER

»Logunedé – du junge, vielseitige, unerschöpfliche Kraft! Du kennst das Leben in den Wäldern, du kennst das Leben in den Flüssen, ihren Reichtum, ihre Weisheit!«

Wir kennen nun einige der vielen afrikanischen Orixá-Gottheiten, die eigentlich Naturkräfte sind: Euá des Nebels, Ossain der Blätter und der Heilkraft, Xangô des Donners und der Gerechtigkeit, Oxossi des Waldes und des Wachstums und den erdigen Obaluaiê, Orixá der Reinigung und Transformation, die Yemanjá der Meere und die Oxum der Flüsse. Und wir lernten Iansã der Winde kennen, Hüterin der Grenze zum Totenreich.

Und weil die Orixás Naturkräfte sind und in der Natur nichts allein stehend, sondern alles miteinander verbunden ist, sind auch die Orixás miteinander verbunden. Und natürlich stellten sich die Menschen das Zusammenwirken dieser Naturkräfte ähnlich vor wie ihr eigenes Zusammenwirken im Stamm: ein kooperatives Miteinander. Jeder Orixá ist zwar in gewisser Weiser spezialisiert, das aber immer im Zusammenwirken mit anderen, wie wir es schon im Mythos von Iansã und Obaluaiê kennengelernt haben.

Logunedé ist nun ein Orixá, der in sich selbst zwei Kräfte vereint, die von Oxossi, dem Gott des Waldes, und die von Oxum, der Göttin der Flüsse. Die Legende erzählt, dass er sechs Monate im Wald lebt und mit Oxossi jagt und sechs Monate mit Oxum am Fluss fischt. Logunedé blieb wegen seines zweigeschlechtlichen Charakters unvermählt, hat aber als Begleiterin Euá, die wie er allein lebt, Kenntnis über die Wälder und die Flüsse hat und über all das, was die Menschen nährt. Dargestellt wird dieser Gott mit Pfeil und Bogen.

In der Menschheitsgeschichte waren die ersten Werkzeuge zur Optimierung der Ernährung der Faustkeil und der Grabstock. Die Vorfahren des Homo sapiens entwickelten dann den Speer, der als Jagdwaffe viele Tausende von Jahren allen Menschenarten das geeignete Gerät für die Jagd auf Großwild war. Erst als jene Zeit anzubrechen begann, in der das Großwild spärlicher wurde, konstruierte der Sapiens die Speerschleuder, welche die Wurfdistanz und die Durchschlagskraft optimierte, und die neue Gerätschaft von Pfeil und Bogen, die bald zur Standardausrüstung der Jäger und Jägerinnen wurde. Dass die Bogenschützen in jenen Zeiten sowohl männlich als auch weiblich waren, daran erinnert nicht nur der zweigeschlechtliche Logunedé, sondern auch viele weibliche Jagdgottheiten und Heldinnen der mythologischen Erzählungen anderer Traditionen, von Artemis über Diana bis zu den Amazonen.

Neben Pfeil und Bogen blieb aber der Holzstab weiterhin ein wichtiges und vielseitiges Werkzeug. Die Menschen brauchten ihn zum Stochern in der Glut, zum Ausräumen von Bienennestern, zum Ausgraben von Knollen, zum Aufspießen von Grillgut.

Viele technische Errungenschaften schaute der Homo sapiens der Natur ab. Zufällige Begebenheiten, zum Beispiel das Entstehen eines Knotens in einer Liane, kombinierte er zu einer Technik. Die Menschen beobachteten, dass sich Fische in einem im Wasser stehenden Wurzelgewirr verfangen können. Durch die Nachahmung eines solchen Gewirrs mit ins Wasser gesteckten Stöcken erfanden sie die Fischreuse. Sie sahen, wie sich Insekten in Spinnennetzen verfingen, und so erfanden sie das Fischernetz.

Vor 25 000 Jahren lebten auf der Erde 3,5 Millionen Menschen. Sie verteilten sich auf dem afrikanischen, dem asiatischen und dem australischen Kontinent. Amerika war noch nicht besiedelt. Diese Zahl entspricht der heutigen Einwohnerzahl von Uruguay, einem Land, das zu den dünnstbesiedelten der fruchtbaren Gebiete der Welt zählt. So ist es leicht vorstellbar, dass der Sapiens nur die schönsten Landstücke bewohnte, mit wildreichen Wäldern und Buschlandschaften, Flüssen und Seen, in denen es von Fischen nur so wimmelte.

Er lebte wie gesagt in ziemlich friedfertigen und egalitären Gesellschaftsformen, wie man sie noch heute bei den San-Völkern im südlichen Afrika beobachten kann. Es gab genug Platz, und man lebte nicht so nah aufeinander wie heute, war aber froh, wenn in der Ferne die Rauchwolke eines benachbarten Grüppchens aufstieg – vor allem, wenn mal die Glut oder das Salz ausgegangen waren. Ganz abgesehen natürlich von den dadurch gegebenen Möglichkeiten der Braut- und Bräutigamschau.

Ins Schwitzen – diese einmalige Fähigkeit unserer Marathonläufer-Vorfahren – kamen die Menschen nur wenige Stunden am Tag. Nichtsdestoweniger machte es sie sehr abhängig von trinkbarem

Wasser. Deshalb waren die Aufenthaltsorte der Homines immer in unmittelbarer Nähe von Süßwasser. Das Trinken von frischem Wasser aus der hohlen Hand ist eine der schönsten Gesten der menschlichen Gattung. Und für noch etwas war das Wasser zentral für den Homo: die Reinlichkeit. Da er kein »selbstreinigendes« Fell hatte und stark transpirierte, war eine aktive Reinigung mit Wasser – wegen des aufrechten Ganges auch das Reinigen nach dem Stuhlgang – eine gesundheitliche Notwendigkeit, die allerdings keine große Überwindung kostete, ist doch in den bewohnbaren Weltgegenden Baden in frischem Wasser stets eine erquickende Wohltat.

Durch das starke Schwitzen waren die Menschen aber auch angewiesen auf eine ausreichende Versorgung mit Salz. Diesen Schatz bot das Wasser überall dort, wo es in temporären Tümpeln und Seen verdunstete. Mit Sicherheit transportierten die frühen Menschen nicht nur Glut, sondern auch Salz. Mit Glut und genügend Salz im Gepäck waren sie beweglich und konnten sich überall niederlassen, wo ihnen ein Plätzchen lauschig erschien. Mit ihren errungenen Fähigkeiten, Sehnen zu nutzen und Schnüre zu flechten, konnten sie Holzflöße bauen. Und dank der Fähigkeit, Felle zu gerben und zusammenzubinden, verfügten sie über Kleidungsstücke, die einen Aufenthalt in kälteren Regionen erleichterten.

Die Kunst im Umgang mit dem Feuer bescherte den Menschen ein vergleichbar kommodes Leben. Die allen anderen Lebewesen innewohnende instinktive Angst vor dem Feuer hatten sie ja schon längst abgebaut. Damit wurde die zuvor führende Rolle des Instinkts teilweise vom Verstand übernommen. Was essbar ist und was nicht, sagte nicht mehr eine innere Stimme, sondern die Schulung. Auch was die Gesundheit oder die Heilung von Verletzungen anbelangt, wurde zu einer Sache des Wissens. Eigentlich konnten jene Menschen gar nicht anders, als »gesund« zu leben, wie wir es heute verstehen: Sie waren vornehmlich an der frischen, sauberen Luft, vom Feuer gewärmt, hatten sauberes Wasser und vor allem eine unverfälschte natürliche Ernährung. Vitamine standen in Pflanzen und Früchten in den warmen Gebieten rund ums Jahr genug zur Verfügung. Und in den kühleren Regionen und Jahreszeiten, in denen pflanzliche Frischprodukte Mangelware waren, gab es immer noch den Fisch.

Erst in jüngster Zeit wurde von der Medizin erkannt, dass die Menschen auf der nördlichen Halbkugel nicht genügend Vitamin D bilden. Man war bis dahin von viel zu tiefen Normwerten ausgegangen, hat inzwischen aber die Wichtigkeit dieses Vitamins nicht nur für die

Infektionsabwehr gegen feindliche Viren und Bakterien erkannt, sondern auch für die menschliche Psyche, in der ein diesbezüglicher Mangel Angstgefühle und negative Stimmungen fördern kann. Vitamin D wird einerseits dank der Sonneneinstrahlung auf die Haut gebildet, aber auch über die Nahrung aufgenommen. Für eine gute Resorption braucht es Magnesium. Und es sind die Fische, die von allen Nahrungsmitteln am meisten Vitamin D und Magnesium enthalten. Bei den Menschen am Niger in Mali beispielsweise ist es offenkundig, dass das Volk der Bozos, das sich primär von Fischen ernährt, weitaus gesünder ist als das Volk der Bambara, das Ackerbau betreibt.

Dass eine fischreiche Kost sich positiv auf das Immunsystem auswirkt, davon konnte ich mich in der kanadischen Wildnis überzeugen. Ein erlebnispädagogisches Projekt mit einer Gruppe von Jugendlichen aus dem Strafvollzug brachte mich 1986 nach Kanada, wo wir – drei Leitungspersonen und neun Jugendliche – dreieinhalb Monate ohne Zivilisationskontakt in den Wäldern lebten. Wir ließen uns von einem Wasserflugzeug an einem einsamen See aussetzen. Das Konzept sah vor, dass ein wichtiger Teil der Nahrung aus der Natur gewonnen werden sollte. Aus der Zivilisation mitgenommen hatten wir Weizen, Hafer, Reis, Salz und Öl, als Ausrüstung Kanus, Zelte und Angelzubehör.

In der Wildnis angekommen, wurde schon beim ersten Fang in einer Stunde so viel Fisch eingebracht, dass wir einen großen Teil für den späteren Gebrauch räuchern mussten. Ich bekam eine eindrückliche Vorstellung davon, wie reich das Nahrungsangebot der Sammler-Jäger-Kulturen gewesen sein muss. Natürlich nahmen die Fischbestände mit der Zeit etwas ab. Damit sie sich erholen konnten, zogen wir weiter zu anderen Flüssen und Seen. Es war eine große Überraschung, dass während der ganzen Zeit unseres Aufenthaltes in der Wildnis niemand von uns erkrankte, nicht mal an einer einfachen Verkühlung.

Abgesehen von den Wüsten gibt es auf der Erde keinen Ort, an dem keine Fische leben. Vor allem in den kalten Regionen sind die Fischvorkommen besonders reichlich. Das verleitete den Sapiens auch, bis an die Ränder der Eisregionen vorzudringen, wobei er dann vor 20 000 Jahren auch den amerikanischen Kontinent erreichte.

Überall, wo der Sapiens hinkam, starben früher oder später nicht nur alle anderen Wesen der Gattung Homo aus, sondern auch das Großwild. In Europa vor 12 000 Jahren, in China vor 7000 Jahren und in Mittelamerika vor 5000 Jahren. Viele Forscher waren der Ansicht, dass das Aussterben des Großwilds auf unserem Planeten unmöglich den Menschen allein angelastet werden kann, sondern machten Klimaveränderungen dafür verantwortlich.

Forschende um Verena Schünemann vom Institut für Evolutionäre Medizin der Universität Zürich haben nun aber in einer kürzlich veröffentlichten Studie nachgewiesen, dass zumindest im Falle des Höhlenbären der Sapiens der alleinige Verursacher der Extinktion ist:

> »›Der drastische Rückgang der Höhlenbärenpopulation setzte etwa vor 40 000 Jahren ein. Das ist auch der Zeitpunkt, als sich der moderne Mensch in Europa ausbreitete und zunehmend zum Konkurrenten des Bären wurde. Der Mensch beanspruchte mit den Höhlen in bestimmten Gebieten den gleichen Lebensraum wie die Bären und jagte die Tiere‹, erklärt Schünemann. Archäologische Funde belegen, dass die Bären getötet und verwertet wurden.«[28]

Die Isotopenanalysen zeigen eindeutig, dass die Menschen in jenem Zeitraum, in dem das Großwild weniger wurde, sich zum Ausgleich mehr als vorher von Fischen und Meeresfrüchten ernährten. Trotzdem war natürlich je nach Region das Angebot von Wild weiterhin sehr groß. Fleisch war und blieb eine geschätzte Mahlzeit.

Neben dem Menschen gab es ein weiteres Lebewesen, das vom erbeuteten Jagdwild profitierte: der Wolf. Anfangs noch ein scheues, nächtlich sich anschleichendes Wildwesen, entwickelte sich eine Spezies, die eine zehntausendjährige Symbiose mit den Menschen begründete: der Hund. Wenn er sich am Rande des menschlichen Lebensraumes aufhielt, bekam er genug zu fressen und war ein guter Abfallverwerter. Und weil er diesen gegenüber anderen Konkurrenten zu verteidigen lernte, wurde er mit der Zeit zum treuen Wächter der menschlichen Räume gegen alle Arten von möglichen Eindringlingen. Denselben Wohnraum teilten die beiden aber noch nicht, die Menschen hielten die Hunde auf Wurfdistanz. Geworfene Knochen als Zuckerbrot, Steine als Peitsche, das funktioniert im Prinzip noch heute. Stöcke haben sie wahrscheinlich noch nicht geworfen, die werden ja zurückgebracht. Hunde führten schon jene Menschen mit, die über die Beringstraße den amerikanischen Kontinent besiedelten – im Gegensatz zu den Aborigines, die noch keine Hunde hatten, als sie den australischen Kontinent erreichten; der Dingo kam dort erst vor 6000 Jahren an.

Auch Pfeil und Bogen verwendeten die Aborigines im Gegensatz zu den Indianern nicht. Als in Australien vor 13 000 Jahren das Großwild auszusterben begann, wurde dort der Bumerang als Jagdwaffe entwickelt. Fische gehörten auch bei den Ureinwohnern Australiens zu den wichtigsten Eiweißquellen, sie wurden sowohl an der Küste als auch im Landesinneren mit Speeren gejagt. Oft wurden die Fische in natürliche oder künstlich angelegte Becken und Einfriedungen getrieben oder im seichten Wasser mit Speeren aufgespießt oder mit Netzen gefangen, was noch heute praktiziert wird. Größere Fische werden ausgenommen und in der Glut gegart, sehr kleine Fische hingegen einfach auf die Kohle oder heiße Asche gelegt, während die ganz großen in Erdöfen gegart werden.

REZEPT

FISCH AUF ASTGABELN

Wir schnitzen pro Fisch zwei Astgabeln, die wir in einer Distanz von der Hälfte der Länge des Fisches am Rand des Feuers in den Boden stecken. Der Fisch wird am Bauch aufgeschnitten, ausgenommen und mit diesem Schnitt nach oben in die Astgabeln gelegt und gesalzen. Zum Würzen legen wir einen kleinen Tannenzweig und andere Würzkräuter in die Bauchhöhle. Der Fisch wird sich beim Braten gegen das Feuer hin krümmen, was sich wieder ausgleicht, wenn wir ihn drehen und die andere Seite braten. Kurze Zeit darauf ist der Fisch gar.

10

BOHNE – DIE VERBOTENE FRUCHT IM PARADIES?

> *»Oxumaré – du großer Kreis, der sich selbst und mit sich selbst die Welt erschafft. Du große Schlange aus alter Zeit, du schillernder Bogen zwischen Himmel und Erde, bitte zeige dich!«*

Alle heutigen Menschen sind Nachkommen jener Homines der Gattung Sapiens, die aus Afrika aufbrachen und Asien und Australien sowie den amerikanischen Kontinent besiedelten. Als sie vor 12 000 Jahren Feuerland am südlichsten Ende Südamerikas erreichten, war die Ersteroberung der Welt – mit Ausnahme der entfernteren Inseln – abgeschlossen.

Auf dem Planeten Erde lebten nun fünf Millionen Menschen an Orten, die man heute als paradiesisch bezeichnen würde, in »Ballungszentren« mit nicht mehr als hundertfünfzig Personen: weite Palmenstrände, ausgedehnte Wälder, fischreiche Seen und Flüsse mit reinem Trinkwasser. Und mit Ausnahme der Geräusche des Windes in Baumwipfeln oder eines nahen Gewässers, der Vogelstimmen am Morgen und einzelner Tierstimmen in der Nacht herrschte überall Stille. Da, wo die Menschen lebten, sah man abends die Feuerchen, um die sie saßen. Sie konnten noch die schönsten Plätze wählen, die der Planet zu bieten hatte, mit reichem Nahrungsangebot, Süßwasser, Holz fürs Feuer, Schutz und Sicherheit, angenehmem Klima und schönen Ausblicken.

Allerdings waren sie schon so viele, dass der Abdruck von zehn Millionen Füßen (heute sind es fast sechzehn Milliarden) auf dem Planeten bereits Spuren hinterlassen hatte: besagtes Aussterben des Großwilds als einen von Menschen gemachten Wandel, der erstmalig zu einem Rückgang der Diversität auf dem Planten führte. Noch konnten die Menschen aber in der Fülle bleiben, denn neben der

Veränderung ihrer Jagdmethoden hin zur Jagd mit Pfeil und Bogen erfanden sie die Keramik, was unter anderem das Kochen von Bohnen möglich machte.

Wesentliche Neuerungen in der Nahrungsbeschaffung und -zubereitung ergaben sich immer dann, wenn die Bevölkerung wieder so stark gewachsen war, dass die herkömmlichen Verfahren nicht mehr reichten, zum Beispiel beim Übergang vom reinen Sammeln und Einholen zur aktiven Jagd. Aus dem geübten Hantieren mit Holzstäben wurde ein gekonnter Umgang mit dem Speer. Überall auf dem Planeten machten dann die Menschen Jagd auf Großwild, auf Mammuts im Norden, auf Riesenkängurus in Australien, auf Büffel in den amerikanischen Prärien, auf das Riesenfaultier in Patagonien. Da Großwild wie gesagt eher träge ist und die Menschen schon über eine hohe Kooperationskompetenz in der Gruppe verfügten, war dies die effizienteste Form der Nahrungsbeschaffung. Gejagt wurde – wie schon in den Sammlergruppen – in Verbänden von zehn bis fünfzehn Beteiligten. Die Beute reichte aber für ein Vielfaches an Menschen; die Verteilung im Clan war ökonomisch das Sinnvollste.

Die Menschen lebten weiterhin in paradiesischen Zuständen, und weil dies nun schon seit Hunderttausenden von Jahren so war, erinnern uns unsere Gene unauslöschlich daran. So haben wir ein Gefühl dafür, was ein schönes Leben sein kann. Wir lieben die Ruhe, wir lassen unseren Blick gern auf einem stillen Gewässer ruhen, und wir schauen fasziniert in ein Lagerfeuer. Und wir mögen die Tätigkeiten, welche die Menschen damals zur Befriedigung des täglichen Bedarfs ausübten und die wir heute »Hobby« nennen: Joggen, Jagen, Fischen, Sammeln, Basteln. Und wir lieben den Tanz, der in jenen Zeiten kultisches Handeln war.

Auch wenn uns Reiseprospekte etwas anderes vorgaukeln, die damaligen Paradiesplätze gibt es heute nicht mehr, da stehen jetzt Megastädte wie Mexico City. Ursprünglich an einem See in einer malerischen, von Bergen und Vulkanen gesäumten Landschaft gelegen, ist dies heute eine der hässlichsten Metropolen der Welt. Der See ist verschwunden und der Blick auf die Berge vom Smog verschleiert. Von der ehemaligen Schönheit ist nichts mehr geblieben.

Den ehemaligen wunderschönen Landschaftstempel von Rio de Janeiro kann man noch erahnen, obwohl auf dem Zuckerhut eine hässliche Bergstation, auf dem Corcovado eine riesige Jesusstatue aus Stahlbeton steht und die Bucht von Botafogo so verseucht ist, dass die Olympiasegler sich weigerten, dort den Wettkampf auszutragen. Trotzdem lockt Rio de Janeiro immer noch viele Touristen an.

Man mag die langen Sandstrände mit den knapp bekleideten Schönheiten, man mag den Caipirinha, das brasilianische Nationalgetränk, und man mag das Nationalgericht, die Feijoada. Auch ich schätze diesen Eintopf aus Bohnen und Schweine- oder Rindfleisch sehr.

Mein liebstes Bohnengericht ist jedoch der steirische, mit Kernöl angerichtete Salat aus Käferbohnen, den ich anlässlich meiner Freundschaftsbesuche in der Steiermark gern verkoste. Zu Hause aber koche ich mit Vorliebe die grüne Gartenbohne. Beide Sorten stammen ursprünglich aus Amerika, wobei Letztere die heute in Europa und Nordamerika hauptsächlich verwendete Bohne ist. Es gibt sie in Grün und in Gelb. Funde in der peruanischen Guitarrero-Höhle belegen, dass es bereits vor 8000 Jahren die Vorfahren der uns heute bekannten Gartenbohnen gab. Eine besondere Bohnenpflanze der Neuen Welt ist die Andine Knollenbohne, von der nur die Wurzeln gegessen werden können, deren giftige Hülsenfrüchte aber von den Indigenen für das Fangen von Fischen genutzt werden, indem sie sie damit betäuben. Das Einsetzen von pflanzlichen Giften ist eine Technik, die überall in der Welt von Indigenen für den Fischfang angewendet wird, in den Industrieländern aber verboten ist.

Die Homo sapiens jagten in den Vormittagsstunden. Den Nachmittag verbrachten sie mit «Hausaufgaben»: Tiere zerlegen, Felle gerben, Pfeilspitzen schlagen, Schalen anfertigen, Kleider nähen, Brennholz sammeln.

Viele Bohnen sind roh ungenießbar oder gar giftig. Der Instinkt würde es einem verbieten, davon zu essen. Doch seit die Glut zur Aufbereitung von Nahrung und die Genießbarkeit auch von Bohnen durch Garen entdeckt wurden, dominiert ja das übermittelte Wissen den Instinkt. Die Menschen, die am Pinnacle-Point lebten, bevor sie sich aufmachten, die Welt von Neuem zu besiedeln, haben also nicht umsonst das Attribut »sapiens« – »weise«.

In der kleinen Restgruppe, die nach dem weltweiten Aussterben des Erectus blieb, hatte sich eine riesige Menge an Wissen angesammelt, das damals wie gesagt noch nicht schriftlich tradiert wurde. Die zwei Millionen Jahre Erfahrung des Erectus im Auffinden von Nahrung, im Gebrauch von Werkzeug, in der Nutzung der Glut und des Feuers und in der komplexen sozialen Organisation, die diese spezielle Art der Nahrungsbeschaffung erforderte, machten den Sapiens so erfolgreich, dass er innerhalb von wenigen Zehntausenden Jahren den gesamten Planeten besiedelte.

Bohnen kamen auf allen Kontinenten vor, zum Nahrungsangebot des Pinnacle-Point-Menschen gehörten sie noch nicht, dazu musste erst der Kochtopf erfunden werden. Das geschah ungefähr 30 000 Jahre später und wahrscheinlich unabhängig voneinander in verschiedenen Weltgegenden.

Bei Ausgrabungen in Galiläa fanden Archäologen verkohlte Kerne der Dicken Bohne, die auf ein Alter von 10 000 Jahren eingestuft wurden, was die Forscher zur Feststellung veranlasste, dass sich hier die Wiege der Bohnenzucht befindet. Da zu jener Zeit in dem Gebiet noch keine Keramikbehälter bekannt waren, nimmt man an, dass die Bohnen direkt in der Glut gekocht wurden. Trotzdem können wir davon ausgehen, dass das Kochen von Bohnen in Keramikgefäßen für den Homo sapiens die effizienteste Form der Genießbarmachung war.

Die nachweislich ältesten Keramikgefäße stammen aus der Xianrendong-Höhle in China. Sie weisen ein Alter von 20 000 Jahren auf. In Japan ist die älteste Nutzung der damaligen Sammler und Jäger zum Kochen vor 15 000 Jahren belegt. Als die heute verbreitetste aller Bohnen, die Sojabohne, vor 5000 Jahren in Japan und vor 3500 Jahren in China angebaut wurde, gab es schon die Tongefäße zum Kochen.

Aus Afrika stammen Erd-, Pferde-, Goa-, Yam- und Helmbohne. Auf diesem Kontinent findet sich früheste Keramik in den 12 000 Jahre alten Funden aus Ounjougou in Mali. In Südamerika, wo die Bohne wie gesagt schon vor 8000 Jahren genutzt wurde, ist Keramik erst seit 6000 Jahren belegt.

Bohnengerichte und Keramiktöpfe gehören in der Menschheitsgeschichte zusammen, wobei manchmal die Bohne und manchmal die Keramik zuerst da war. Bis zur Erfindung der Metallgefäße war die Keramik ein so wichtiges Koch- und Aufbewahrungsgefäß, dass viele Kulturen der Frühgeschichte nach ihren keramischen Erzeugnissen benannt wurden, etwa die »Bandkeramik-« oder die »Glockenbecherkultur«. Die Menschen jener Zeit empfanden sicherlich ein Gefühl der Dankbarkeit gegenüber der gebenden Natur; sie erlebten sie ja als eine aktive Kooperationspartnerin, die sich mit ihren Zeichen verständlich machte. Und als antwortendes Zeichen der Dankbarkeit erfanden die Menschen die Opfergabe. Es gibt sogar Thesen, die besagen, dass die ersten Tongefäße nur geformt wurden, um diesen Kräften aus mit eigenen Händen gefertigten Gefäßen Gaben darzubringen.[29]

Verzierte Töpfe, die kultischen Zwecken dienten, wurden von Archäologen weltweit gefunden. Der Begriff »Eschara« (gr. *eschára* [Herd, Feuerstelle]) deutet auf diesen Zusammenhang hin. Er bezeichnet sowohl eine Keramikform als auch den Altar eines Heiligtums. In den alten afrikanischen Traditionen ist es religiöse Pflicht, von der Speise nicht zu essen, die den Naturkräften als Dank angeboten werden. Vielleicht war dies die ursprüngliche Bedeutung der verbotenen Frucht im Paradiesgarten.

Dieses Paradies, darauf deutet auch sein anderer Name »Garten Eden« hin, war ja keine Wildnis, sondern eben ein Garten. So stammt die Geschichte also aus einer Zeit, in der die Menschen schon erste Pflanzen kultivierten, also nicht mehr reine Sammler und Jäger waren. Und da der geografische Ort, an dem diese Geschichte herkommt, dort ist, wo die ersten Bohnenkulturen in Gärten gepflegt wurden, ist es gut möglich, dass es sich beim Garten Eden um einen Bohnengarten handelte. Ob der eine Baum, von dem die Menschen nicht essen durften, auch ein Bohnenbaum war, dessen Früchte aber giftig oder halluzinogen waren, wissen wir nicht. Aber eine wahre Geschichte, die ich selbst erlebte, könnte ein Hinweis darauf sein.

Mit einer Ausbildungsgruppe waren wir unterwegs in Griechenland, wo wir auf einer Kanutour eine Mittagsrast unter einem großen, schattenspendenden Baum über dem Meer einlegten. Eva, so hieß eine der Teilnehmerinnen, pflückte am Baum hängende, große Schoten und reichte eine davon Kurt (hier nicht Adam) zum Kosten. Kurt aß eine oder mehrere Bohnen roh und fiel in einen tiefen, fast komaartigen, langen Schlaf, sodass wir das Schlimmste fürchten mussten. Zum Glück war Kurt nach ein paar Stunden wieder frisch und munter; er richtete nicht einmal einen Vorwurf an Eva, es muss wohl ein süßer Traum gewesen sein.

Ganz im Gegensatz zum ursprünglichen Adam, der die Schuld für sein Brechen des göttlichen Tabus ganz der Eva und der Schlange zuschob. Gott ließ sich davon aber nicht beirren, sondern schickte sie beide zum Teufel, das hieß aus dem Paradies in eine Welt, in der sie fortan im Schweiße des Angesichts die harte Scholle bearbeiten sollen. Adam rächte sich dafür, indem er – und all seine männlichen Nachkommen der nächsten paar Tausend Jahre – die Frau als minderwertig und dem Manne untertan deklarierte und dies bis heute rigoros durchzusetzen trachtet.

Die Verführungskräfte haben den Menschen schon immer zugesetzt. Davon zeugt auch der folgende Mythos.

Oxumaré war ein schönes und besonderes Wesen. Seine Kleider hatten alle Farben des Regenbogens, und sein Schmuck war aus Gold. Alle wollten ihm nahe sein, Frauen wie Männer. Aber Oxumaré war sehr zurückhaltend und zog es vor, allein durchs Firmament zu ziehen. Dort konnten sie ihn an Regentagen alle aus der Ferne sehen.

In seiner Zeit als mächtiger König verliebte sich selbst Xangô in jenen Zauberhaften. Er wusste, dass Oxumaré niemanden nah an sich heranlassen wollte. So stellte er ihm eine Falle und veranlasste eine Audienz in seinem Palast. Als Oxumaré in den Thronsaal trat, schlossen die Wächter alle Fenster und Türen. Oxumaré war nun mit Xangô gefangen. Verzweifelt versuchte er zu fliehen, doch alle Ausgänge waren verschlossen.

Oxumaré flüchtete vor den lüsternen Angriffen behende von einem Eck zum anderen. Aber irgendwann sah er keinen Ausweg mehr und rief alle Kräfte um Hilfe, und irgendjemand erhörte ihn. Als nämlich Xangô drauf und dran war, Oxumaré zu packen, verwandelte sich das schöne Wesen in eine Schlange. Von Ekel und Angst erfüllt, rannte Xangô davon. In schnellen Mäandern glitt die Schlange über den Boden. Zwischen Tür und Boden war ein kleiner Spalt, dort hindurch entkam sie – und mit ihr Oxumaré.

So entging Oxumaré der Belästigung durch Xangô. Viel später, als die beiden zu Orixás wurden, bekam Oxumaré den Auftrag, Wasser von der Erde in Xangôs Raum im Himmel zu bringen, doch niemals durfte Xangô Oxumaré zu nahe kommen. Und daran hielten sie sich auch. So wird die Geschichte erzählt.

Obwohl in der Geschichte von einem »Er« gesprochen wird, gilt wie Logunedé auch Oxumaré als zweigeschlechtlich. Das zeigt sich bei der Erzählung darin, dass er von Frauen wie Männern begehrt und geheiratet werden möchte. Während sich die Zweigeschlechtlichkeit bei Logunedé dergestalt äußert, dass er ein halbes Jahr als Jäger im Wald und ein halbes Jahr als Fischerin am Wasser lebt, besteht die Zweigeschlechtlichkeit bei Oxumaré darin, dass er das halbe Jahr Regenbogen und das andere halbe Jahr Schlange ist. Man könnte fast vermuten, dass der afroamerikanische Oxumaré Pate stand, als die Lesben- und Schwulenbewegung 1978 die Regenbogenflagge zu ihrem Symbol erkor.

Die Regenbogenfahne steht in vielen Kulturen weltweit für Aufbruch, Veränderung und Frieden, und sie gilt als Zeichen der Toleranz und Akzeptanz, der Vielfalt von Lebensformen, der Hoffnung und der Sehnsucht. Als Gottheit ist die Regenbogenschlange uralt. Dass sie bei den australischen Aborigines die gleichen zweigeschlechtlichen Erscheinungsformen hat wie der afroamerikanische Oxumaré, als männlicher Himmelsgott im Regenbogen einerseits und als weiblicher Erdgeist in Form des mythologischen Ouroboros, der Schlange, die sich in den Schwanz beißt, kann als Hinweis darauf gesehen werden, dass diese Vorstellung des Sapiens vielleicht schon vor 70 000 Jahren existierte.

In der afrobrasilianischen Tradition des Candomblé bekommt Oxumaré als Opfergabe Schwarzaugenbohnen. Angeboten werden die Gaben noch heute in Tongefäßen, ein Brauch, den die Menschen schon seit 25 000 Jahren pflegen. Wussten sie, dass, wenn sie den Göttern etwas geben, auch großzügig bekommen? War es eigentlich das heilige Gesetz der Reziprozität, das Adam und Eva gebrochen haben, und war es nichts anderes als ein Aufruf zur Mäßigung – zu einem bisschen Verzicht –, was Gott gefordert hatte? Dabei wäre etwas Mäßigung dringend nötig gewesen; denn die wirkliche Ursünde war, wie die Anthropologen Scheik und Michel ja überzeugt sind, nicht das Essen von einer verbotenen Frucht, sondern die »Überbevölkerung«.

REZEPT

FEIJOADA

Zutaten: 1 kg schwarze Bohnen, 300 g Trockenfleisch, 300 g Schweinerippchen, 300 g Speck, 300 g gepökelte Rinderzunge, 300 g scharfe Wurst, ½ Orange, 3 Lorbeerblätter, 3 gehackte Zwiebeln, 6 Knoblauchzehen, schwarzer Pfeffer, 2 Esslöffel Öl, Salz.

Wer die Feijoada als echtes Armeleute-Essen zubereiten will, so wie es in Brasilien seit jeher geschieht, verwendet als Fleisch das, was gerade verfügbar ist, oft auch Ohren, Schwänzchen und Schnauze vom Schwein.

Die Bohnen während mindestens 24 Stunden in Wasser einweichen, das man mehrmals erneuert. Am nächsten Tag kocht man die Bohnen in frischem Wasser zusammen mit dem Fleisch und allen weiteren Zutaten (aber noch ohne Salz) auf kleinem Feuer weich. Das kann gut eine Stunde dauern. Fleischstücke, die eine kürzere Garzeit haben, erst später dazugeben. Das Gericht ganz zum Schluss mit Salz abschmecken.

Dieses Rezept ist in den Zutatenmengen eher großzügig berechnet und reicht daher für mehrere Mahlzeiten oder für eine größere Runde.

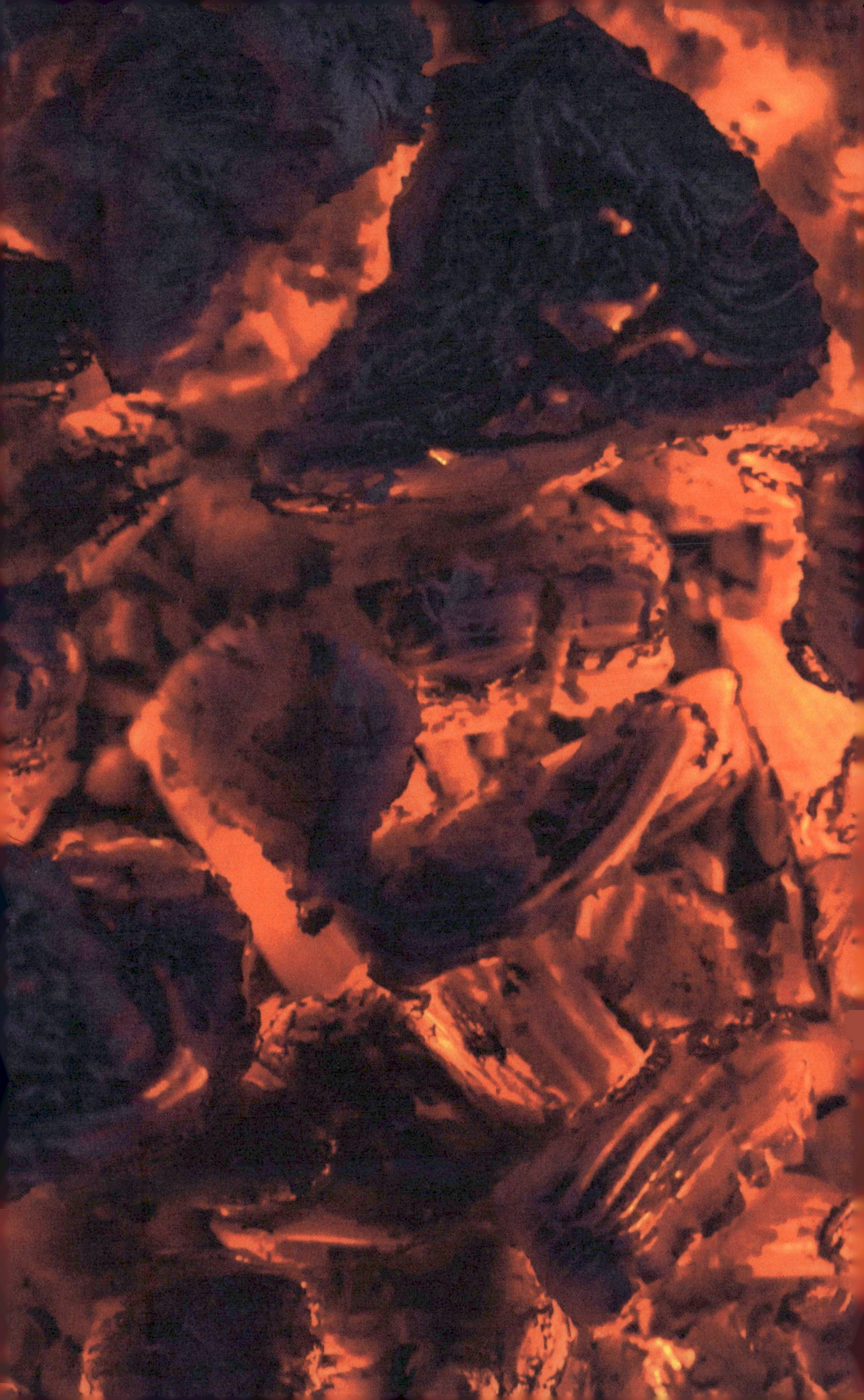

11

DAS HUHN – ZIEMLICH DUMM UND ZIEMLICH HEILIG

»Exú – Spaltgesicht und Fadenspinner!
Wenn du Unberechenbarer nicht mitspielst, zerfällt die Welt.
In viele Stücke ohne Geschichten, ohne Lust!«

Die Menschen wurden also wohl aus dem Paradies vertrieben, weil sie sich durch ihre »Unmäßigkeit« gegen die Natur »versündigt« hatten. Bis dahin waren sie sich darüber noch nicht bewusst, erkannten nicht, dass das Aussterben des Großwilds und das generell karger werdende Nahrungsangebot mit ihrem Bevölkerungswachstum zu tun haben könnte. Aber da sie nun vom Baum der Erkenntnis des Guten und des Bösen gegessen hatten, waren ihnen Schuldgefühle nicht mehr unbekannt. Und weil »Übervölkerung« ja auch die Konsequenz eines regen Sexuallebens ist, wurde selbiges in den Kanon der Schuldmöglichkeiten aufgenommen. Der biblische Gott befahl Adam und Eva, sich züchtig zu bekleiden. Geholfen hat es freilich nichts.

Als Sammler und Jäger schienen die Menschen noch in seliger Unschuld gelebt zu haben, und selbst während sie zwecks zusätzlicher Nahrungsbeschaffung zu einfachem Gartenbau übergehen mussten, war dies vorerst sicher noch nicht so anstrengend wie in späteren Zeiten: Bei den im Grenzland zwischen Brasilien und Venezuela im Urwald lebenden Yanomami beobachtete die Ethnologin Gabriele Herzog-Schröder diesen Tagesablauf: aufwachen bei Sonnenaufgang, Holz auflegen, Feuer schüren, Essen kochen, Tabak kauen, ein bis zwei Stunden Gartenarbeit oder Jagd, mittags essen und dösen, leise Unterhaltung, später am Nachmittag schamanische Sitzungen der Männer, Kontakt mit den Hilfegeistern, Behandlungen, frühabends Holz sammeln, ums Feuer sitzen, schlafen.[30]

Beschrieben wird hier jene Phase der Menschheitsgeschichte, in der das reine Sammler-Jägertum bereits ergänzt wurde durch

Gartenarbeit. Was auffällt in der beschriebenen Szene, ist, dass die schamanischen Sitzungen von den Männern abgehalten werden. Das ist ein Hinweis darauf, dass mit dem Übergang zur Agrarwirtschaft sich auch die soziale Organisation von der Egalität zum Patriarchat wandelte – eine Folge davon, dass es den Männern gelang, die Schuld für den Verlust des Garten Edens dem weiblichen Geschlecht anzulasten. Es zeigten sich erste Arbeitsteilungen von Jagen und Kochen, und die Männer bildeten Männerbünde.

Die Agrarisierung, das heißt der Übergang zu einem Leben »im Schweiße des Angesichts«, umfasste neben dem Garten- und Ackerbau auch die Haltung von Haustieren. So wie den voragrarischen Menschen schon seit Langem bekannt war, unter welchen Bedingungen welche Pflanzen besser gedeihen, so waren sie auch schon längst vertraut im Umgang mit Tieren. Nur war dies erst noch keine Domestikation, sondern eine Symbiose, wie sie bisher mit dem Hund und noch viel länger mit dem Honiganzeiger gepflegt wurde. Und schon seit die Aasgeier dem Erectus die Beute anzeigten, wissen die Menschen die Kooperation mit den Vögeln zu schätzen.

Viele Vogelwesen – vor allem Enten, Gänse und Wildhühner – waren auch als Jagdbeute beliebt, weil diese nicht nur schmackhaft, sondern auch leicht zu fangen waren, selbst ohne Pfeil und Bogen. In jenem bereits beschriebenen Projekt mit Jugendlichen in Kanada, wo gefangene Fische den Hauptteil der Nahrung aus der Wildnis darstellten, machten wir auch Jagd auf Wildhühner. Weil wir keine Gewehre mit uns trugen, erfolgte dies mit Wurfstöcken. Wildhühner haben ja die Eigenart, zunächst auf ihre Tarnung zu vertrauen und erst aufzuflattern, wenn der Fressfeind nur noch wenige Meter entfernt ist. Mit dem etwa dreißig Zentimeter langen Wurfstock konnten die Hühner betäubt und mit einem schnellen Griff getötet werden. Eine überraschende Entdeckung war, dass der Mageninhalt dieser Wildhühner, die sich ja mehrheitlich von Preiselbeeren ernährten, genau die Konsistenz, Farbe und den süßsauren Geschmack jener Preiselbeermarmeladen hatte, die im Restaurant zu Wild kredenzt werden.

Das Sammeln von Beeren ist eine sehr friedliche Tätigkeit. Das Fangen von Fischen braucht, weil diese ja auch mit dem Holzstock getötet werden mussten, für Ungewohnte schon etwas Überwindung. Und das Jagen von Wildhühnern fiel uns emotional zuerst auch nicht leicht. Der Mensch hat zwar einen ausgeprägten Sammeltrieb, aber auch eine Tötungshemmung. Und da die Urmenschen, wie wir wissen, eigentlich friedliche Wesen waren, musste die Natur etwas erfinden, was die Tötungshemmung vorübergehend außer Kraft setzte: das Jagdfieber.

Nach dem genannten Jugendprojekt ging ich weiterhin mit Ausbildungsgruppen in die kanadische Wildnis. In einer dieser Gruppen gab es zwei Vegetarierinnen. Und es gab Klaus, der so richtig gern mit Pfeil und Bogen ein Tier erlegen wollte. Dazu übte er jeden Tag. Einmal saßen wir alle ums Feuer, als eine der Vegetarierinnen ganz aufgeregt mit dem Finger auf etwas zeigte und rief: »Klaus, Klaus, ein Huhn!« Klaus nahm den Bogen, legte an und traf. Ein Hurra!

Mich selbst hatte das, was sich »Jagdfieber« nennt, ebenfalls in Kanada auf meiner ersten Pirsch mit Pfeil und Bogen ergriffen. Leise ging ich durchs Unterholz, als ich dem Wildhuhn begegnete. Da stand es auf einmal mitten im Weg etwa fünfzehn Meter von mir entfernt. Ich legte an, es schaute mich an, mein Herz pochte, und ein Wallen ging durch den ganzen Körper – dann zischte der Pfeil weg, und das Huhn fiel tot um. Es kam mir vor, als ob eine unsichtbare Kraft uns beide erfasst hätte, ich dem Töten ergeben, das Tier dem Getötetwerden.

In Afrika war es das Perlhuhn, das reichlich vorkam und leicht zu jagen war. Domestiziert und zum Haustier gemacht wurde es im alten Ägypten. Auch die Gans wurde vor 5000 Jahren im Land der Pharaonen aus der Graugans domestiziert. Unsere Hausente ihrerseits ging vor 3000 Jahren in China aus der Stockente hervor, während der Truthahn vor 2200 Jahren in Südamerika domestiziert wurde. Dem weltweit häufigsten Vogeltier auf der menschlichen Speisekarte, dem Haushuhn, stand das Bankiva-Huhn Pate, und zwar schon vor 8000 Jahren in Südostasien. Wir kennen es auch als Poulet, als Backhendl und als Suppenhuhn. Letzterem wird sogar besondere Heilkraft zugeschrieben, bei dem selbst Jamie Oliver ins Schwärmen kommt: »Wenn ich als Kind krank war, hat mir meine Mutter immer diese Suppe [eine Hühnersuppe] gekocht. Danach hätte ich Bäume ausreißen können.«[31]

Das Huhn im Römertopf gab es möglicherweise schon vor der Römerzeit. Man kann sich die Erfindung in sehr weit zurückliegenden Zeiten vorstellen: Es war einmal ein Wildhuhn, das von einem Waldbrand überrascht wurde und sich bei der hastigen Flucht in einem Schlammloch verfing. Über und über von Lehm bedeckt, war es nicht länger fluchtfähig und wurde von den Flammen überrollt. Menschen auf der Suche nach Nahrung fanden den verkohlten Lehmklumpen und schlugen ihn auf. Darunter erschien ein schmackhaft gebackenes Huhn. Ein neues Rezept war geboren.

Was war zuerst, das Huhn oder das Ei? Diese Frage, die für viele als unbeantwortbar gilt, ist zu beantworten: Es ist das Ei. Die Fähigkeit, aus einem gelegten Ei zu schlüpfen, haben die Geflügel von den Sauriern übernommen. Aus den Flugsauriern entwickelten sich bekanntlich die Vögel. Deshalb war das Ei zuerst da, denn die Saurier legten Eier. Wie die Vögel gingen sie auch auf zwei Beinen und hatten drei Zehen.

Ein geflügeltes Wesen in Sauriergestalt, das kennen wir doch: Ist das nicht unser altbekannter Drache? Obwohl es Menschen zu jenen Zeiten noch lange nicht gab, muss es im kollektiven Unbewussten von uns Säugetieren eine Erinnerung an jene mächtigen Wesen des Himmels geben. Wie sonst ist es zu erklären, dass wir ihnen weltweit auf Wappen, in Mythen, in Märchen, in Statuen und auf Bildern begegnen? Im Film »Avatar« tragen mächtige Flugdrachen die Menschenwesen durch die Lüfte. Bei den Azteken war der Drache in Form der »gefiederten Schlange« einer der Hauptgötter, und in China gilt das Ungeheuer gar als Urahn der Menschen.

Demgegenüber ist das gemeine Huhn in etwa das Harmloseste, was es gibt. Außer dass es Flügel und drei Zehen hat und Eier legt, erinnert nichts an seine Urahnen. Trotzdem haben auch die Hühnerwesen in vielen religiösen Traditionen einen wichtigen Platz und gelten oft als heilig. Sie schmücken die Türme evangelischer Kirchen, was daran erinnert, dass der Hahn dreimal schrie, als Jesus von Petrus verleugnet wurde. In den alten Traditionen Afrikas ist das Perlhuhn eines der wichtigsten in Ritualen gebrauchten Tiere; als Opfergabe für ihre Götter wurde es von den Griechen und Römern sogar importiert.

In der Mythologie der Yoruba-Völker ist das Huhn, allerdings eines mit fünf Zehen, an der Schöpfung der Welt beteiligt. Dass es gerade das Huhn ist, das unter den Vogeltieren als Opfertier bevorzugt wird, überrascht, ist es doch nicht besonders ausgestattet; es kann nicht richtig fliegen, und selbst seine Federn sind für menschliche Zwecke minderwertig. Zur Anfertigung von Pfeilen, als Schmuck und für rituelle Handlungen wird das Kleid anderen Federviehs bevorzugt. Und auch in der Bekleidungstechnik gibt man der Gänsedaune als Isolationsmaterial in Jacken den Vorrang. Selbst mit synthetischen Federn kann das Huhn nicht mithalten. 2009 wurde von einem Forscherteam um Alessandro Bottare in Genua ein zylindrisches Objekt mit solchen bedeckt und im Luftkanal getestet. Das Ergebnis war eine Reduktion des Luftwiderstandes um fünfzehn Prozent.[32] So spekulierte man schon, dass eine nächste Flugzeuggeneration mit einem Federkleid ausgerüstet sein könnte und diese technischen Luftwesen wieder aussähen wie ihre tierischen Urahnen.

Es wimmelten und wimmeln die Himmel aller Zeiten von beflügelten Wesen unterschiedlichster Gattungen. Da gibt es den Phönix, den altägyptischen Vogel, der stirbt, um aus seiner Asche wieder neu zu erstehen. Es gibt die heiligen Kraniche aus der griechischen Antike, die mit ihrem labyrinthischen Tanz, dessen Grundstruktur das Modell für das kretische Steinlabyrinth vorgab, Tod und Wiedergeburt sinnbildhaft erfahrbar machten. Es gibt das geflügelte Pferd Pegasos und den Götterboten Merkur, der an Helm und Füßen Flügel trägt. Auch der Kosmos der sogenannten monotheistischen Religionen ist von allerhand geflügelten Geistwesen bevölkert. Der Erzengel Gabriel erscheint Mohammed und überbringt ihm die Offenbarungen Allahs. Der jüdische Cherub bewacht mit dem Feuerschwert den Eingang zum Paradies.

Im Christentum sticht unter den vielen Engelwesen vor allem der gefürchtete Luzifer hervor, der vom Erzengel Michael vom Himmel gestürzt wurde, weil er sich Gott gleichstellen wollte. Das ging natürlich nicht in einem nichtegalitären Himmel, und so wurde Luzifer – was eigentlich vom Namen her eine Lichtgestalt wäre (lat. *lux* [Licht] und *ferre* [tragen]) – zu Satan, der nun in rot-schwarzen Farben wieder Flügel nach dem Urbild des Drachens trägt und auf Erden als Verführer und Strafengel sein Unwesen treibt. Bei der seither bestehenden Annahme, dass das Gute oben (Gott) und das Böse unten (Teufel) sein soll, versuchte Goethe eine Umprogrammierung, indem er den Lichtbringer Mephistopheles als Teil von jener Kraft beschreibt, die »stets das Böse will und stets das Gute schafft«.[33]

In den voragrarischen Religionen war es unvorstellbar, dass im Himmel das Gute und auf Erden das Böse sein soll. Und die geflügelten Wesen wurden, weil sie ja Überbringer von Botschaften waren, als Vermittler zwischen den Welten gesehen. So kennen wir es vom griechischen Hermes oder dem islamischen und dem jüdisch-christlichen Erzengel Gabriel.

Auch in den afroamerikanischen Traditionen gibt es eine Vermittlerkraft; dort heißt sie Exú. Allerdings: Flügel sind Exú keine gewachsen! Er saust flink, gewitzt und eigensinnig durch die Welt, und Hühner würde er vermutlich satteln, um mit ihnen Pferde zu stehlen. Aber das ist wieder eine andere Geschichte, die erst etwas später kommt.

Zum Schluss dieses Kapitels sollten wir vielleicht doch auch den Tauben einen besonderen Platz einräumen, jenen geflügelten Wesen, die dem Menschen seit jeher ihre Vermittlungsangebote gemacht haben, etwa indem sie Noah den Rückgang der Fluten meldeten. Aber schon in vorbiblischen Zeiten galten sie als Symbol des Friedens in der mediterranen Götterwelt und sind dies bis heute geblieben. Die Taube gilt als Symbol des Heiligen Geistes und begleitet in dieser Tradition die Seelen nach dem Tode und dem Verlassen des menschlichen Körpers.

Ich habe mir kürzlich überlegt, Brieftauben anzuschaffen, als eine Möglichkeit, um der uns drohenden absoluten Kontrolle der Kommunikation mit anderen Menschen ein analoges und freies Mittel entgegenzusetzen …

REZEPT

HUHN IM TON

Ein ziemlich erdiges Rezept! Wir wählen einen Ort, an dem in der Natur Tonerde vorkommt, die wir dem Boden entnehmen können. Handelt es sich dabei um trockene Tonerde, geben wir Wasser bei und kneten sie weich und geschmeidig.

Ein ausgenommenes Huhn mit Salz würzen, eine Zitrone einige Male einstechen und in die Bauchhöhle des Huhns stecken. Dieses dann mit breiten, langen Grashalmen einwickeln und vollständig mit Tonerde umhüllen. Darum herum kommt eine Schicht Farn, den wir in den Ton drücken, und dann nochmals eine Tonschicht darüber. Das so verpackte Huhn geben wir mitten in ein großes Feuer und lassen es, je nach Größe, 1 bis 1½ Stunden darin garen. Als Beilage kochen wir einen einfachen Reis im Topf oder legen Kartoffeln rund ums Feuer.

12

WEIZEN – SEGEN ODER FLUCH?

»Oxaguiã – mutiger Kämpfer und Hungriger, niemanden willst du hungern sehen. Du erzählst vom Handeln, wo kaum Hoffnung, und von Einsicht, wenn kein Weg.«

Zur Ausrüstung Oxaguiãs gehören Waffe, Schild und Mörser. Diese Kombination überrascht nur auf den ersten Blick. Seit der Frühzeit der Agrarisierung gehören Weizenkultivierung und Kriegshandwerk zusammen und blieben es über viele Tausend Jahre. Im Römischen Reich galt das Paar als unabdingbar für die Staatsräson. Nach der Devise »Brot und Zirkusspiele« wurden die Menschen bei Stimmung gehalten: durch stark verbilligtes oder gar kostenloses Getreide und durch Gladiatorenspiele. Der Zuschauer konnte den Spielen unabhängig von seiner Herkunft in der Regel umsonst beiwohnen, wenn auch nicht unbedingt auf einem privilegierten Sitz.

Der Weizen des alten Roms war der Emmer. Unser heutiger Weizen entstand aus der Kreuzung von Emmer mit dem Einkorn, das die ursprünglichste Form des kultivierten Weizens ist. Der Weizen ist also ein reines Zuchterzeugnis, im Gegensatz zum Reis, der ebenfalls vor mehr als 8000 Jahren in China domestiziert wurde und von dem es nach wie vor wildwachsende Formen in den Feuchtgebieten des subtropischen und tropischen Asiens gibt. Das früheste kultivierte Getreide der Menschheitsgeschichte ist jedoch die Gerste. Älteste Nachweise gehen zurück auf die Zeit bis vor 15 000 Jahren, in größerem Maße angebaut wurde sie schon vor 8000 Jahren in Mesopotamien und Ägypten. Ein weiteres bedeutsames Korn der Agrarzeit ist der Mais. Er wurde in Mittelamerika vor 6000 Jahren domestiziert, ist aber heute mit 1170 Millionen Tonnen das am meisten produzierte Korn der Welt, während Weizen mit 772 000 Tonnen den zweiten und Reis mit 769 000 Tonnen den dritten Rang einnimmt. Der heutige Mais gilt als eine der größten Domestikationsleistungen des Menschen, da er sich ohne menschliche Hilfe nicht fortpflanzen kann.

In jenen Gebieten, in denen als Erstes Weizen angepflanzt wurde, war Brot auch das wichtigste Nahrungsmittel. Dies spiegelt sich auch in der religiösen Praxis dieser Regionen wider. Brot galt in allen Religionen, die aus diesen Gebieten stammen, als heilig. In der islamischen Gesellschaft sollte altes Brot nicht fortgeworfen werden. Im Judentum ist das ungesäuerte Brot ein zentraler Bestandteil des religiösen Kultes. Im Christentum hat es einen Platz im wichtigsten Gebet, dem Vaterunser: »Unser täglich Brot gib uns heute.«

Zu jener Frühzeit der Weizenkultivierung war die Sahara noch grün, fruchtbar und durchgehend besiedelt. Heute gilt sie als die schönste aller Wüsten. Das ist sie auch für mich, besonders jener Teil im Süden Algeriens, in dem die prächtige Sanddünenlandschaft des Großen Erg in die verzauberte Steinwüste des Tassili übergeht. Meine erste Reise dorthin unternahm ich mit einer Gruppe von Abenteurern mit zwei Geländewagen. Die Fahrer waren die Gründer und Besitzer des heutigen Schweizer Outdoor-Ausrüsters Transa, die jedes Jahr in die Wüste fuhren; ihr Geschäft, in dem sie ursprünglich Ausrüstung für Wüstenfahrer anboten, erhielt daher den Namen: »Transa«, was für »Transsahara« steht.

Man hat mir im Vorfeld erzählt, dass sich in jenem Gebiet Steinmühlen finden lassen, die einfach so im Wüstensand herumliegen. Das interessierte mich sehr, und ich nahm einen Sack Weizenkörner mit, in der Absicht, sie auf einer solchen Mühle zu Mehl zu verarbeiten und Brote daraus zu backen. Wir machten dann tatsächlich in einem Wüstenbecken Halt, wo solche Steinmühlen zu Dutzenden im Sand lagen, ein flacher, etwas ausgehöhlter Stein für das Aufnehmen der Körner und darin ein runder Stein für das Zermahlen. Der Mörser funktionierte.

Nur, es war eine recht anstrengende Arbeit, und es dauerte seine Zeit, bis die Körner zu Mehl gemahlen waren. Die indirekte Nutzung von Gräsern über den Tiermagen in Form von Fleisch erforderte bedeutend weniger Aufwand. Gemütlicher war dann jedoch das Backen des Brotes. Im Sand hoben wir mit dem Spaten eine Grube aus und entzündeten darin ein Feuer. Das Holz hatten wir in den merkwürdigen Sandhaufen gefunden, die das Wurzelwerk ehemaliger Tamarisken einhüllten und überall herumstanden. Nach einer Stunde Feuern nahmen wir die Glut heraus, gaben den Brotteig in einen Topf und gruben ihn im heißen Sand ein. Nach einer weiteren Stunde übergab uns die Erde ein frisch gebackenes Brot. Die Beduinen machen das noch einfacher, sie legen nur den flachen Teig auf die heiße Glut, einmal wenden – und fertig ist das Fladenbrot.

Doch nicht nur das Mahlen mit den ersten Mühlen war sehr beschwerlich im Vergleich zu den alten Nahrungsbeschaffungs- und -produktionstechniken der Sammler-Jäger, auch die Handhabung des zur Hacke umfunktionierten Grabstocks verlangte viel vom menschlichen Körper, war es doch etwas anderes, ein ganzes Feld zu bestellen, als ein paar Knollen auszugraben. Ohne Not des drohenden Mangels war sicher kein Volk bereit, solche Mühsal auf sich zu nehmen.

Bis vor 14 000 Jahren waren die Menschen auf der Erde nicht in einer solchen Not. Wurde die Nahrung knapper, wichen sie auf andere, unbewohnte Regionen aus, bis sie die Südspitze Amerikas erreichten. Ab dann gab es nur noch die Möglichkeit, sich entweder in unwirtlicheren Gegenden niederzulassen wie in Sumpfgebieten, Trockensavannen und Kälteregionen, oder eben den Übergang zur Agrarwirtschaft zu vollziehen. Die Entwicklung lief überall auf der Welt gleich ab, nur mit zeitlichen Unterschieden: Erst stirbt das Großwild aus, dann folgt der Übergang zu Ackerbau und Viehwirtschaft; in China vor 7000 Jahren mit der Domestikation von Schwein und Reis, in Mittelamerika vor 5000 Jahren mit der Domestikation von Alpaka und Mais, in Mesopotamien vor 10 000 Jahren mit der Domestikation von Schaf, Ziege, Rind und Weizen, in Ägypten vor 7000 Jahren mit der Domestikation von Esel, Gans und ebenfalls Weizen. Wie der Anthropologe Yuval Noah Harari in seinem Bestseller *Eine kurze Geschichte der Menschheit*[34] darlegt, hat dabei nicht der Mensch den Weizen domestiziert, sondern der Weizen den Menschen; denn die Letzteren wurden von dem Getreide abhängig, obwohl es ihnen ziemlich viel Mühe bereitete. Auch kann angenommen werden, dass Glutenunverträglichkeit unter den frühen Menschen ziemlich verbreitet war. Und im Weizen verbarg sich auch das für den Menschen giftige Mutterkorn, ein Pilz, der gutdosiert in der Heilmedizin verwendet wurde und der wegen seiner halluzinogen Wirkung angeblich schon in den Eleusinischen Mysterien Verwendung fand, jenen Initiations- und Weiheriten, die die griechischen Fruchtbarkeitsgottheiten Demeter und Kore betrafen.

Mit dem notgedrungen vollzogenen Übergang zur arbeitsintensiveren Agrarwirtschaft änderte sich auch die Sozialstruktur der menschlichen Gemeinschaften. Je nach Beschaffenheit des Bodens und nach Dichte der Bevölkerung beackerten die Menschen in der Frühphase der Agrarisierung das Land zwar in egalitären Gruppen, wie man es heute noch in alten Kulturen erleben kann, zum Beispiel im Hochland von Peru, aber bald schon verlangte der Ackerbau nach anderen Organisationsstrukturen. Die egalitäre »Fußballelf« des Erectus hatte ausgedient, es brauchte nun eine Struktur mit zentralisierter Führung, um die großen Ackerflächen zu bewirtschaften und die Ernte zu verwalten und zu verteilen.

Die Hierarchisierung der Gesellschaften folgte auch hier einem bekannten Muster: Erst entstanden »Chiefdoms« (Häuptlingsstrukturen) mit einer zweischichtigen Gesellschaft (Chief mit persönlicher Klientel plus Unterschicht) und dann die Königtümer mit der dreischichtigen sozialen Ordnung (Herrscher plus Oberschicht plus Unterschicht). Gleichzeitig entwickelte sich auch das Schrifttum unabhängig voneinander in den entsprechenden sogenannten Hochkulturen, erst in Mesopotamien und Ägypten, dann in China und dann in Mittelamerika – ein weiteres Indiz dafür, dass es allein die Problematik der Überpopulation war, die die Sammler-Jäger-Gemeinschaften zur Aufgabe ihres Lebensstils zwang.

Die Sammler und Jäger wussten ja vom Potenzial des Ackerbaus durch Jahrtausende der Beobachtung von Wachstumsbedingungen verschiedener Knollen und den Erfolg des Grabens mit dem Grabstock. Sie wussten längst, dass an den Orten, an denen sie besonders oft gegraben hatten, wo der Boden also locker war, stärkeres Wachstum erfolgte. Sie wussten, dass, wo ein Same zu Boden fiel, eine Pflanze daraus wuchs. Sie wussten, dass mehr wächst, wo mehr Wasser fließt. Sie beobachteten, dass es starkes Wachstum gab, wo sie sich erleichtert hatten. Das heißt, sie kannten längst das Pflügen, das Säen, das Bewässern und das Düngen. Eingesetzt hatten sie diese Innovation nicht, solange es nicht vonnöten war, das hätte ihnen wie gesagt zu viel Anstrengung abverlangt.

Als die Europäer den südamerikanischen Kontinent erreichten, fanden sie in Mittelamerika komplex organisierte agrarische Königtümer mit riesigen Tempelanlagen. Auch die Inkas weiter südlich standen den mittelamerikanischen Reichen in nichts nach, während ganz im Süden die Patagonier nicht einmal Hütten bauten, sondern nur Windschutzvorrichtungen und von der Jagd auf das Guanako und von Fischen lebten. Es war dasselbe Volk, das in wenigen Jahrhunderten von Asien bis hinunter nach Feuerland gewandert war. Es hätte also genauso gut Hochkulturen mit Landwirtschaft und hierarchischer Gesellschaftsstruktur entwickeln können, aber die reichlich vorhandene Nahrung machte dies nicht erforderlich. Auch die im Norden gebliebenen Einwanderer Amerikas, die Prärieindianer und die Eskimos, blieben ihrer ursprünglichen Lebensform treu. Sie sahen genauso wenig Anlass für agrarische Innovationen wie jene Glücklichen und Schönen, die die paradiesischen Küstenlandschaften Brasiliens bewohnten.

Genug und gut zu essen und ein freundschaftliches, reiches Gemeinschaftsleben pflegen, mehr brauchten die Sammler-Jäger nicht zu ihrem Glück; ohne Not gab es keinen Grund, diese Lebensweise aufzugeben. Sie lebten ja in egalitären Gesellschaften, deren Grundpfeiler Gerechtigkeit, Kooperation und Konsens waren. Der chilenische Biologe und Philosoph Humberto Maturana spricht von der *anzestralen Familie*. Ihre Organisation ist stets durch die ihrer Vorfahren (engl. *ancestors*) beeinflusst: Unsere Vorfahren wussten zu leben, sie wussten, wie und wohin man sich bewegte, wo man Nahrung fand und wie man sich in kleinen Gruppen koordinierte. Maturana ist überzeugt, dass die vorherrschende Lebensstimmung unserer Sammler-Jäger-Vorfahren Freude war und dass sie in einem fortwährenden Gefühl des Eingebundenseins, des Zusammenhalts und des Vertrauens lebten.[35]

Diese sozialen Errungenschaften gestatteten dem Erectus und seinem Nachfolger, dem Sapiens, zwei Millionen Jahre lang ein erfolgreiches Leben. Das hat sich tief in den Genen eingeschrieben. Der Beweis dafür konnte aber erst durch die Genforschung in den letzten Jahrzehnten erbracht werden. In seinem Buch *Prinzip Menschlichkeit* widerspricht der Neurobiologe Joachim Bauer der bis anhin in der westlichen Welt hochgehaltenen darwinistischen These, dass der Mensch einem fortwährenden Konkurrenzkampf ausgesetzt bleiben müsse, weil dies die treibende Kraft für die Entwicklung der Arten von »niederen« zu »höheren« Wesen sei. Die moderne Hirnforschung kann heute im Gegenteil beweisen, dass unsere Gene nicht egoistisch sind, sondern als biologische Kooperatoren und Kommunikatoren funktionieren. Das notwendige Umdenken hinsichtlich der biologischen Bedeutung von Kooperation steht allerdings erst am Anfang, sagt Bauer, denn »über viele Jahrzehnte hinweg waren Kampf und Aggression ein in den westlichen Ländern idealisiertes, zeitweise geradezu religiös verehrtes Prinzip«.[36]

Viele Wissenschaftler, zum Beispiel die amerikanische Biologin Lynn Margulis, sind der Meinung, dass Begriffe wie »Konkurrenz« und »Überlebenskampf« menschliche Konstrukte sind, die aus dem Wirtschaftsleben kämen und »von außen« an die Biologie herangetragen worden seien.[37] Die Biologie kenne kein Erfolgsdenken, wie es die Ökonomie dominiere, sagt Bauer. Für die Natur seien solche Kriterien irrelevant. Nicht der Kampf ums Dasein, sondern Kooperation, Zugewandtheit, Spiegelung und Resonanz seien »das Gravitationsgesetz biologischer Systeme«. Das natürliche Ziel der Motivationssysteme seien soziale Gemeinschaft und gelingende Beziehungen mit anderen Individuen, wobei dies nicht nur persönliche Beziehungen betrifft, Zärtlichkeit und Liebe eingeschlossen, sondern alle Formen sozialen Zusammenwirkens.

Wie konnte es aber geschehen, dass eine Gesellschaftsform, die über einen Zeitraum von so vielen Hunderttausenden von Jahren egalitär war, diese Art des Zusammenlebens sich also längst in den Genen niedergeschlagen hatte, sich verwandeln konnte in autoritäre und gewalterfüllte Zivilisation? Was war stärker als die egalitären Gene dieser Sapiens? Im *Tagebuch der Menschheit* vermuten die Autoren Carel van Schaik und Kai Michel, dass ein noch älteres Gen dafür verantwortlich ist, das der Schimpansen.[38]

Wie wir aus dem bereits erwähnten Beispiel der Schimpansen und Bonobos wissen, ist ein Grund für den Übergang zu »schimpansoiden«, also patriarchalen und gewalttätigen Gesellschaftsformen der Mangel an Nahrung. Die vorpatriarchalen frühen Menschen haben ja vorerst auf Nahrungsmangel noch mit Verbesserung von Koch- und Jagdtechniken und mit Auswanderung reagieren können. Das »bonoboide«, »freie« Sexualleben jedoch behielten sie bei. Dies führte wie schon erwähnt schließlich in Kombination mit der guten Ernährungssituation und der großen Sicherheit vor Angriffen von Raubtieren zu einem solch enormen Bevölkerungswachstum, dass der Übergang zur Agrarwirtschaft unausweichlich wurde.

Die Erfindung der Landwirtschaft war also nicht jene glorreiche Revolution, wie sie uns die vorherrschende Geschichtsschreibung weismachen will. Sie war aus genetischer Sicht für den Sapiens eine Entwicklung »gegen den Strich« – oder wie diese Redewendung in der englischen Sprache heißt: *against the grain.* Als originaler Buchtitel von James C. Scotts Geschichte der frühesten Staaten bekommt sie die Doppelbedeutung von »gegen das (Weizen-)Korn«. Auch in der deutschen Übersetzung *Die Mühlen der Zivilisation*[39] wird mit einer Doppelbedeutung gespielt: mit den Mühlen für Weizen und jenen Mühlen, in die die Menschheit mit der Agrarisierung geraten ist. Der Politologe und Direktor des agrarwissenschaftlichen Programms der Yale University in New Haven, Connecticut, weist am Beispiel von Mesopotamien auf, dass Sesshaftigkeit und erste Städte nicht als Folge von Bewässerung und Staatengründung erschienen, wie gemeinhin angenommen, sondern dass die ersten Staatengründungen das Produkt überreichlich vorhandener Feuchtgebiete waren. Es waren die Feuchtgebiete nicht nur in Mesopotamien, sondern auch im ägyptischen Niltal, in China entlang des Gelben Flusses, in der mexikanischen Seenlandschaft der Azteken und in Yucatán. Dort überall entwickelten sich die ersten sogenannten Hochkulturen.

Kriegführung war ein zentrales Element schon der frühesten Staaten, allerdings noch nicht zur Aneignung von Land, sondern zur Beschaffung von »Menschenmaterial«. Scott widmet in seinem Buch einen großen Abschnitt dem Thema der Sklaverei. Er meint zwar, dass die Sklaverei nicht vom Staat »erfunden« wurde, sondern schon von nichtstaatlichen Völkern praktiziert wurde. Aber was die Staaten implementierten, waren großräumige soziale Strukturen, die systematisch auf der erzwungenen Arbeit erbeuteter Menschen beruhte. Ohne Sklaverei kein Staat: Sklaven waren Diener, Untergebene, Knechte und Leibeigene, vor allem aber auch erbeutete Kriegsgefangene. Daneben jene Sklaven, die als solche in einen Haushalt hineingeboren wurden, und andere, die wegen einer finanziellen Verschuldung zu Sklaven wurden. Mit der starken Präferenz für Frauen im gebärfähigen Alter als Kriegsbeute muss man wohl, obschon es zynisch klingt, auch sagen, dass die Agrarisierung in den frühen Getreidestaaten nicht nur die Domestikation von Pflanzen und Tieren, sondern ebenso die der Frauen umfasste.

In frühgeschichtlichen Zeiten war Sklaverei eine Grundlage der ältesten »Industrie« und ein mächtiges Instrument für die Akkumulation von »Kapital«. Besonders wertvoll waren Frauen und Kinder, Erstere in ihrer Funktion als Dienerinnen, Konkubinen und Gattinnen, primär wiederum zum Zweck der Reproduktion. Sklaverei diente neben dem Ausheben von Kanälen und dem Bau von Mauern vor allem auch dem wichtigsten Exporthandelsgut, den Textilien. Im mesopotamischen Uruk beispielsweise wurden in staatlich überwachten Textilwerkstätten 9000 Frauen als Sklaven beschäftigt, eine für damalige Verhältnisse enorme Textilindustrie, auf deren Basis sich die neue Schicht religiöser, ziviler und militärischer Eliten stützte. Auf gefundenen Bildern sieht man Sklaven in Halsfesseln und devoten Körperhaltungen. Aus Beamtennotizen erfährt man, dass Sklaven gleich wie Vieh behandelt wurden, die Peitsche war für beide. Kriege dienten der Erbeutung von Menschen, wobei das erbeutete Gut zwar dem Herrscher gehörte, in der Praxis aber auch unter den Generälen und einzelnen Soldaten aufgeteilt wurde.

Die vorgriechische Welt der Sumerer, Babylonier, Ägypter und Assyrer war eine Welt ohne freie Menschen. Die ganze hellenistische

Zivilisation beruhte auf Sklaverei. Kriegszüge zur Erbeutung von Gefangenen wurden von den Ägyptern praktiziert, um sie als Arbeiter in den oft todbringenden Steinbrüchen und Minen anzusiedeln. In der chinesischen Qin-Dynastie (etwa 221–207 v. Chr.) gab es Märkte für Rinder, Pferde und für Sklaven. Jeder römische Feldzug wurde auf Schritt und Tritt von Sklavenhändlern begleitet. Der riesige Zufluss von Sklaven erlaubte es den Grundbesitzern und den bäuerlichen Soldaten, die landwirtschaftlichen Arbeitskräfte durch sie zu besetzen. Sklavenhaltung war auch bei den amerikanischen Völkern, den Mayas, den Azteken und den Inkas, schon vor der Ankunft der Kolonialisten verbreitet. Sie dienten dort nicht nur bei den mühseligen Arbeiten in der Landwirtschaft und beim Tempelbau, sondern vor allem auch als in Massen dargebrachte Menschenopfer.

Bis ins Jahr 1800 lebten drei Viertel der Weltbevölkerung in Knechtschaft. In Südostasien waren alle frühen Staaten Sklavenstaaten, die wertvollste Fracht der malaiischen Kaufleute der Inselwelt bis ins späte 19. Jahrhundert waren Sklaven. Als Sklavenhaltung müssen auch all jene Einrichtungen gesehen werden, in denen Menschen ohne Lohn mühselige Arbeiten verrichteten und heute noch verrichten, vom russischen Gulag über die Konzentrationslager der Nazis bis zu den chinesischen Umerziehungslagern.

Was die Menge an Sklaven betrifft, war der transatlantische Sklavenhandel in der Geschichte der Menschheit jedoch bislang beispiellos. Die Anzahl der nach Nord- und Südamerika verschifften Sklaven wird auf etwa zwölf Millionen geschätzt. Die Abschaffung der Sklaverei in den Vereinigten Staaten war nicht primär ein Erfolg der Menschlichkeit, sondern fußte überwiegend auf der größeren ökonomischen Nützlichkeit von Niedriglohnarbeitern in den fließbandartigen Fertigungsprozessen der industriellen Revolution, nicht nur weil diese freiwillig effizient arbeiteten, sondern auch weil der Massenmarkt einer möglichst großen kauffähigen Bevölkerung bedurfte. Deshalb war der Norden mit seinen Fabriken mehr an der Abschaffung interessiert als der Süden mit seinen Baumwollfeldern.

In Brasilien dauerte der transatlantische Sklavenmarkt von 1550 bis 1850, also genau dreihundert Jahre. Er war von den Portugiesen deshalb so leicht aufzuziehen, weil in den Herkunftsländern der schwarzen Sklaven bereits Systeme des Sklavenhandels existierten. Davon zeugen auch die Mythen der afrobrasilianischen Candomblé.

Oxaguiã war ein mutiger Krieger und hegte den Wunsch, ein Reich zu erobern. So machte er sich in Begleitung seines Freundes Awoledje auf den Weg. Er erreichte einen Ort namens Ejigbô und wurde dort zum König.

Oxaguiã hatte eine große Leidenschaft für gestampfte Yamswurzeln, den Iyan. Er aß unaufhörlich davon: morgens, mittags, nach dem Nickerchen, zum Abendessen. Jedes andere Essen wies er ab, stets bestand er auf Iyan. Seine Vorliebe führte so weit, dass er den Mörser, den Pilão, erfand, damit sein Lieblingsessen zubereitet würde! Über diese Manie erstaunt, gaben die anderen Orixás ihm den Namen: Oxaguiã, was so viel bedeutet wie »Der gestampfte Yamswurzel essende Orixá«. Fortan wurde er mit diesem Namen angesprochen.

Später verwandelte er unter dem Rat eines Freundes ein kleines Dorf in eine große Stadt. Samt Sklaven, Mauern und Toren und allem, was dazugehört. Aus dem »gestampfte Yamswurzel essenden Orixá« wurde eine ehrenvolle »Majestät«.

Angeblich trug sich dann Folgendes zu: Sein Freund Awoledje kehrte nach manchen Reisejahren zurück in die Stadt. Er war jedoch mit dem neuen Prunk des Königs nicht vertraut, und als er das Stadttor erreichte und den Söldnern formlos ankündigte, er wolle sich mit dem »gestampfte Yamswurzel essenden Orixá« treffen, waren diese entrüstet über die Frechheit des Fremden. Sie fielen über den Besucher her, züchtigten ihn mit ein paar gewaltigen Hieben und schmissen ihn, voll Grausamkeit, in den Kerker.

Awoledje, verständlicherweise erzürnt, entschied sich, seine magischen Kräfte anzuwenden, um sich zu rächen. So kam es, dass in Ejigbo sieben Jahre lang kein Regen fiel, Frauen unfruchtbar waren und das Vieh kein Gras zum Grasen fand. Oxaguiã suchte Rat bei einem Orakel: »Kabiyesi«, so der Priester, »dieses Unglück hat uns ereilt, weil einer meiner Brüder unschuldig in Eurem Gefängnis eingesperrt verweilt! Ihr müsst ihn freilassen, Kabiyesi! Er muss Euch verzeihen!«

Awoledje wurde freigelassen und zog sich voller Groll in den tiefsten Wald zurück. Majestät hin oder her: Oxaguiã musste seinen Freund suchen, zu ihm hingehen und ihn bitten, dass er das zugefügte Unrecht vergessen und ihm verzeihen möge.

»Ich verzeihe dir«, sprach Awoledje. »Ich werde den Regen wieder auf diesen Fleck Erde fallen lassen. Doch nur unter einer Bedingung: Jedes Jahr, an deinem Fest, sollst du die Leute in den Wald schicken, 300 Bündel Stöcke sollen geschnitten werden, und die Bevölkerung deiner Stadt soll sich mit diesen Stöcken schlagen. So lange müssen sie ›kämpfen‹, bis die Stöcke abgenutzt oder gar gebrochen sind.«

Seitdem bekämpfen sich am Ende der Trockenzeit jedes Jahr und über den ganzen Tag verteilt die Einwohner der Stadt als Zeichen der Reue und in der Hoffnung, den Regen erneut fallen zu sehen.

Die Erinnerung an diesen Brauch ist über alle Zeiten hinweg lebendig geblieben, vor allem im afroamerikanischen Candomblé Brasiliens. Während der Zeremonien zur Würdigung Oxaguiãs schlagen die Anwesenden sich – vorsichtig – mit den Stäben und bekommen anschließend eine Portion gestampfte Yamswurzel.

Von allen Gottheiten dieser Welt gefallen mir die afrikanischen am besten. Sie tun einander weniger zuleide als die griechischen, sie haben keinen eifersüchtigen Alleinanspruch wie die monotheistischen, und sie bilden mehr Kooperationen untereinander als die hinduistischen. Und – was nicht zu verachten ist – sie bekommen prächtigste Speisen als Gaben.

Das Opfer an die Götter in Form von Nahrung ist ein allgemeines religiöses Kulturgut der Menschheit und kommt in allen Religionen vor. Die aufgeklärte westliche Zivilisation hat sich vom Tier- und Menschenopfer verabschiedet. Übergangsweise war der Haarzopf ein Ersatz. Später wurde auch dieser abgelöst durch Nachbildungen aus Brot. So fand ich im Archiv der *Neuen Zürcher Zeitung* in der Ausgabe vom 24. Dezember 1939 einen Artikel, der den Butterzopf als Äquivalent für das Haaropfer beschreibt:

> »Als Stellvertreter für Tier- oder gar Menschenopfer ist der Eierzopf eine unblutige Gabe an die Götter. Und im Gegensatz zum Haarzopf, der eine opfertechnische Zwischenlösung war, nährt und mundet das geflochtene Gebäck trefflich.
>
> Die Unsitte der Griechen, den stürmenden Meeresgott mit einer Jungfrau oder einem Knaben zu besänftigen – die Opfer wurden kurzerhand ins Wasser geworfen –, ist kein Ruhmesblatt für die Wiege unserer Kultur. Auch der Brauch der Germanen, Witwen mit ihren verstorbenen Männern zu verbrennen, ist kein kultureller Höhepunkt. Ersatz wird gewagt, mit Erfolg. Die Götter nehmen die gebackenen Delikatessen an und bleiben launisch.« [40]

Weizen wurde auf dem afrikanischen Kontinent ursprünglich nur im alten Ägypten kultiviert. Die Königreiche anderer afrikanischer Gebiete basierten auf Hirse, Maniok und Yams, Gold- und Sklavenhandel. Die mexikanischen Königreiche basierten auf dem Mais, jenes der

Inkas auf der Kartoffel. In Zentral- und Südamerika entwickelten sich die frühen Staaten erst vor 3000 Jahren, aber auch hier als Prozess der Agrarisierung nach dem Aussterben des Großwilds und der wachsenden Bevölkerung. Und genau wie in den Gebieten der Alten Welt entwickelten sich hierarchische, patriarchale Gesellschaften. Die ankommenden Europäer fanden auf dem amerikanischen Kontinent sowohl patriarchale als auch nichtpatriarchale Gesellschaften vor. Die Arawak beispielsweise, die dann unter der spanischen Herrschaft versklavt und nahezu vollkommen ausgerottet wurden, lebten bis zuletzt in matrilinearen Clans und besaßen eine komplexe Mythologie aus Jaguaren, Erd- und Mondmuttergöttinnen.

Der österreichisch-mexikanische Maler, Bildhauer und Kunsttheoretiker Wolfgang Paalen berichtet nach einer 1945 unternommenen Expedition im mexikanischen Urwald von Belegen für einen Prozess, der das Patriarchat aus den naturgegebenen Gleichgewichtsverhältnissen habe entstehen lassen. Es sei hervorgegangen aus bewaffneten Überfällen auf friedliche Dörfer, aus deren Plünderung und Zerstörung. In deren Folge konnten durch öffentliche Tötungen Angst und Begeisterung in den Massen ausgelöst und die Unterjochung des Volkes befestigt werden. Das Weibliche sei symbolisch geschändet worden, damit die Frauen im neuen System hätten erniedrigt und marginalisiert werden können.[41]

Die Überschrift dieses Kapitels »Weizen – Fluch oder Segen?« können wir demnach auch lesen als »Agrarisierung – Fluch oder Segen?«

REZEPT

BROTBACKEN IM OUTDOOR-OFEN

1 kg Mehl mit 2 Briefchen Trockenhefe und 1 Esslöffel Salz mischen und lauwarmes Wasser dazugeben. Vorsicht, der Teig darf auf keinen Fall zu nass sein, weil er sonst im Outdoor-Backofen nicht ganz durchgebacken wird.

In warmer Umgebung (am Feuer) 20 Minuten gut kneten und 1 Stunde ebenfalls in warmer Umgebung zugedeckt aufgehen lassen (nicht zu nah am Feuer, damit der Teig nicht schon gebacken wird!). Das Prinzip des Backens setzt gleichmäßige Hitze voraus. Bei Brot ist dies zwischen 180 und 200 Grad während 1 Stunde. Um diese Bedingungen zu erfüllen, müssen wir die Steine 1 Stunde lang erhitzen.

Ideal sind Steinplatten von mindestens 10 Zentimeter Dicke. Es braucht 1 Bodenplatte, 3 Wände, 1 Deckplatte und 1 Platte, mit der die Feueröffnung nach dem Einschieben des Brots verschlossen wird; alle diese Steinplatten müssen durch das Feuer erhitzt werden. Der Ofen darf nicht auf nassem Grund errichtet werden, weil dies Wärme abzieht. Ritzen sollten nur mit Steinen verschlossen, nicht mit Erde abgedichtet werden, damit erstens das aus dem Teig verdunstende Wasser abziehen kann und zweitens erhitzte Erde nicht zu Sand wird, der dann auf den Brotteig rieseln würde.

Um eine hohe Temperatur zu erreichen, ist es wichtig, dass das Feuer im Ofen mit viel Luft unterhalten wird. Das heißt, es muss zwischen den brennenden Hölzern genug Leerraum sein. Auch darf sich am Boden keine Asche ansammeln, denn diese hat eine isolierende Wirkung nach unten, wodurch der Boden nicht richtig erhitzt wird. Asche also laufend herauskehren.

Vor dem Einschieben des Brots alle Glut entfernen und den Boden mit einem Tannenzweigwedel auswischen. Dann das Brot sofort hineingeben und die Öffnung verschließen. Backdauer: 1 Stunde.

13

KÄSE – DIE BESTEN STINKEN AM MEISTEN

»Ogun – Wegemacher und treuer Begleiter!
Du weißt: Nicht nur Schutz, auch Gefahren bergen die Straßen,
bergen die Eisen und die Reisen hin in eine neue,
nur vielleicht bessere Welt.«

Der Übergang von der Sammler-Jäger- zur Agrarkultur war wie gesagt keine revolutionäre Errungenschaft, wie weithin gelehrt wird, sondern eine Notwendigkeit, um dem Nahrungsmangel wegen des Bevölkerungswachstums zu begegnen. Dieser Übergang brachte zwar eine enorme Steigerung der Nahrungsproduktion, doch gleichzeitig ein weiteres starkes Bevölkerungswachstum, womit der Gewinn früher oder später wieder kompensiert wurde, was dann weltweit erst zu Verdrängungskämpfen, später zu Eroberungskriegen, Kolonisation und Auslöschung indigener Völker führte. Das schimpansoide Gen bescherte der Menschheit mit der Agrarisierung eine männliche Führungsschicht und nach und nach militärische Organisationsformen.

Mit der anwachsenden Bevölkerung wurde es überall, wo Chiefdoms eingerichtet waren, nötig, dass die zweischichtige Hierarchisierung einer dreischichtigen Platz machte. Die Herrscher wurden zu Königen und hielten sich bewaffnete Reiter. Es entstanden militärische Strukturen mit einer Kriegerkaste. Diese diente der Machtausübung und der Machtvermehrung der Königtümer. Das Versprechen von Schutz sicherte dem König die Loyalität der Untertanen, die Androhung von Gewalt verhinderte das Abtrünnigwerden. Die militärischen Einheiten waren die Vorläufer einer sich entwickelnden Mittelschicht, deren Sinn im Prinzip auch heute noch ist, den »Pöbel von der Elite« fernzuhalten. Die Weitergabe der königlichen Macht, die auch den Besitz regierten Landes implizierte, erfolgte über die väterliche Blutslinie. Diese Sicherung der Macht über die Blutslinie war ein zentrales Element des Patriarchats.

Überall dort, wo auch nach der Agrarisierung noch eine Zeit lang Fülle herrschte, konnten sich matriarchale Führungsstrukturen etablierten, genannt hatten wir schon das Beispiel Kreta. Was die alten Griechen als Goldenes Zeitalter besangen, ist nicht eine Erinnerung an die paradiesischen Sammler-Jäger-Zeiten, sondern an ein frühagrarisches Szenario. Wie die Historikerin Riane Eisler in ihrem Buch *Kelch & Schwert* beschreibt[42], beziehen sich diese Erinnerungen auf ein frühagrarisches Goldenes Zeitalter des minoischen Kreta. Dort herrschte vor 3000 Jahren noch nachweislich Überfluss, eine reiche Kultur, die sich vor allem in wunderschönen Tongefäßen zeigte. Tontöpfe dienten zum Kochen, zum Lagern, zum Einlegen zum Beispiel von Oliven und zum Einmachen. Auch waren sie sakrale Gefäße für Opfergaben. Aber dann kamen die marodierenden Räuberbanden – die zuvor schon vom Kaukasus her nach und nach über ganz Europa hergefallen waren – auch auf der Insel an. Räuberbanden, die sich aus den Rinderhirten entwickelt hatten und die an den Rändern der Agrargebiete herumzogen. Vielleicht war es das Trinken von Rinderblut, das diese Männer besonders aggressiv machte. Mit der Domestikation des Pferdes gelangten sie zu einem effizienten Transportmittel für ihre Überfälle und mit dem Eintritt ins Eisenzeitalter auch zum Schwert als tödliche Waffe. Dies war der Anfang der völligen Patriarchalisierung der Homo-sapiens-Gesellschaften, zu deren Erhalt es später nicht mehr notwendigerweise akuter Mängel bedurfte, um die installierten Machtstrukturen zu bewahren – es reichte und reicht die fortwährende *Drohung* eines möglichen Mangels.

Über einen sehr langen Zeitraum konnten die Menschen dem wegen ihrer Vermehrungstendenz befürchteten Nahrungsmangel mit Innovationen entgegenwirken: die Entdeckung der aktiven Feuernutzung, die Entwicklung von Werkzeugen und Waffen vom Faustkeil über den Speer zu Pfeil und Bogen und zuletzt zum Gewehr. Die Agrarisierung und die Entdeckung der Metallverarbeitung vor 5000 Jahren schafften dafür die Voraussetzungen.

Mit der Kunst der Metallverarbeitung wurde nicht nur die Herstellung von Pfeilspitzen, Schwertern, Messern und schließlich Gewehren möglich, sondern auch die von metallenen Kochtöpfen. Während in der heutigen patriarchalen Welt Gewehr und Schwert immer noch einen hohen Status genießen bis hin zur Sakralisierung, ist der Kochtopf mit Ausnahme einiger teurer Edelstücke ein gemeiner Gebrauchsartikel geworden. Das war nicht immer so. In den Frühzeiten der Metallverarbeitung galten alle Geräte als besonders wertvoll, es waren Kunstwerke und sakrale Objekte. Die Schmiede hatten den Ruf von Magiern.

Bei den Kelten, die Europa schon vor 2000 Jahren bevölkerten, war der Kupferkessel nicht nur ein zentrales Alltagsutensil, sondern das heilige Gefäß schlechthin. Es war als hexischer Kupferkessel auch nach der Christianisierung Europas nicht vollständig vom Schwert verdrängt worden, sondern lebte als sakrales Gefäß in der Form des Kelchs, des Heiligen Grals, weiter, der in vielgestaltiger Form in den mittelalterlichen Heldengeschichten bis hin zu den Kreuzrittern einen festen Platz bekommen hat.

Im sennischen Brauchtum der Alpen ist der Kupferkessel noch heute ein sorgsam gehegtes Gut. Viele Alpensagen ranken sich um ihn. Er gehört zur magischen Ausrüstung wie die Kuhglocken, die nicht einfach nur Zierde und Signalgeber sind, sondern vielerorts auch den Bann unterstützen, der Senn, Vieh und Stall vor den schrecklichen Kräften schützt.

Die Alpregion ist ein Zwischenraum, der oberhalb des kultivierbaren Raumes liegt, aber unterhalb der Todeszone. In ihm begegnen sich das Reich der Lebenden und das Reich der Toten, das Materielle und das Feinstoffliche. Wer sich in diesem Raum schutzlos aufhält, dem kann der Alpenraum schnell zum Albtraum werden. Im Sommer belegen die vom Älpler gesetzten Signaturen – die unentwegt bimmelnden Kuhglocken und der abendliche Alpsegen – den Raum mit einem Schutzbann. Im Winterhalbjahr wird dieser Raum sich selbst überlassen. Wenn wir ihn betreten, begegnen wir einer unendlichen Reinheit, Weite und Stille.

Von der Spitze des Berges als Erleuchteter zurückzukehren ist ganz wenigen vorbehalten – Moses war einer von ihnen, oder auch Zarathustra. Die anderen müssen immer wieder hinauf, es sei denn, sie erkennen, dass es wenig Sinn ergibt, ganz auf die Spitze zu gehen und die Herausforderung mit dem »großen Vater« zu suchen. Das war die Weisheit der alten Bergvölker, die Bergspitzen den Göttern und Göttinnen zu überlassen. Die Heiligen und Priester siedelten sich in jenem Zwischenraum an, in dem heute noch die Bergklöster, -tempel und -heiligtümer der Welt stehen und der von den Menschen seit Urzeiten auch für die Alpwirtschaft genutzt wird.

Wir wissen, dass der Älpler den Bergsteiger nie verstanden hat und auch heute noch nicht versteht. Wenn Letzterer abends oder bei Unwetter zurück in die Zivilisation kehrt, bleibt der Älpler bei seinen

Tieren oben, als Mensch allein inmitten der Naturgewalten und in der großen Stille der Nacht. Während der Bergsteiger sich gegen die bedrohlichen Umgebungsgewalten schützt, indem er seinen Körper mit speziellen Kleidern und anderen Schutzausrüstungen umgibt, bleibt der Älpler im einfachen Arbeitsgewand. Doch wohl wissend, dass er sich am Rande einer Tabuzone aufhält, schafft er sich durch spezielle rituelle Handlungen und eine mitunter bizarr wirkende Haltung einen Schutzraum, in dem er selbst, seine Tiere und sein Gut behütet sind. In der modernen Alpindustrie findet man Reste einer solchen Schutztradition meist noch in Form von Folklore. Aber in abgeschiedenen Regionen ist der in die Dämmerung gerufene Alpsegen des Senns noch jeden Abend zu hören.

Obwohl die alten Alptraditionen mehr und mehr verschwinden oder sich in touristischen Klamauk verwandeln, hängt in manchen Sennhütten der Kupferkessel immer noch über dem offenen Feuer und gibt dem Käse jene besondere Würzigkeit, die diesem Schweizer Produkt einst zu Weltruhm verhalf.

Auf meiner ersten Trekkingreise in Nepal vernahm ich, dass die dortigen Menschen die Kunst des Käsemachens von Schweizern in den Fünfzigerjahren lernten. Auch in Südamerika erfuhr ich, dass schweizerische Entwicklungshilfe vielfach in Käsereien stattfand. So war ich natürlich überzeugt, dass der Käse in der Schweiz erfunden wurde. Immer wieder begegnete mir in der Welt, dass die Schweiz mit Skifahren, Banken und mit Käse assoziiert wird. Da ich kein guter Skifahrer bin und mich bei der Erwähnung der Banken eher schäme, blieb der Käse der einzige Stolz. Die traditionelle Käseherstellung mittels eines über einem offenen Feuer hängenden Kupferkessels hat für mich die Symbolik einer indigenen Kulturtechnik des Alpenraumes. Tatsächlich war es zur Zeit der Kelten, als die Kunst der Käseherstellung über die Alpen in nördliche Breiten gebracht wurde.

Wie bei der Glutenunverträglichkeit war die Laktoseintoleranz bei den voragrarischen Menschen wahrscheinlich die Norm, und erst durch eine lange Zeit der Milchwirtschaft hat sich eine Mutation durchgesetzt, die die Unverträglichkeit in den entsprechenden Gebieten reduzierte. Zu Käse verarbeitete Milch ist jedoch bekömmlicher, weshalb die Kunst der Käseherstellung – sicher durch Zufall entdeckt – bald entwickelt wurde, und zwar vermutlich an verschiedenen Orten unabhängig voneinander. Es wird angenommen, dass diese schon vor 7000 Jahren in Mesopotamien, Kleinasien und Nordafrika praktiziert wurde.

Die ältesten Darstellungen von Käseproduktionen stammen aus Mesopotamien aus einer Zeit vor 5000 Jahren. Die Weltbevölkerung belief sich damals auf vierzehn Millionen. Es war der Beginn der sogenannten Kupferzeit. In Ägypten herrschten vom 3. bis 2. Jahrtausend v. Chr. die Dynastien des Mittleren Reiches. In Mesopotamien wurde die erste Schrift erfunden. In Kreta blühte die minoische Kultur, die als die früheste Hochkultur Europas gilt. In Peru entstand die erste bekannte Stadtsiedlung auf dem amerikanischen Kontinent, und in Ostasien begannen die ersten Versuche der Besiedlung der pazifischen Inselwelt. In der kasachischen Steppe wurde das Pferd aus dem Wildpferd domestiziert. Mit dem ständigen Anwachsen der Bevölkerung und dem Druck zur Erschließung weiterer Produktionsräume siedelten die frühen Milchbauern als nomadisierende Hirten zunehmend an den mageren Rändern der fruchtbaren Ackerbaugebiete, in den Steppen und in den Bergen.

Kupfer war den Menschen wohl schon lange bekannt, aber erst der weiträumige Gebrauch führte dazu, dass das Zeitalter vor 5500 Jahren als die Kupferzeit gilt. Die Bronzezeit begann etwa 3000 v. Chr. und endete 1200 v. Chr., in Europa 800 v. Chr. Kupfer war leicht zu verarbeiten, aber relativ weich. Erst mit der Entdeckung, dass Kupfer in Verbindung mit Zinn und Blei zu einem härteren Metall, der Bronze, legiert werden kann, wurde es möglich, die erste moderne Waffe der Menschheit herzustellen, das Schwert.

Besonders gewandt in der Kunst des Schwertschmiedens waren die Kelten. Von Anatolien bis nach Irland hinterließen sie Spuren ihrer Kultur. Sie bauten Städte, führten Handel und prägten Münzen. Sie waren allerdings nicht zentral organisiert und hatten keinen von allen akzeptierten Anführer und keinen Staat. Ihre Druiden-Priester waren nicht nur für die religiösen Riten zuständig, sondern nahmen auch die Aufgaben von Lehrern und Richtern wahr.

Obwohl die keltischen Gesellschaften bereits das Prinzip des Patriarchats kannten - waren sie doch schon Hirten, Ackerbauern und Krieger -, hatten die Frauen noch eine besondere Stellung; es gab bei ihnen sogar Fürstinnen. Die keltischen Frauen nahmen Einfluss auf die eigene Familienplanung und wählten ihre Ehemänner selbst, manche beteiligten sich sogar an Kämpfen und Trinkgelagen.

Besonders zeichneten sich die Kelten durch den frühen Salzbergbau und eine Metallindustrie aus. Und der Kessel spielte, wie schon gesagt, eine wichtige Rolle nicht nur im täglichen Leben, sondern vor allem auch in Kulten und Zeremonien. Seit der Bronzezeit wurden Kessel in Ritualen mit wunderbaren Eigenschaften ausgestattet. So konnte man mithilfe des Kessels mit den Toten und mit göttlichen Kräften Kontakt aufnehmen, und es gab den Kessel der Heilung, ganz ähnlich, wie er im magischen Kessel bei den Comics von Asterix und Obelix beschrieben wird.

Ackerbau und Hirtentum begannen auch in Afrika, Sammler-Jäger-Kulturen zu verdrängen. Sehr erfolgreich waren diesbezüglich die Bantu-Völker, die ursprünglich aus dem Südosten Nigerias stammten. Vor 4000 Jahren begannen sie sich nach Süden und Osten auszubreiten. Sie waren besonders gewandt in der Eisenbearbeitung, und wahrscheinlich war es auch hier so, dass Metallwaffen in Kombination mit Rinderblut jene tödliche Aggressivität und Überlegenheit schufen, die sie im Verdrängen der anderen Völker so erfolgreich machte. Sie verdrängten die Pygmäen in den tiefen Urwald Zentralafrikas und die San in die Kalahariwüste.

Zu Beginn des Sklavenhandels bevölkerten sie die gesamte südliche Hemisphäre Afrikas. In Ostafrika wurden sie später ihrerseits von den von Norden kommenden Massai verdrängt, während sich in Nigeria die ebenfalls von Norden kommenden Yoruba ansiedelten. Die Yoruba waren schon beritten und darum mächtiger. Sie bildeten Königreiche mit einer dreischichtigen Gesellschaft. Das Pferd hatten sie aus Ägypten mitgebracht, wo es vor 4000 Jahren gezüchtet wurde, bevor es infolge der Austrocknung der Sahara durch das Kamel ersetzt wurde.

Ogun ist in der Religion der Yoruba in Nigeria und in den afroamerikanischen Orixá-Traditionen der Gott des Eisens und der Werkzeuge und Patron der Schmiede, Mechaniker, Ingenieure und Soldaten. Das Ada Ogún, das Kurzschwert von Ogun, ist noch heute eine Zeremonialwaffe der Yoruba in Nigeria. Ogun ist ein großer Beschützer und wird deshalb oft mit dem Hund assoziiert, der ja auch seit Jahrtausenden die Menschen vor Angreifern schützt. Und wie ursprünglich der Hund lebt auch Ogun in der Peripherie der menschlichen Behausungen. Noch heute befinden sich in westafrikanischen Gebieten die Schmiede am Rande des Dorfes. Sie sind gefürchtet und geehrt gleichermaßen. Weil man ihnen auch magische Fähigkeiten zuschreibt, werden sie oft als Heiler aufgesucht.

Früher lebten Orixás und Menschen in Einklang und Gleichheit und Freude. Sie jagten und sammelten und bestellten die Erde. Ihre Werkzeuge waren aus Holz, aus Stein und da und dort gar schon aus weichem Metall. Sie lebten gut und vermehrten sich. Irgendwann jedoch wurde das Essen knapp, und es schien notwendig, eine größere

Fläche des Landes zu bestellen. Das war zu der Zeit keine einfache Sache. Die Orixás versammelten sich, um zu besprechen, wie sie die Fläche ebnen und die Bäume ausreißen könnten.

Ossaim, der Orixá der Blätter, bot sich als Erster an, das Land vom Gestrüpp zu befreien. Seine Machete war aber zu schwach, und er scheiterte so wie alle anderen Orixás, die sich nach ihm an diese Aufgabe wagten. Ogun hatte sich bis dahin nicht gemeldet, obwohl er in das Geheimnis des Eisens eingeweiht war. Nachts, als alle anderen Orixás schon schliefen, nahm Ogun seine eiserne Machete und bereitete die neue Fläche beinah mühelos vor. Am nächsten Morgen staunten die anderen nicht schlecht und erkannten bald, welch große Möglichkeiten in diesem besonderen Material lagen, das Ogun »Eisen« nannte und zu dem bislang nur er Zugang hatte.

Sie begannen Ogun zu bedrängen, auch ihnen das Geheimnis des Eisens preiszugeben, doch dieser blieb lange standhaft. Ob er ahnte, was damit alles geschehen würde?

Schließlich aber nahm er einen Königsrang im Tausch gegen das Geheimnis des Eisens an. Freilich wollten die Menschen nicht zurückbleiben, deshalb ließ er sie am Geheimnis des Eisens teilhaben. Dann dauerte es gar nicht lange, da besaß jeder Jäger sein eigenes Eisenwerkzeug, und Krieger und Kriege entstanden, wie Pilze aus dem Boden wachsen.

Obwohl Ogun das Angebot der Königswürde der Orixás angenommen hatte, war er dennoch vor allem ein Jäger. Eines Tages ging er auf die Jagd und kehrte lange nicht nach Hause zurück. Vielleicht, weil das Jagen sehr schwierig war? Vielleicht, weil ihm das Leben als eiserner König gar nicht behagte?

Als er nach vielen Tagen in der Wildnis zurückkehrte, war er voller Schmutz und völlig unansehnlich. So sahen die Orixás ihren Herrn gar nicht gern. Sie verachteten ihn dafür und entschieden, ihn vom Thron zu stürzen. Ogun war sehr enttäuscht von solchen Machenschaften. Er nahm ein rituelles Bad, kleidete sich mit seinem Rock aus Palmenblättern, nahm seine Werkzeuge und ging fort. An einem fernen Ort baute Ogun unter einer Kokospalme sein Haus und blieb dort.

Käse kommt in den afroamerikanischen Religionen unter den Opfergaben nicht vor. Die alten Griechen jedoch reichten ihren Göttern sehr wohl diese Speise. Die Urschweizer, also die helvetischen Kelten, bevorzugten hingegen Tier- und Menschenopfer.

Eine amüsante Version dieser aus heutiger Sicht ethisch ja eher nicht so korrekten Praxis findet sich im Zusammenhang mit dem schweizerischen Nationalgericht Fondue anlässlich des Besuchs von Asterix und Obelix bei den Helvetiern. Bei diesem Gericht, das ja ziemlich ritualisiert ist, müssen einige Regeln beachtet werden. So wird nie ein Metalltopf benutzt, sondern immer ein Tongefäß. Das Käsegemisch muss in einer ganz bestimmten Zusammensetzung und bei sorgsamer Erhitzung unter ständigem Rühren zubereitet werden, damit die Mischung die richtige Konsistenz hat. Fondue ist ein Gemeinschaftsessen, der Topf kommt in die Mitte, und alle essen daraus, indem sie Brotstücke auf Gabeln stecken und in dem Topf rühren. Fällt dabei jemandem das Brotstück in den Topf, bekommt er oder sie eine Strafe. Die kann dann heißen, etwas Geld in eine Kasse zu geben, ein Lied zu singen, ein Glas Schnaps auszutrinken oder ein Kleidungsstück auszuziehen, je nach Ausrichtung der Party. Bei Asterix war die Strafe die, dass die Unglücklichen an einen schweren Stein gebunden in den Genfersee geworfen wurden.

Diese Tradition des Menschenopfers wird in der heutigen Schweiz glücklicherweise nicht mehr praktiziert. Das Fondue genießt jedoch ungebrochen größte Beliebtheit, vor allem in den kalten Wintertagen bringt es als ein besonders geselliges Gemeinschaftsessen Wärme unter die Menschen, und alle lassen sich davon »anstecken«, denn schließlich isst ja niemand gern allein.

REZEPT

RACLETTE

Ein verschneiter Winterwald ist etwas Zauberhaftes. Raclette die passende Speise. Da wir warme Füße wollen, sitzen wir ums Feuer.

Im Topf vorgekochte Kartoffeln legen wir zum Fertiggaren in solch einem Abstand zur Glut, dass sie nicht verkohlen. Der ganze Raclette-Käselaib wird, auf flachen Steinen oder Holzstücken platziert, mit der Stirnseite ebenfalls ans Feuer gestellt. Der schmelzende Käse wird fortlaufend abgeschabt und auf die Kartoffeln gestrichen. Wir brauchen dazu weder Töpfe noch Teller oder Besteck.

14

DAS LAMM – EINE GUTMÜTIGE NAHRUNGSQUELLE

> *»Oxalá – Magier des Glücks!*
> *Deine weißen Kleider strahlen; und nur wer sie zu pflegen weiß, kommt in den Genuss deines Zaubers.«*

Was das Fondue in der Schweiz, ist das Lamm in den orientalischen Ländern, wo es vor 11000 Jahren aus dem Mufflon domestiziert wurde. Um es zu zähmen, reichte es, eine Einzäunung zu erstellen, denn dieses eher arglose Wesen merkte schnell, dass der Zaun es auch vor äußeren Nahrungsfeinden schützte. Man kann annehmen, dass eine erste Domestikation auch bei den Schweinen und bei den Rindern ähnlich ablief.

Der Übergang zu dieser neuen Form der Tierverwertung hatte aber auch Nachteile für die Menschen. Durch das enge Zusammenleben wurden Krankheitserreger vom Tier auf den Menschen übertragen, die sich infolge der zunehmenden Bevölkerungsdichte immer schneller verbreiten konnten. Das Verbot des Schweinefleischverzehrs in den vorderasiatischen Kulturen hängt damit zusammen. Dabei ist ja nicht das Schwein unrein, sondern die Menschen haben es »unrein« gehalten und sich damit Unheil zugezogen. Offenbar wurde das Schaf als weniger unrein eingeschätzt. Auch das Verbot des Verzehrs von Rindfleisch in Indien war ursprünglich nicht religiös begründet. Es musste verhindert werden, dass in Notzeiten Rinder geschlachtet wurden, weil diese sonst auch noch als Milchproduzenten und Pflugtiere ausgefallen wären. Für Letzteres kam das Schaf auch nicht infrage.

So nimmt das Schaf von all den domestizierten Tieren eine Sonderstellung ein. Der Verzehr seines Fleisches ist nirgendwo tabuisiert, nicht in Vorderasien und nicht in Indien, auch nicht in China, wo man Pferdefleisch verabscheut, und nicht im Westen, wo der Verzehr von Katzen- oder Hundefleisch abgelehnt wird. Das Schaf ist auch das genügsamste von allen Nutztieren. In trockenen Weltgegenden, in denen kein anderes Tier mehr Gräser in menschliche Nahrung verwandeln kann, ist das Schaf heute heimisch.

Da ein Schafbock an einem Tag bis zu fünfzig Begattungen vornehmen kann, galt er in vielen indogermanischen Kulturen als Sinnbild der Fruchtbarkeit und Verkörperung einer Fruchtbarkeitsgottheit. Wie auch sein Vetter, der Ziegenbock. Nur musste er dessen Schicksal als Sündenbock und als Bildvorlage für den christlichen Teufel nicht teilen. Im Gegenteil, ihm wurde hier im Gleichnis vom Lamm Gottes sogar eine besondere Ehrung zuteil.

Als Opfertier kommt das Schaf im Alten Testament häufig vor. Der alttestamentarische Abraham opfert einen Widder statt des von Gott geforderten Sohnes, was von einigen als die Beschreibung des Übergangs vom Menschen- zum Tieropfer gedeutet wird. Im heutigen Christentum, in dem Tieropfer generell abgelehnt werden, wird der frühchristliche Opferbrauch des Osterlamms in der armenischen Kirche noch praktiziert. Der Buddhismus und der Hinduismus lehnen das Tieropfer ebenfalls ab, aber auch da gibt es Ausnahmen. Im Kalitempel in Kolkata (früher: Kalkutta) werden Ziegenopfer dargebracht, und in Nepal findet ein Büffelopfer zum Fest der Göttin Durga statt. In den afroamerikanischen Orixá-Traditionen gehören Tieropfer, vor allem Ziege und Huhn, nur im Candomblé dazu, während sie in der Umbanda abgelehnt werden. Im Islam werden Schlachtungen von Schafen, Ziegen, Rindern oder Kamelen zu rituellen Anlässen bis heute praktiziert. Dass für Schafe Menschen abgeschlachtet werden, ist allerdings eine der größeren Perversionen des agrarischen Zeitalters, so geschehen in Argentinien, wo die Urbevölkerung Patagoniens in militärischen Aktionen unter der Führung des Generals Julio Argentino Roca im 19. Jahrhundert stark dezimiert wurde, um Platz zu machen für die Schafherden der Neusiedler.

Das Tieropfer war über die meiste Zeit ein zentrales Kultelement agrarischer Zivilisationen. Es war eine Handlung der Hoffnung, der Strategie und einer Mangelkausalität und des Zweckoptimismus: Wenn wir den Göttern genug opfern, bekommen wir auch. Für die Menschen hieß das Nahrung, Schutz und Segen, denn seit dem Verlust der Paradiese auf unserem Planeten und der erfolgten Agrarisierung war die Ernährungssicherheit permanent gefährdet durch Trockenheit, Schädlinge und andere Plagen. Der alte Pakt mit den Göttern, die die Menschen wie die Vögel nährten – »Sie säen nicht, sie ernten nicht ...« (Mt 6, 26) –, galt nicht mehr. Der Übergang vom Sammler-Jägertum zur Agrarwirtschaft war gleichzeitig ein Wandel von der Speisegabe an die Naturkräfte zum Tier- und später auch Menschenopfer für rachesüchtige Götter. So muss auch die biblische Geschichte von Kain und Abel gelesen werden, der zufolge der Ackerbauer Kain seinen Hirtenbruder Abel erschlagen haben soll aus Eifersucht darüber, dass Abels Tieropfer gottgefälliger gewesen sei (Gen 4,1–24).

Geschichten wurden schon früh von den Siegern geschrieben, denn historisch gesehen, war das Vorgehen umgekehrt: Nicht die Ackerbauern haben die Hirten erschlagen, sondern umgekehrt, es waren überall, nachweislich auch im alten Europa, eindringende Hirtennomaden, welche die sesshaften Bauern niedergemetzelt haben. Und diese schrieben dann unsere Geschichte, die davon erzählt, dass der Übergang zur Domestizierung eine segensreiche Revolution darstellt und das dazugehörige Patriarchat inklusive der Unterwerfung der Frau nur natürlich beziehungsweise gottgegeben ist. Dieser ganze Prozess verlief natürlich nicht als Revolution, wie der historische Begriff der »Agrarrevolution« nahelegt, sondern ein Prozess von vielen tausend Jahren, in denen mit der Patriarchalisierung auf Erden auch eine solche »im Himmel« einherging, wie sie der (Kunst-)Historiker Gerhard Bott in seinem Buch *Die Erfindung der Götter*[43] beschreibt.

Bott kämpft auf 500 Seiten gegen die von ihm als Urvatergemeinde bezeichnete Szene von Theologen, Wissenschaftlern, Prähistoriker, Anthropologen und Ethnologen, die »mit der Genesis und Gorilla im Kopf« um alles in der Welt das Dogma aufrechterhalten wollen, dass das Patriarchat beziehungsweise die »Heilige Familie« von Vater, Mutter und Kind mit dem Mann als Oberhaupt eine Urform der gesellschaftlichen Organisation sei. Das völlige Fehlen archäologischer Beweise von männlichen Götterfiguren in der Frühzeit sei so zu erklären, dass dieser Vatergott aus religiöser Scheu nicht bildlich dargestellt wurde und deshalb ein unsichtbarer sei.

Natürlich wissen wir, die wir christlich inkulturiert wurden, dass unser Gott unsichtbar ist und dass es auch irgendwo den Satz Gottes an Moses gibt, uns kein Bildnis von ihm zu machen. Also dürfte er eigentlich auch nicht männlich vorgestellt werden. Doch auch im ursprünglichen Judentum, dem Vorläufer des Christentums, machte man sich sehr wohl ein Bildnis, nur war dieses polytheistisch und weiblich. Bei Ausgrabungen im »Heiligen Land« wurden diesbezüglich erhellende Entdeckungen gemacht, die belegen, dass die Göttin Aschara erst im 7. Jahrhundert aus dem Tempel in Jerusalem entfernt wurde. Auch wurden über 3000 Exemplare von weiblichen

Figurinen gefunden. Der Umstand, dass diese Tatsache in der Bibel kein einziges Mal erwähnt wird, verleitete den Archäologen William Dever zum Ausspruch, dass das Schweigen der Bibel ohrenbetäubend sei.[44]

Nun ist ja den meisten Anthropologen und Anthropologinnen klar, dass die Vater-Mutter-Kind-Familie auf keinen Fall die ursprüngliche Sozialstruktur der Menschheit gewesen sein konnte, sondern dass diese in Clans von 100 bis 150 Personen lebten, die sich in kleinere Kollektive aufteilten, was für die Jagd dienlich war und ein gemeinsames Sitzen um ein Feuer erleichterte und den Gang aufs »Klo«, die Menstruationsgruppe sowie die Brautschauer sicherer machte. Diese frühen Gesellschaften waren egalitär; sie waren zwar matrilinear und matrifokal, aber nicht matriarchal.

Gerhard Bott zeigt akribisch auf, wie sich die Götterbilder im Laufe der letzten 40 000 Jahre von der »Großen Mutter« zum »Alleinigen Großen Vater« wandelten, parallel zur Agrarisierung, Patriarchalisierung und Militarisierung der menschlichen Gesellschaften. Dass die frühesten Götterdarstellungen weiblich sind, stellt keine Rangerhöhung des Weiblichen gegenüber dem Männlichen dar, das gibt es in egalitären Gesellschaften nicht, genauso wenig, wie bestimmte Fähigkeiten, das Aussehen oder der Ressourcenbesitz höher bewertet werden als andere. Es ist einfach ganz natürlich, dass in mit einer lebendigen Umwelt verbundenen Gesellschaften das Gebende in der Natur als mütterlich und das Schöpferische als Geburtliches erlebt wird. Bott ist der Auffassung, dass in frühen menschlichen Gesellschaften das kausale Beteiligtsein des Männlichen an der Reproduktion noch nicht so wahrgenommen wurde, eine Väterlichkeit im Sinne des Wortes gar nicht existierte.

So gesehen ist es natürlich interessant zu erkunden, ob der Übergang von der weiblichen Muttergottheit zur männlichen Vatergottheit, die auf der Zeitschiene wie gesagt eindeutig einhergeht mit der Agrarisierung und Hierarchisierung der menschlichen Gemeinschaften, in Zusammenhang steht mit dem Übergang von Kulturen der Fülle zu Kulturen des Mangels.

Von einer Fülle berichtet uns auf jeden Fall die älteste bis heute gefundene Figurine, die Venus von Willendorf. Bott meint, dass die Namensgebung als »Venus« nicht sehr passend ist, weil dieser Name eher mit einer erotischen Weiblichkeit verbunden wird, sondern dass die Figur besser »Gaia von Willendorf« heißen müsste, weil sie mit ihrer fülligen Gestalt doch mehr das Genährte und Schwangere versinnbildlicht und Gaia nicht nur die personifizierte Erde ist, sondern möglicherweise auch »die Gebärerin« heißt. Bott schreibt, die Erfindung der Götter männlichen Geschlechts habe erst vor etwa 10 000 Jahren begonnen, und es seien die sozialen Verhältnisse jener Zeit gewesen, die »die Erfindung von Götter-Familien und die Entwicklung und Durchsetzung einer mythologisch verfassten politischen Theologie bildeten, die das angebliche Wollen und Wirken, die Macht und die Herrschaft der von den Priester-Königen erfundenen Gottheiten beschreiben und Gehorsam einfordern«.[45]

Bott beschreibt die weibliche Urgöttin, die »Große Mutter« allen Lebens und des Todes, als ein in der Vorstellung der Menschen reines »aus sich selbst Bestehendes«, eine Selbstentstandene, deren Herkunft nicht weiter hinterfragt wird. Gaia wird noch so beschrieben. In einem zweiten Schritt im Verlauf des Neolithikums wird ihr dann ein männlicher Fruchtbarkeitsgott als Begatter an die Seite gestellt, der vorerst nur als ihr Sohn gedacht werden kann, womit sie zur Muttergöttin, zur Mutter aller Götter wurde.

Der weitere Schritt ist dann die Aufwertung des Fruchtbarkeitsgottes, der mythologisch als »Stier seiner Mutter« beschrieben wird, zum Partner in der »Heiligen Hochzeit«. Die Muttergöttin wandelt sich zur Göttin der »Heiligen Hochzeit«, dem Ritual der bilinearen Fruchtbarkeit, und verliert somit ihre unilineare Qualität. Aus dem Fruchtbarkeitsgott werden im historischen Verlauf alle anderen männlichen Götter als Vegetations-, Regen-, Fluss-, Donnergötter entwickelt bis hin zum Sonnen-, Himmels- und Schöpfergott.

Der nächste Entwicklungsschritt, die Hierarchisierung der Götterwelt, etablierte in der »Heiligen Herrschaft« die Dominanz des Mannes zunächst auf Erden, danach im Himmel. Wie das Wort »Hierarchie« (gr. *hierós* [heilig] und *archós* [Anführer]) es ausdrückt, wurde Herrschaft als etwas Heiliges verschönert. Mit der Heiligung der männlichen Fruchtbarkeit in der »Heiligen Hochzeit« wurde die soziale Institutionalisierung der Vaterschaft in der ehelichen Paarungsfamilie verbunden. Damit wurde nach Bott auch die bisherige genossenschaftliche Arbeit der Frau privatisiert und domestiziert. Das Ritual der »Heiligen Hochzeit« wandelte sich in eine »Sex-, Crime- und Ehebruchstory«, wie im Falle des Minotauros-Mythos oder in der Paradiesgeschichte, mit der Frau als Täterin.

Das Sakrale war seit ein paar hunderttausend Jahren wegen der Heiligkeit der Geburt das Reich der Frauen. So wie auch die urzeitliche Heiligkeit des Feuers, weil die Frau als die Hüterin des Feuers galt, wie sie uns als Herdmutter noch in den alten Mythen begegnet. Das hat sich im Bewusstsein der Menschen tief verankert und war deshalb nicht so leicht zu beseitigen. So mussten die weiblichen Gottheiten noch lange als Begleiter der Männergötter erhalten bleiben, im alten Ägypten Nut als die Große Mutter und Isis als jene, die den toten Osiris wieder zum Leben erweckt.

Ab dem 5. Jahrtausend vor unserer Zeitrechnung werden in den frühstaatlichen und Hirtenpopulationen die paläolithische Egalität endgültig suspendiert und der neolithische Fruchtbarkeitsgott zum Archetyp des männlichen Urgottes inthronisiert. Vorerst konnte aber der neue Gott noch nicht vom Himmel fallen und nur der Sohn einer Mutter sein. 2800 v. Chr. trug der sumerische König noch den Ehrentitel »Starker Stier«. Im Gilgamesch-Mythos wagte es der König, die »Heilige Hochzeit« zu verweigern mit der Begründung, dass er sich »mit einer solchen Hure«, der Göttin Ischtar, nicht einlassen wolle. Den Göttinnen werden in den Mythen immer blutrünstigere Züge verliehen. Bott spricht hier von einer patriarchalen Kontaminierung.

Die vormaligen Erdgötter werden nach und nach von der Erde in den Himmel verlegt, sie werden zu in die Höhe gestiegenen Göttern. Der neue Sonnengott wird zwar noch weiterhin von der Himmelsgöttin bei Sonnenaufgang geboren, aber beim Abstieg ins Totenreich vereinigt sich der Pharao, der zu Lebzeiten Horus war, mit dem Horus-Vater Osiris und wird selbst zum Sohn. Das erstmalige Auftreten des Motivs vom Aufgehen des Sohnes im Vater und das irdische Fortleben des Vaters im Sohn wird zum wichtigsten ägyptischen Glaubensbekenntnis.

So gelingt den patriarchalen Welten Schritt für Schritt die kontinuierliche Aufwertung des ursprünglichen Fruchtbarkeitgottes vom Sohn zum Sohngatten und danach zum Vatergott und Vater aller Götter bis zum väterlichen, der Selbstzeugung fähigen Schöpfergott. 1100 v. Chr. wird Marduk der erste Schöpfergott, der Himmel und Erde schuf, während jene alte semitische Ischtar von einer Heiligen zu einer »Hure« degradiert wird, von der »Heiligen Hochzeit« ist nur noch die Tempelprostitution übrig geblieben.

Der Monotheismus, den der Pharao Echnaton 1352 v. Chr. mit dem einzigen Gott Atum zu installieren versuchte, blieb zwar vorerst ohne nachhaltigen Erfolg. Aber seinem geistigen Erbe Moses wird die endgültige Abschaffung des Polytheismus gelingen, und die Idee des einen Gottes wird wie ein süßes Gift in die Hirne der Theologen einsinken, meint Bott. Noch nagte an diesen das äußerst peinliche Problem, dass Atum das alte Wesensmerkmal des archaischen Fruchtbarkeitsgottes mit sich herumtrug, den Phallus. »Peinlich« deshalb, weil dadurch die Schöpfungskraft nur durch Masturbation zu erklären war, wobei die Göttin Hathor, die den Ehrentitel »Hand Atums« trägt, nur als helfende Hand zur Verfügung stehen musste.

Mit Ptah, sein Hauptkultort war Memphis, erschien dann erstmals ein alleiniger Schöpfergott. Die veränderte Theologie wird an einer Stele des Königs Shabaka verkündigt, wo dieser als monogenetischer (aus einer Urform entstandener) Gott auftritt mit der Ausnahme, dass ihn der peinliche Phallus des Atum nicht mehr verunstaltet. So entstand schlussendlich die priesterliche Gottesidee eines selbstentstandenen und alleinzeugenden männlichen Schöpfergottes, der anfangs noch androgyne Züge trägt – eine Männerfantasie, wie sie nur den Hirnen einer zölibatären Priesterschaft entsprungen sein kann, meint Bott. Mit der Einführung des Bilderverbots und der Entrückung in die vollständige Transzendenz waren die störenden Männlichkeitsattribute eines Gottvaters gänzlich vom Tisch.

Der trotzdem nach wie vor als männlich gedachte Gott der monotheistischen Religionen muss nun alles in sich vereinigen; er ist allmächtig und allliebend gleichzeitig, was es vielen Menschen schwer macht zu verstehen, wie denn ein solcher Gott es zulassen kann, dass mit seiner Schöpfung – Natur wie Menschen – derart Schindluder getrieben wird. Ein Gott, der auch herhalten muss für allerlei Projektionen seitens der Menschen, so wie der eines liebenden und stützenden Vaters als Ersatz für die Abwesenheit leiblicher Väter im Diesseits.

Zum agrarischen Trauma des Verlustes des Paradieses kam das Trauma des Verlusts der Väter. So haben alle Gründerfiguren der monotheistischen Religionen sowohl den Ersatz des verlorenen Paradieses wie auch den Ersatz des verlorenen Vaters im Parteiprogramm. Seit gut 5000 Jahren erschienen in einem Rhythmus von jeweils 600 Jahren Männer auf der Weltbühne, denen es gelang, mit diesen Versprechen die Massen um sich zu scharen. Sie waren alle Waisen und proklamierten ein »Gelobtes Land«, ein Nirwana oder ein jenseitiges Paradies mit dem Gegenstück eines schlechten Karmas oder einer Hölle für Unbotmäßigkeit.

Der biblischen Überlieferung zufolge führte Moses, der als Findelkind ausgesetzt worden war, das Volk der Juden vor circa 3000 Jahren mit dem Versprechen eines Gelobten Landes aus dem Elend von Hunger, Unterdrückung und Plagen. Er brachte den Monotheismus, das heißt den Glauben an einen einzigen, männlichen Gott, der allwissend und allmächtig ist und keine anderen Götter neben sich duldet. Dieser spricht nicht direkt zu seinem Volk, sondern nur über seinen Propheten, bestraft aber das Volk direkt und im Kollektiv, sollte es sich als ungehorsam erweisen. Die Strafen waren gewaltig, und das Volk vermochte dem rächenden Gott kaum Genüge zu tun, es blieb ein leidendes Volk.

Eine Welt im Leid war auch die Ausgangslage für den Buddhismus. 600 Jahre nach Moses erlangte der Buddha Siddharta Gautama unter (man könnte auch sagen von) einem Baum die Erleuchtung. Er forderte die Menschen zum Mitgefühl auf, aber weil das Leid nicht ausrottbar war, konnte das gelobte Land Buddhas kein geografisches, sondern nur ein geistiges sein. Es galt, der materiellen Welt und dem Karma zu entfliehen und ins Licht, ins Nirwana, ins Nichts einzugehen. Buddha war Halbwaise, er wuchs ohne Mutter auf. Das mag der Grund sein, warum Buddhas Lehre keinen Vatergott im Himmel postulierte.

Wiederum 600 Jahre später kam der nächste große Religionsgründer, Jesus. Seine Kernbotschaft war die Nächstenliebe. Gleich Buddha plädierte er für Gewaltfreiheit, im Gegensatz zu diesem schloss er das Weibliche in seiner egalitäreren Lehre als gleichwürdig mit ein. Aber auch bei Jesus war das Paradies nicht im Diesseits zurückzugewinnen, sondern im Jenseits. Und er folgte, als Vaterloser, der monotheistischen Tradition Moses.

Noch einmal 600 Jahre später, also vor 1400 Jahren, plädierte Mohammed mit der Aufforderung nach Barmherzigkeit für mehr »Menschlichkeit« – im Gegensatz zu Jesus war seine Lehre aber nicht pazifistisch, und das Weibliche wurde zwar in einigen Aspekten etwas aufgewertet, blieb aber in den Grundzügen minderwertig. Seinen abwesenden leiblichen Vater ließ er angeblich in der Hölle schmoren.

Wie wir sehen, waren alle großen Religionsgründer männlich und Halbwaisen oder Waisen (wie auch der chinesische Zeitgenosse Buddhas, Konfuzius, und – nebenbei bemerkt – auch die meisten blutdürstigen Diktatoren der Weltgeschichte). Während Buddha ohne Mutter aufwuchs, waren die Monotheisten Moses, Jesus und Mohammed ohne Vater. Es wird erzählt, dass Jesus ohne Frau und Kinder war, während Buddha nur einen Sohn hatte und seine Frau verließ. Beide waren aber überzeugte Pazifisten, während Mohammed auch Krieger war und polygam lebte, also viele Ehefrauen und Sklavinnen als Konkubinen sein Eigen nannte. Das heute so universale Modell der »intakten« Kleinfamilie war keinem dieser Religionsgründer gegeben. Umso erstaunlicher, dass sich dieses Format in allen Weltgebieten, wo ihre Religionen praktiziert werden, durchgesetzt hat.

Der ersten Natur des Menschen, dem genetischen Erbe der archaischen Menschheit, war Jesus am nächsten. Nächstenliebend, friedvoll, egalitär. Allerdings sah er offenbar keine Chance, die hierarchischen Machtverhältnisse auf Erden zu verändern, und brachte den Menschen dadurch Trost, dass diese sich dann im Himmel umdrehen und die Letzten zu Ersteren würden. Da er aber am Konzept eines göttlichen Übervaters festhielt, war es für die nachfolgenden Männer ein Leichtes, die revolutionäre (Jesus wurde als Revolutionär von den römischen Machthabern gekreuzigt), auf Egalität und Brüder- und Schwesterlichkeit pochende Bewegung umzuwandeln in eine wieder gewalttätige, frauenfeindliche und hierarchische. Die Nachlassverwaltung der großen Religionsgründer durch all die selbsternannten männlichen Willensvollstrecker ließ, was die Umsetzung des Erbes anbelangt, so oder so zu wünschen übrig.

In seinem 250-seitigen Anhang, der ja ein eigenes Buch darstellt, schreibt Bott in den letzten beiden Anmerkungen über Buddha und Jesus. Weil Buddha selbst nichts Schriftliches hinterlassen hat, meint Bott, sei das, was seine priesterfürstlichen Nachfolger als dessen Lehren ausgaben, mit äußerster Skepsis zu betrachten. So hätten diese die von Buddha selbst verachtete und abgelehnte Hierarchie, das heißt die »Heilige Herrschaft« von Menschen über Menschen, restauriert und die Lehre dieser Re-Hierarchisierung adaptiert, ähnlich wie der selbsternannte Apostel Paulus einige Jahrhunderte später mit seinem Christentum die Lehre des Herrschaftskritikers Jesus von Nazareth verfälschen wird, um sie mit den Herrschaftsinteressen des Imperium Romanum zu versöhnen.

Buddha entstammte dem alten arischen Adelsgeschlecht der Familie Sakyas und war ein Angehöriger des Kriegeradels und eine königliche Hoheit. Die Abstammungslinie ist der Adel der indoeuropäischen Streitwagenkrieger, die Aryas, die vor 4000 Jahren in mehreren Wellen von Norden her über den Iran nach Indien eingefallen waren und die in Indien ansässigen Rinderbauern unterjocht, unter ihr *yóga* gebracht haben, wie das Joch auf Sanskrit heißt. Diese führten in Indien ein auf Zucht und Ordnung basierendes Regiment ein, wie es einer militarisierten patriarchalischen Gesellschaft entsprach, und teilten die Bevölkerung in jene Kasten ein, die heute noch die soziale Struktur der indischen Gesellschaft prägen. Bott meint, dass Siddharta von dem im Westen aufgeblühten Zeitgeist erfasst wurde und zu einem Philosophen heranreifte, der vom herrschaftskritischen und auf Selbstbestimmung des Individuums setzenden Denken seiner griechischen Zeitgenossen erfüllt wurde. Buddhas Akt, das höfische Wohlleben, den Reichtum und die Thronfolge aufzugeben, war demnach ein versuchter Bruch mit dem traumatischen Erbe der Arier.

Im Gegensatz zu Buddha entstammte Jesus einer unteren Gesellschaftsschicht. Er kehrte nicht einem Adelshof den Rücken, sondern lediglich seiner alleinerziehenden Mutter. Sein leiblicher Vater ist unbekannt. Es ist gut möglich, dass er von einem römischen Soldaten gezeugt worden ist, so wie es in jener Zeit in den Gegenden römischer Verwaltung an der Tagesordnung war, und seine Mutter, wie in jenen Schichten ebenfalls üblich, möglicherweise eine Sklavin.

Jesus, ursprünglich ein jüdischer Wanderprediger wie viele seiner Zeitgenossen, wurde erst lange nach seinem Tod von einer männlichen Führungselite zum Gott erklärt, und diese ernannte sich selbst gleich zu seinem alleinigen Vertreter auf Erden. Man gab ihm als Vater den mosaischen Gott, wodurch er zum Gottessohn wurde. Aber weil die erste Erscheinung (Epiphanie) dieses neuen Gottes nach seinem leiblichen Tod zum Leidwesen der Verfechter des Monotheismus keine Eins war, sondern eine Vielheit von Feuerzungen (Pfingstereignis), gesellte sich zur Vater-Sohn-Zweiheit eine »dritte Kraft«, die »der Heilige Geist« genannt wurde. Um aber den Monotheismus nicht durch einen Rückfall ins Polytheistische zu gefährden, wurde das Dogma einer »Dreifaltigkeit des Einen« aufgestellt. An der Männlichkeit dieses Gottes durfte weiterhin nicht gerüttelt werden, auch wenn die folgenden Epiphanien in der christlichen Welt, zum Beispiel in Lourdes oder Fatima, weiblicher Natur waren.

Die neue Religion nahm ihren Sitz in Rom, dem Zentrum des Römischen Reichs, das damals den gesamten Mittelmeerraum und große Teile Europas, Nordafrikas und Vorderasiens umfasste. Es war eine rein militärische Herrschaft, mit großen Söldnerheeren erkämpft und aufrechterhalten. Wer sich den Gesetzen der Herrscher widersetzte, wurde ans Kreuz genagelt. Von dieser Bestrafungsmethode ausgenommen war nur, wer das römische Bürgerrecht besaß, das hieß die männlichen Einwohner Roms. Die unvorstellbar grausame Bestrafungsmethode der Kreuzigung, die an Hunderttausenden angewandt wurde, diente der Herabwürdigung des Bestraften und der Abschreckung. Frauen und Kinder mussten zuschauen, wie ihre Männer und Väter hilflos an den Kreuzen hingen.

Ausgehend von Rom, wurde unter dem Zeichen dieses Kreuzes ganz Europa unterworfen und gefügig gemacht. Und das nicht nur seitens der römischen Kaiser, auch der Klerus bediente sich derselben Methoden. In der Inquisition wurden durch Folterung und Tötung Abweichungen von der päpstlichen Doktrin grausamst geahndet, und es wurde eine klerikale Macht installiert, die sich immer mehr zu einer Kultur von Missbrauch und Korruption entwickelte, welche erst durch die Reformation vor 500 Jahren wieder angreifbar wurde. Im südlichen Europa, vor allem in Spanien, herrschte aber weiterhin ein intolerant-fanatischer Katholizismus.

Dies war dann auch das Land, von dem aus die Konquistadoren aufbrachen. Es waren die jüngeren Söhne des Adels, die als »Caballeros« selbst Land erobern mussten, um ihr Leben finanzieren zu können. Da in Spanien alles Land verteilt war, verschifften sich diese Ritter in die neu entdeckten Länder. Mit dem tödlichen Doppelpack von Pferd und Waffe zogen, als es in Europa eng wurde, diese Reiterhorden wieder los. Ausgerüstet mit den inzwischen erfundenen Schusswaffen, waren sie allem überlegen. Diese im Auftrag der Könige losziehenden Männerbanden brachten erneut Tod und Verderben über andere Völker. Der Prozess nannte sich »Kolonisation«.

Aus den eroberten Kolonien kamen Güter in großen Mengen nach Europa und erhöhten den Reichtum der Oberschicht. Gleichzeitig kam durch die Möglichkeit der Auswanderung auch in anderen Gesellschaftsschichten Goldgräberstimmung auf. Durch den Einsatz von Sklaven wurde in Amerika die landwirtschaftliche Produktion im großen Stil vorangetrieben. Sogenannte Kolonialwaren erreichten in bis dato nicht gekannter Vielfalt den europäischen Kontinent: Südfrüchte, Zucker, Kartoffeln, Tomaten, Mais, Kürbis, Chili und andere Gewürze.

Trotz der Genozide und Seuchen – 95 Prozent der amerikanischen Urbevölkerung wurde durch eingeschleppte Krankheiten wie Pocken, Masern, Typhus, Pest und Grippe ausgerottet – wuchs aber die Weltbevölkerung weiter rasant. Dadurch ließ auch aufseiten der ausbeutenden Völker die Angst vor erneutem Mangel nicht nach.

Mit der Angst verhält es sich ganz besonders. Die bereits erzählte Geschichte jenes San, der nach vielen Jahre allein in der Wildnis berichtete, dass er nur einmal Angst gehabt habe, als er eine Gefahr spürte, diese aber mithilfe des Feuers hatte verscheuchen können, sagt ja, dass wir Menschen uns seit der Entdeckung der Feuernutzung weitgehend in einem angstfreien Zustand befanden und nur Angst entwickelten, wenn eine aktuelle Gefahr bestand. Auch Tierherden in den afrikanischen Nationalparks äsen seit jeher friedlich und ruhig, selbst wenn sich Löwen in der Nähe befinden, diese aber satt sind. Sind die Löwen hingegen hungrig, werden die Herden unruhig.

Mit dem einschneidenden Wechsel von der Sammler-Jäger-Kultur zur Agrarkultur und der damit einhergehenden Hierarchisierung und Patriarchalisierung der menschlichen Gesellschaften änderte sich dies. Wie gesagt lernten die Herrschenden schnell, dass Menschen leicht zu lenken sind, indem man permanent Ängste schürt und gleichzeitig Sicherheit verspricht – ein Konzept, das auch heute noch funktioniert.

Die generelle Angstmache als Disziplinierungskonzept erlebte ich schon in der Kindheit. Ich wurde katholisch erzogen und ging immer gern in die Kirche. Mir gefielen das Zeremoniell und der Weihrauchduft. Den Menschen am Kreuz erlebte ich nicht als etwas Schlimmes, denn es wurde uns gesagt, dass dieser für uns gestorben sei und damit unsere Sünden gesühnt habe. Anfänglich hat es mich auch noch nicht verwundert, dass zu sündigen trotzdem strafbar blieb. Ich hatte später vor allem mit dem verflixten sechsten Gebot so meine Mühe und fürchtete mich vor den lüsternen Fragen meines Beichtvaters. Das war ein unentrinnbarer Kreislauf: sündigen, schlechtes Gewissen, Angst vor der Hölle, Beichte, neues Sündigen.

Aber wie konnte es denn dazu kommen? Wie konnte es geschehen, dass Menschlichkeit der Unmenschlichkeit Platz machte? Kein Lebewesen ist so unmenschlich wie der Mensch, der dazu in der Lage ist, seinesgleichen ans Kreuz zu nageln, bei lebendigem Leib zu verbrennen, auf einen elektrischen Stuhl zu binden, mit Bomben in Massen zu vernichten. Um das besser zu verstehen, wollen wir nochmals in die Menschheitsgeschichte des Sapiens zurückschauen.

Mit der Agrarisierung setzte die Verwandlung der Beziehung der Menschen zur Natur ein – weg von einer lebendigen, großzügigen Mutter Erde, hin zu einer auszubeutenden Natur. Und damit einher ging die Abwertung des Weiblichen. Sozial war es auch eine Rückkehr zum Schimpansentum: Das »Alpha-Männchen« nahm sich viele Damen, die restlichen Herren konnten schauen, wie sie zu den ihren kamen. So gab es unter den Hirten schon damals wahrscheinlich viele *lonesome cowboys*, die ein Junggesellendasein fristeten, wie es heute noch Hirten oft tun. Zu den Hirten gesellten sich auch berittene Soldaten, die bei den Zusammenbrüchen der frühen Staaten keine Aufnahme bei den Bauern finden konnten. Diese an den Rändern lebenden Desperados waren es dann, die als bewaffnete Horden loszogen, um in entlegenen Gebieten Beute zu machen.

Eine eindrückliche Beschreibung dieses Prozesses findet sich beispielsweise in dem bereits zitierten Buch *Kelch & Schwert* von

Riane Eisler.[46] Auch diese Autorin fragt sich in der Einleitung, warum wir Menschen einander morden, warum unsere Welt so voller Unmenschlichkeit ist und wir so brutal zu uns selbst sein können, bis dahin, dass wir bereit sind, nicht nur unserer eigenen Evolution ein Ende zu setzen, sondern das ganze Leben auf diesem Planeten zu bedrohen. Egal, ob westlich oder östlich, alle befinden sich im Wettrüsten. Und wenn wir in unsere Vergangenheit schauen, auf die brutalen Massaker der Hunnen, Römer, Wikinger und Assyrer, da gab es nichts als Brutalität. Eisler fragt sich, ob überhaupt eine Veränderung hin zu einer friedvollen, sozial gerechten und ökologisch ausbalancierten Welt möglich ist. Diese Fragen haben sie dazu gebracht, in der Vergangenheit zu forschen und die Erkenntnisse aus Kunst, Archäologie, Religion, Sozialwissenschaften, Geschichte und vielen anderen Feldern miteinander zu verweben und Muster zu erkennen. Sie ist zu der Erkenntnis gekommen, dass Kriege, inklusive der Krieg unter den Geschlechtern, weder göttlich noch biologisch vorgegeben sind und dass eine bessere Welt möglich ist, wenn wir verstehen, was in unserer Vergangenheit wirklich geschehen ist.

Erzählungen über eine Welt, die einmal besser war, gibt es viele: Die Paradiesgeschichte der Bibel, das verlorene Elysion in der griechischen Mythologie oder das Goldene Zeitalter des griechischen Dichters Hesiod sind nur einige Beispiele. Sie wurden lange als nichthistorisch angesehen, bis neue Erkenntnisse der Archäologie ein anderes Bild zu zeichnen begannen, die als revolutionär bezeichnet werden können. Eisler meint, dass, wenn es so lange Epochen von Wohlstand und Frieden in der Menschheitsgeschichte gegeben hat, es doch möglich sein müsste, dies wieder zu erreichen. Aber erst müssen wir erkennen, warum es zu einem Ende der guten Zeiten kam.

Sie beschreibt, wie »am prähistorischen Horizont« Eindringlinge aus den Randgebieten des Globus erschienen, die ganz anders organisiert waren als die frühen Agrarkulturen; es waren Leute, die die tödliche Kraft des Schwertes verehrten. Sie meint, dass die Kultur des Schwerts die prähistorische Kultur des Kelchs ablöste und Kriege und gewaltsame Eroberungen in den folgenden Jahrtausenden nach und nach weltweit zum vorherrschenden Instrument der Geschichtsschreibung wurden.

Dieselbe Historiografie spricht auch verharmlosend von Völkerwanderungen, dabei handelte es sich bei den sogenannten Kurganvölkern um Männergruppen, die in einer ersten Welle vor 6000 Jahren aus den eurasischen Steppen loszogen. Mit der gelungenen Domestikation des Pferdes vor 5000 Jahren wurde die Streitkraft dieser

Völker noch tödlicher. In weiteren Wellen überrollten sie während den nächsten tausend Jahren, hoch zu Ross und ausgerüstet mit dem Schwert, den europäischen Kontinent. Sie mordeten die Männer, schändeten die Frauen und plünderten deren Hab und Gut. Die einen blieben, die anderen zogen weiter. Und es gab sicher auch Rückkehrer, die in ihrer Heimat ihre »Heldengeschichten« zum Besten gaben. Die, die blieben, wurden die lokalen Herrscher über die unterworfenen Frauen und die vaterlosen Kinder.

Wie wir schon erwähnten, verweist Riane Eisler am Beispiel der minoischen Kultur Kretas darauf, dass die ersten Agrarkulturen mindestens im »alten Europa« noch nicht gewalttätig waren. Die Ausgrabungsstätten zeigen Tempel- und Stadtanlagen ohne Verteidigungswälle. Im Archäologischen Museum von Heraklion bestaunen die Besucher überwiegend Tongefäße. Die wenigen Schwerter in den Vitrinen sind als rituelle Instrumente etikettiert, die nicht als Waffe zu gebrauchen waren. Die Götterfiguren sind mehrheitlich weiblich. Aber nach einer Reihe von Naturkatastrophen wurde die minoische Gemeinschaft so geschwächt, dass sie auch durch die vom Peloponnes kommenden Dorer überfallen und übernommen werden konnte.

Obwohl Eisler, die ihre Informationen vor allem von der Prähistorikerin und Anthropologin Marija Gimbutas[47] bezog, viel gelesen wurde, ist sie, wie auch Gimbutas, von der männlichen Forschergesellschaft nicht akzeptiert und stattdessen abgewertet worden. Es ist wirklich sonderbar, wie vehement weibliche Stimmen ignoriert werden. Die Deutungshoheit der weißen Männergesellschaft zeigt ja weltweit die Einseitigkeit der durch kriegerische und patriarchale Projektionen verzerrten Interpretationen geschichtlicher Zeugnisse. Der Überfall der Kurganreiter wird beschönigend als Völkerwanderung beschrieben, und die Herren werden als Kulturbringer geehrt, weil sie die Schnurkeramik und die indoeuropäische Sprache mit sich brachten, als ob das alte Europa Keramik noch nicht gekannt und über keine Sprache verfügt hätte …

Symptomatisch dafür ist auch das Beispiel von Johannes Krause, der in seinem lesenswerten Buch *Die Reise unserer Gene*[48] die Meinung vertritt, den alteuropäischen Frauen gefielen die »stattlichen« Männer der heranreitenden Räuberhorden besser als die eigenen und es sei deshalb erklärbar, dass die späteren Generationen, also wir, überwiegend das Erbgut dieser Männer in uns tragen. Eisler ist da anderer Meinung: Die alteuropäischen Männer wurden einfach abgeschlachtet und die Frauen vergewaltigt. Ich selbst tendiere zur zweiten Version: Zum einen waren die Reiterhorden in jedem Fall weniger an der Zahl, und zum anderen kann man annehmen, dass es nicht unbedingt die Schönlinge waren, die sich zur Auswanderung entschlossen hatten. Genauso wie auch die »Eroberer« Südamerikas mit Bestimmtheit weniger Zähne hatten und schlechter rochen als die indigenen Männer.

In einem Kreta-Reiseführer bezweifelt der Autor, dass die unzähligen weiblichen Götterfiguren, die auf der Insel gefunden wurden, auf eine matriarchale Kultur hinweisen, mit der Bemerkung, dass das ja auch in unseren Breitengraden nicht der Fall sei, trotz der Marienstatuen. Dabei übersieht er, dass wir nirgendwo Marienfiguren sehen, die nicht umringt sind von männlichen Gottes- und Apostelbildern.[49]

Aber warum wird denn, was die Gewalt gegen Frauen in der Geschichte betrifft, gern so gelogen, ja ins Umgekehrte verdreht – wie in der Paradiesgeschichte von der Verführung Adams durch Eva, die zum ehernen Gesetz führte, dass die Frau dem Manne untertan sein soll? Warum wird verschwiegen, dass Vergewaltigung als heimlicher »Zusatzsold« für Soldaten in fast jedem Krieg zur Anwendung kommt? Warum wird das dermaßen ignoriert, verdrängt, durchgewinkt, nicht nur von Männern, sondern auch von Frauen?

Seit Eva der Verführung schuldig gesprochen wurde, gilt die Kunst der Umdeutung und Umschreibung der Geschichte überall als ein probates Mittel, die Schuld auf andere zu schieben und sich selbst (das betrifft Einzelwesen genauso wie ganze Völker) besser darzustellen. Die Gewinner sind immer die Wohltäter, und Genozide werden generell geleugnet. In São Paulo wurde den plündernden Banden, den Bandeirantes, ein großes Denkmal gesetzt und eine wichtige Straße nach ihnen benannt. In Argentinien trägt eine Stadt den Namen des bereits erwähnten General Roca, der für den Genozid an den patagonischen Indianern verantwortlich war. Überall, wo die Schrift erfunden wurde, konnte auch gelogen werden. Die profitierende Elite, die ja die Macht über die Schriften hatte, konnte so die Erinnerung an einen heilen Raum der Menschheitsgeschichte verschweigen, das paläolithische gute Leben verleugnen und abwerten.

Dank den seit ein paar Jahrzehnten verfügbaren genetischen Daten, kombiniert mit den Erkenntnissen aus der Isotopenanalyse in der Archäologie sowie den modernen neurologischen Befunden und mit dem »Life-Beweis« des Studiums der heutigen San Südafrikas, ist es nicht mehr wegzudiskutieren, dass die Menschheit bis zur Agrarisierung mehrheitlich zufriedener, friedsamer und gesünder lebte als die modernere Variante des Sapiens. Zwar brachte die Landwirtschaft einen enormen Zuwachs an Nahrung, aber eben auch an

Arbeit. Wie schon angedeutet wurde, ward das agrarische Kulturland von Plagen heimgesucht, die den Sammler-Jäger-Kulturen fremd waren. Infolge der viel größeren Besiedlungsdichte und des nahen Zusammenlebens mit den domestizierten Tieren traten neue Krankheiten auf, welche die Menschen zuvor nicht kannten. Wegen der Bevölkerungsdichte konnten viele der gesundheitlichen Plagen epidemische Ausmaße erreichen. Das Leiden der Menschen nahm weiter zu. Den Grund dafür kannten sie nicht, und so schoben sie die Schuld auf einen rächenden Gott (im Falle der biblischen Plagen) oder auf die Tiere. Die Ziege wurde zum Sündenbock und das Schwein als unrein definiert.

Auch andere Weltgegenden als Europa wurden von Hirtengruppen überfallen. So verdrängten in Indien die aus dem Iran einfallenden Arier die ansässigen Adivasi. Wir haben schon gesehen, dass die Bantus die San nach und nach aus dem Afrika südlich des Äquators, dessen ursprüngliche Bewohner sie waren, auf ihr heutiges Gebiet in der Kalahari vertrieben. Das schlimmste Unheil richteten jedoch jene aus dem Eurasischen stammenden Reiterbanden an. Die Domestizierung des Pferdes gelang ja genau mit dem angewandten Muster des Angstmachens und des gleichzeitigen Bietens von Sicherheit. Eine Technik, die die Reiterbanden dann auch bei den Frauen und später deren Nachkommen, die die patriarchalen Eliten in allen unterworfenen Gebieten bildeten, bei der gesamten Bevölkerung anwendeten. Riane Eisler gab dem den Namen »die Dominator-Kultur«. Weil diese Kultur so auf dem Pferd basiert, könnte man sie auch die Berittenen-, Ritter-, Reiter- oder, etwas mehrdeutig, die »Bereiter-Kultur« nennen. Sie spiegelt sich wider in den Geschichten der Ritter und Raubritter, der Kreuzritter und der Kavallerien. Auch viele sogenannte Heilige werden als siegreiche Reiter dargestellt, vom heiligen Georg über den heiligen Martin bis zum Matomoro der Jakobspilger. Wir sehen sie als Karikatur bei Don Quichote und verklärt in den Western-Heroen Hollywoods. Ob gegen Windmühlen oder Komantschen, gegen Drachen oder feindliche Heerscharen und selbst gegenüber seinesgleichen, immer ist der Zweikampf – das Duell – das beliebte Spiel. Was schon kurz nach der Vertreibung aus dem Paradies mit der Geschichte von Kain und Abel als Vorlage für das duale Kräftespiel begann, setzte sich in allen späteren Kulturen fort bis zur heutigen. Ohne das Duell ist keine amerikanische Präsidentenwahl vorstellbar, deshalb darf es in dem Superland des Duells immer nur zwei gleich große Parteien geben. Es duellieren sich Israeli und Palästinenser, Sunniten und Schiiten, Asterix und die Römer,

Gott und Satan, Roger Federer und Novak Đoković, die Linke und die Rechte ... die Liste ist endlos.

Von den vielen modernen Formen des Duells, man nennt sie Wettkampf, sind die meisten heute nicht mehr so blutig wie die der frühen Reiterkulturen. Wieso jene Männer andere Menschen einfach so abschlachten konnten, ist nicht leicht begreifbar vor dem Hintergrund, dass dem genetischen Menschen doch eine natürliche Tötungshemmung innewohnt. Die frühen Menschen haben nur gerade so viel Beute erlegt, wie sie brauchten, während die europäischen Neuzeitjäger in Nordamerika in einem wahren Blutrausch sage und schreibe dreißig Millionen Büffel abschlachteten.

Um es noch einmal zu betonen: Die Menschen der ersten Natur waren liebevolle Wesen, darum sind wir es genetisch heute noch. Aggression und die mit ihr verbundene Angst sind Ergebnisse einer entsprechenden Enkulturation vor dem Hintergrund traumatischer Erfahrungen. Die Psychologie weiß, dass Gewalttäter nicht grundlos böse Menschen sind. Ihre Biografien erzählen von eigenen, meist frühkindlichen traumatischen Gewalterfahrungen. Aus Sicht der psychotherapeutisch-systemischen Arbeit der Familienaufstellung heißt es außerdem, dass gerade im Fall von Missbrauch Täter- und Opferschaft sich auch »vererben« können: Kinder von Missbrauchsopfern sollen dazu neigen, auch Missbrauchsopfer oder, in der Umkehrung, Missbrauchstäter zu werden. Therapeuten sagen, dass die meisten Prostituierten eine Missbrauchsgeschichte hätten. Die zur Verfügungstellung der »Liebesdienste« sei vielfach nichts anderes als ein aus einem verdrängten Trauma gespeister Wiederholungszwang, die Beanspruchung der Dienste darum eigentlich eine unbewusste neuerliche Vergewaltigung.

Die Psychodynamik des Wiederholungszwangs erkannte schon Sigmund Freud. Diese basiert auf dem bekannten und nachgewiesenen Phänomen der »Verdrängung« und der »Wiederkehr des Verdrängten«. Freud entdeckte bei seinen Patienten die Verdrängung als Abwehrmechanismus gegenüber tabuisierten oder bedrohlichen Sachverhalten, die von der bewussten Wahrnehmung ausgeschlossen sind, aber aus dem Unbewussten krankmachend wirken.

Einen weiteren Abwehrmechanismus sieht die Tiefenpsychologie im Phänomen der »Identifikation mit dem Aggressor«: Menschen, die von einem Angreifer körperlich und/oder emotional misshandelt oder unterdrückt werden, können sich mit ihm identifizieren und unbewusst Eigenschaften, Werte und Verhaltensweisen von diesem übernehmen. Im Feld des Familienstellens spricht man von »Verstrickung« und meint damit die immer wieder feststellbare Eigentümlichkeit, dass die Stellvertreter eines Protagonisten (Klienten, Patienten) in der Aufstellung nicht nur dessen aktuelle biografisch-traumatischen Ereignisse nachempfinden können, sondern auch solche, die in dessen vorangegangener Generation oder noch weiter zurück in der Ahnenreihe geschahen.

Nicht nur Einzelpersonen und Familien können schwere Traumata aus der Vergangenheit verdrängt in sich tragen, auch ganze Völker und selbst die Menschheit als Ganzes. Dieses Weiterleben traumatischer Erfahrungen in späteren Generationen können wir in Anlehnung an den Begriff des ökologischen Fußabdrucks den »psychotraumatischen Fußabdruck« nennen. Wir wissen nicht, was vor 70 000 Jahren beinahe zum Aussterben des Sapiens auf diesem Planeten führte, aber die letzten wenigen Überlebenden am Pinnacle-Point hatten vielleicht eine Erinnerung, die sich in den Mythen niederschlug.

Dass es so etwas wie einen psychotraumatischen Fußabdruck sowohl beim Einzelnen wie auch in der Familie, in der Ahnenlinie und bei ganzen Völkern gibt, nahmen die Menschen schon immer wahr. Sie gaben dem Phänomen Namen wie »Zauber«, »Fluch«, »Bann«, »Karma«, »Erbsünde«. Oder jenen maliziösen Blutruf der Bibel, wo Matthäus dem jüdischen Volk unterstellt, den Mord an Jesus durch die Römer unterstützt zu haben mit dem Ausruf: »Sein Blut komme über uns und unsere Kinder!« (Mt 27, 25), was manche dazu verleitete, dies als eine Vorankündigung des Holocausts zu interpretieren.

Die in Menschen und Völkern eingelagerten Traumata können sie zu Tätern oder zu Opfern werden lassen. Wenn Hitler und viele vor ihm ein reines Ariertum beschworen, war ein unmittelbarer Bezug zu jenen Kurganreitern hergestellt. Wusste man, dass die als reine Europäer bezeichnete Rasse nichts anderes als die Nachkommen jener niedermetzelnden und vergewaltigenden Horden sind?

Aus der Traumaforschung wissen wir heute, dass es tatsächlich eine Tiefenerinnerung an weit zurückliegende traumatische Erfahrungen in der Ahnenlinie gibt und dass solche eingelagerten Traumata in den Menschen weiterleben und wirken können. Entweder nach innen, zum Beispiel in Form von Depressionen, oder nach außen in der Weitergabe des Traumas durch Wiederholung in den nächsten Generationen oder durch die Dynamik der Identifikation mit dem Täter.

Der aus heutiger Sicht schwer nachvollziehbare Umstand, dass sich sechs Millionen Juden im Nazideutschland sozusagen widerstandslos in Güterbahnwagen abtransportieren ließen, könnte in diesem massenpsychologischen Phänomen eine mögliche Erklärung haben, wie auch die ebenso mehrheitlich widerstandslose Verfrachtung von vierzig Millionen Afrikanern auf die Sklavenschiffe, von denen jedoch nur ein Viertel den amerikanischen Kontinent lebend erreichte. Wir wissen, dass sich Sammler-Jäger-Populationen schwer versklaven lassen. Die Menschen, die nach Amerika verschifft wurden, waren vor allem in der ersten Phase überwiegend Bantus, also die Nachkommen jener Hirtenvölker, die die ursprüngliche Bevölkerung Schwarzafrikas, die San, überfallen und vertrieben hatten. Sie waren sozusagen bereits Träger eines psychotraumatischen Fußabdrucks.

Portugiesen und Bantus, Germanen und Semiten, Juden und Palästinenser, Gläubige und Ungläubige, Hutus und Tutsi, die Dynamik ist vergleichbar, und innerhalb dieser Dichotomien sind die Rollen von Opfer oder Täter nicht immer eindeutig zuzuordnen. In uns allen fließt sowohl Täter- als auch Opferblut. Und wir können Wohltäter oder Missetäter zugleich sein.

Ich kam 1949 in der Ostschweiz zur Welt. Vom Krieg erfuhr ich aus dem Munde meiner Eltern. Sie mahnten anhand dieses Beispiels, wenn wir Kinder nicht brav gegessen hatten: Krieg, das hieß Zeiten, in denen es weniger Nahrungsmittel gab. Dass Krieg auch tödliche Gewehrschüsse und zerstörende Bomben heißt, lernte ich nach und nach, vor allem dann in der Schule, in der Geschichtsunterricht hieß, über Kriege Bescheid zu wissen. Ich hatte einen Lehrer, der sagte, dass wir technischen Fortschritt Kriegen zu verdanken hätten. Unsere Eltern erzählten uns, wie sie das Ende des Zweiten Weltkriegs erlebten; vom »Schauspiel«, das sie von einer Anhöhe aus erlebten, wie Friedrichshafen nachts von den Amerikanern bombardiert wurde. Sie schilderten das als ein »eindrückliches Feuerwerk«. Dass diese Bomben Tod und Zerstörung brachten, war nicht Thema. Wir erfuhren, dass Adolf Hitler Juden in Gaskammern vernichten ließ. Im Radio wurden hie und da Hitlerreden gesendet, da hörte ich eine sich in Rage steigernde Stimme. Später gab es Hitler dann auch im Fernseher zu sehen, einen Mann mit einem Schnurrbart wie Charlie Chaplin. Er ließ sich, wie alle anderen »Staatsmänner«, in einer Staatskarosse herumfahren, einem Mercedes-Benz natürlich, jenem von einem Deutschen erfundenen »Ur-Auto«. Hoch zu Ross, wie es seine Vorgänger noch zu tun pflegten, zeigte er sich der Masse jener »modernen Zeiten« nicht.

In der schwarzen Rhetorik ging es immer um »das Deutsche«, und ich wusste nie so recht, ob ich da mitgemeint bin. Ich bin zwar eigentlich Schweizer, aber ich rede Deutsch, und außerdem war ich blond, blauäugig und muskulös gebaut, also der Prototyp eines »Ariers«. Was mich immer verwunderte, war, dass Hitler eine Rassenideologie propagierte, deren Idealbild er selbst ja gar nicht entsprach. Ich nahm ihn auch im wörtlichen Sinne als durch und durch »braun« wahr: braune Haare, in Braunau geboren, verheiratet mit Eva Braun, in einer braunen Uniform ... Und braun waren eigentlich auch die wirklichen Arier, jene aus den westasiatischen Steppengebieten kommenden Kurganreiter. Die blauen Augen stammen ja nicht von ihnen, die sind ein genetisches Erbe der Ureuropäer, wie auch die blonden Haare, an denen wie gesagt die Neandertaler genetisch nicht unbeteiligt waren.

Hitler verlor seinen gewalttätigen Vater, der ein uneheliches Kind war, im Alter von vierzehn Jahren. Man kann annehmen, dass sein Ausmerzungswahn unter anderem auch jener eines zweifellos traumatisierten Wesens war, das überdies, wie alle Europäer, gleichzeitig Träger einer unbewussten psychotraumatischen Erinnerung an den Überfall der Reiter-Arier auf das alte Europa ist. So wagt man aus tiefenpsychologischer Sicht zu fragen, ob die radikale Vernichtung indoarischer Zigeuner und vorderasiatischer Semiten auch eine stellvertretende Rache an jenen Kurgan-Tätern sein könnte. Der Tiefenökologe Ralph Metzner vertrat schon vor 25 Jahren, also noch bevor der genetische Beweis dafür gefunden wurde, die Ansicht, dass die europäischen Urkulturen von den Nomaden Zentralasiens ausgelöscht worden seien und dass diese Zerstörung in den faschistischen Völkermord mündete, der hier natürlich – das sei nochmals ausdrücklich betont – in keiner Weise relativiert werden soll.

Hitler hat sich eines schlichten Rezepts bedient, das in unterschiedlicher Dimension schon viele vor ihm und viele nach ihm anwendeten und das fatalerweise bis zum heutigen Tag noch viel zu oft zu funktionieren scheint. Einem Volk in mehr oder weniger großer wirtschaftlicher Not und in Ängsten Hoffnung zu machen und es zu »empowern«. Dazu das Feindbild eines »Fremden« zu konstruieren, auf das alles Böse projiziert werden kann und das an allem schuld sein soll. Wir kennen die Namen: Barbaren, Hure Babylon und weitere »andere«. Und diejenigen, die sich nicht einspannen lassen, haben in der Regel kaum eine andere Wahl, als sich angesichts eines perfiden Machtsystems aus »Befehlsempfängern« zu ducken oder in den Untergrund zu gehen.

Filme von und über Hitler gab es immer wieder zu sehen, dokumentarische und gespielte. Ich hab mir keinen einzigen angeschaut, außer jenen, die im russischen Staatsfernsehen liefen und den glorreichen Sieg der russischen Armee dokumentierten. Als Reisender auch im Glasnost-Russland Gorbatschows kam man nicht umhin, sie flimmerten laufend auf den Bildschirmen. Hitler war immer noch das täglich gepflegte große, aber besiegte Feindbild. Man kann wie gesagt kein Unrecht durch den Verweis auf das Unrecht anderer relativieren, geschweige denn legitimieren. Angesichts dessen, dass Stalin, der ebenfalls Millionen hinrichten ließ und ganze Volksgruppen in Strafarbeitslager steckte, nach wie vor verehrt wird, ja dass die Stalin-Nostalgie in Russland sogar immer kuriosere Blüten treibt,[50] was dem Kreml zur Legitimation des heutigen Regimes gelegen kommt, kann man aber nachvollziehen, dass Geschichtsschreibung immer schon die Geschichtsschreibung aus Sicht der Sieger war. Der Genozid der Amerikaner im eigenen Land, dem fast eine Million Indianer zum Opfer fielen, war lange Zeit quasi tabu, während dasselbe Land beispielsweise von der Türkei verlangt, seinen Genozid an den Armeniern einzugestehen. Auch der Tod von Hunderttausenden Zivilisten durch die amerikanischen Atombomben über Hiroshima und später Nagasaki wird als notwendige Maßnahme zur Beendigung des Weltkriegs entschuldet: Die Atombomben hätten den Krieg und das Leiden verkürzt.[51]

Der Zweite Weltkrieg wurde zwar beendet, aber das Bombardement ging weiter. Man fand neue Ziele, und das bis zum heutigen Tag. Eine der perfidesten Bombenideen ist die »Erfindung« des individuellen Sprengstoffanschlags, der nicht unter die konventionelle Sparte Krieg fällt, sondern »Terrorismus« genannt wird. Dieser Terror ist ein Erbe des Zweiten Weltkriegs. Wütend über die aus ihrer Sicht ungerechten Annektierungen ihres Landes anlässlich der Gründung des israelischen Staates, griffen die Palästinenser zu dieser Waffe der Ohnmächtigen. Seither leben wir in einer Welt, in der die Angst vor Terroranschlägen ein wesentliches politisches Gestaltungselement geworden ist. Zu diesem Erbe gehört auch, dass sich heute Millionen Flugpassagiere der entwürdigenden Prozedur der sogenannten Sicherheitskontrollen unterziehen und sich von fremden Händen abtasten lassen müssen.

Das Böse reist mit, so wie in Roman Polańskis Film »Tanz der Vampire«, in dem die vermeintlich erfolgreichen Vampirjäger am Ende auf dem Pferdeschlitten fliehen und der liebestrunkene Adept Alfred nicht bemerkt, dass aus Sarahs verführerischen Lippen plötzlich zwei Vampirzähne herauswachsen und sich in seinen Hals graben. Während das Schlittengespann weiter durch die winterliche Vollmondnacht gleitet, kommentiert eine Stimme aus dem Off: »In jener Nacht wusste Professor Abronsius noch nicht, dass er das Böse, das er für immer zu vernichten hoffte, mit sich schleppte. Mit seiner Hilfe konnte es sich endlich über die ganze Welt ausbreiten.«[52]

Nun ist ja nicht nur das vergessene, verdrängte Trauma unbemerkt, aber wirkend in uns eingelagert. Es gibt auch die Erinnerung an das Gute und das Heile, das wir die Erinnerung an einen heilen Raum der Menschheitsgeschichte nennen. Dieses Gedächtnis ist uns allen immanent, spürbar, als Sehnsucht nach Gerechtigkeit, Angstfreiheit und Frieden. Der herrschenden Elite war das nicht immer genehm; sie zementiert ihre Macht ja vielfach gerade damit, dass sie proklamiert, früher hätte es kein Gutes und Heiles gegeben, sondern dieses wäre erst durch sie installiert worden.

Parallelen bestehen auch zum Credo des spätkapitalistischen Systems: »Nie ging es uns besser als heute«, heißt es allenthalben, um die »Kollateralschäden« unserer Zivilisation zu relativieren. Und so schreibt sich die Geschichte weiter als eine von Kriegen, Gewalt, Armut und sozialer Ungerechtigkeit. Der amerikanische Philosoph George Santayana sagte bereits zu Beginn des 20. Jahrhunderts: »Ein Volk, das sich seiner Geschichte nicht erinnert, ist dazu verurteilt, sie erneut durchleben zu müssen.«[53] So wird Friedensarbeit keinen Erfolg verzeichnen können, wenn sie nicht auch gleichzeitig vollumfänglich Erinnerungsarbeit leistet. Erinnerungsarbeit heißt sehen, verstehen und dann vielleicht auch verzeihen, damit der Zyklus von Gewalt und Gegengewalt ein Ende finden kann.

Oxalá war König im Lande der Ahnen im fernen Afrika. Er war sehr alt. Die vielen Jahre hatten seinen Körper gebeugt, und er konnte nur noch schwerlich gehen, nur auf einen großen Stab gestützt. Eines Tages kam es Oxalá in den Sinn, Xangô, seinen Sohn und König eines großen Reiches, zu besuchen. Wie es damals üblich war, befragte Oxalá über seinen Babalaô die Stimme des Orakels und wollte wissen, ob die Reise gut verlaufen und erfolgreich sein würde. Doch das Orakel warnte: »Trete diese Reise nicht an! Es werden allein Ereignisse geschehen, die dir Ungemach bereiten, und sie wird böse enden.«

Oxalá war bekannt für sein starrköpfiges Temperament. Wenn er sich einmal etwas vorgenommen hatte, ließ er nie davon ab. Also antwortete er dem Babalaô: »Ich habe mich dazu entschlossen, diese Reise anzutreten, und das werde ich auch tun, koste es, was es wolle!«

Daraufhin fragte Oxalá den Priester, ob es möglich sei, die Aussichten durch Spenden oder Opfer zu verbessern, doch der Mann erwiderte: »Was auch immer du schenken könntest, diese Reise wird unglücklich verlaufen. Wenn du dein Leben bei dieser Reise nicht aufs Spiel setzen willst, solltest du alles tun, was von dir verlangt wird; und du darfst dich nicht über die traurigen Umstände beschweren, die auf dich zukommen werden. Nimm drei weiße Tücher mit und zudem Seife und Körperbutter.«

Oxalá begab sich also auf den Weg, ganz gemächlich, und stützte sich bei jedem Schritt auf seinem Stock ab. Nach einer Weile kam er an Exú vorbei; Exú, der »Herrscher des Palmöls«, saß am Straßenrand, neben ihm stand ein großes Gefäß, gefüllt mit Palmöl.

»Ah! Guten Morgen, Oxalá! Wie geht es der Familie?«

»Oh! Guten Morgen, Exú Elepô. Wie geht es Ihrer Familie?«

»Oxalá, seid so nett und helft mir, diesen Krug auf meine Schultern zu heben.«

»Natürlich, Exú, ja, sehr gern. Sofort.«

Doch plötzlich schüttete Exú Elepô den Krug über Oxalá aus. Oxalá, der sich an die Ratschläge des Babalaô erinnerte, bewahrte Ruhe, beklagte sich mit keinem Wort und ging bis zum nächstgelegenen Fluss, um sich zu waschen.

Nachdem Oxalá sich gereinigt hatte, rieb er sich mit der Körperbutter ein und band sich eines der mitgebrachten Tücher um den Leib. Das Tuch, das er bis dahin getragen hatte, ließ er am Fluss zurück, als Gabe. Oxalá machte sich also erneut auf den Weg, ganz gemächlich, Schritt für Schritt auf seinen Stock gestützt.

Er traf noch zwei weitere Male auf Exú. Das eine Mal traf er ihn zusammen mit Exú Onidu, dem »Herrscher der Steinkohle«, ein anderes Mal zusammen mit Exú Aladi, dem »Herrscher des Palmkernöls«. Oxalá wurde zwei weitere Male zum Opfer der Streiche Exús, beide spielten sich auf ähnliche Weise ab wie beim ersten Mal. Und zwei weitere Male nahm Oxalá die Konsequenzen wortlos auf sich, ließ Exú sich auf seine Kosten amüsieren, obwohl er es nicht geschafft hatte, ihn aus der Ruhe zu bringen.

So kam es, dass Oxalá seine letzten zwei Tücher benutzte und die bereits getragenen am Flussrand jeweils als Gaben zurückließ. Der alte Mann machte sich erneut auf den Weg, mutig und auf seinen Stock gestützt, bis er die Grenzen des Reichs von Xangô überquerte.

Kurz darauf erblickte Oxalá ein entlaufenes Pferd. Er kannte das Tier, denn er hatte es Xangô vor einiger Zeit persönlich geschenkt. Oxalá hielt dem Pferd einen Maiskolben hin, um es zu sich zu locken, es anzubinden und Xangô zurückzubringen. Just in diesem Moment tauchten einige Diener des Palastes auf, die auf der Suche nach dem Tier waren, und riefen: »Schaut her, ein Pferdedieb! Ein Schuft, ein gewissenloser Dieb! Wie die Zeiten sich geändert haben! Er stiehlt in seinem hohen Alter! Es gibt wohl keine ehrenhaften Greise mehr! Wer hätte das gedacht!«

Sie fielen über Oxalá her, schlugen ihn grün und blau, schnappten ihn sich und zerrten ihn ins Gefängnis. Oxalá erinnerte sich an die Ratschläge des Babalaô, bewahrte die Ruhe und äußerte sich in keiner Weise. Da er sich jedoch nicht mündlich verteidigen konnte, wandte er, aus den dunklen Tiefen des Gefängnisses, seine Kräfte an, um sich zu rächen. So geschah es, dass kein Regen mehr fiel, die Ernte karg ausfiel, das Vieh schwächlich und die Frauen unfruchtbar wurden und die Menschen an fürchterlichen Krankheiten starben. Jetzt war Xangô an der Reihe, einen Babalaô zu befragen, um herauszufinden, warum sein Reich so von Unglück befallen war.

»Kabiyesi Xangô«, antwortete der Babalaô. »Schuld daran ist ein bedauernswerter Vorfall: Ein alter Mann leidet unschuldig, seit sieben Jahren eingekerkert. Er beschwerte sich nie, hat sich nicht einmal geäußert, doch das ist der Quell all Euren Leidens!«

Xangô rief den Greis zu sich. »Oh! Ich traue meinen Augen nicht«, rief Xangô. »Ihr seid es, Oxalá! Epá baba! Ich kann es nicht glauben, und Ihr wurdet auch noch von meinen eigenen Dienern eingesperrt! Oh! Ihr alle! Meine Generäle! Meine Frauen, die Ayabás! Oh! Volk Oyós! All ihr, ohne Ausnahme, zieht eure weißen Gewänder an als Zeichen des Respekts vor dem König, der sich weiß kleidet! All ihr – ohne Ausnahme –, verweilt in Stille, als Zeichen der Reue! All ihr – ohne Ausnahme –, gehet hin zum Fluss, holt Wasser! Oxalá muss gewaschen werden! Epá! Epá! Es ist wichtig, dass das, was ihm angetan wurde, verziehen wird!«

Auch hier haben wir also wieder dasselbe Motiv des Verzeihens, das uns ja schon bei Oxaguiã – dem jungen Oxalá – begegnete.

Oxalá wird in den afroamerikanischen Traditionen als eine Gottheit des inneren Friedens gesehen und darum im Synkretismus oft mit Jesus gleichgesetzt. Während die riesige Statue auf dem Corcovado in Rio de Janeiro für Christen eindeutig Jesus darstellt, repräsentiert dieselbe Figur für die afroamerikanische Community Oxalá. Seine Farbe ist Weiß, so wie die offizielle Flagge des Schutzzeichens in kriegerischen Situationen. Die heute als eigentliche Friedensfahne geltende Flagge ist jedoch die Regenbogenflagge.

REZEPT

ARGENTINISCHES LAMM

Dieses Rezept eignet sich für einen festlichen Anlass mit einer größeren Anzahl Eingeladener. Schon das Zubereiten ist Teil des Anlasses – das Grillen dauert 5 bis 6 Stunden. Es braucht ein Feuer mit Hartholz, das permanent brennt.

Das Lammfleisch muss vom Metzger so geschnitten werden, dass es sich flach ausbreiten lässt. Das Lamm wird auf einem Kreuz aus Metall- oder Holzstäben aufgespannt, das man an der Feuerstelle in den Boden steckt. Die Distanz zum Feuer wird so gewählt, dass weder die Flammen direkt das Fleisch erreichen noch Fett in das Feuer hineintropfen kann. Die Garkunst besteht darin, dass keine ansengenden Flammen und kein Rauch von verbranntem Fett ans Fleisch herankommt.

Das Fleisch gut einsalzen und von Zeit zu Zeit mit etwas Bier überschütten. Weil der Garprozess langsam vonstattengehen und das Feuer in der Zeit gehütet werden muss, kann es sinnvoll sein, etwas mehr als nur eine Flasche Bier dabeizuhaben – und ebenjene oben erwähnten Freunde.

15

DAS SCHWEIN – DIES ARME TIER IST VIELEN WURST

»Orunmilá – Hüter der Erinnerung! Du trägst die vielen Gedichte des Schicksals gesammelt in dir. Und wie gut erzählst du sie uns immer wieder zahlreich verwoben.«

Irgendwann, als aus der fortwährenden Schöpfung ein Schöpfer namens Olodumaré wurde, erteilte er ausgerechnet Orunmilá den Auftrag, ihm eine Wachtel zu bringen. Orunmilá war nämlich vieles, aber Jäger war er nicht. Als Orunmilá erklärte, wie schwierig die Wachteljagd für ihn sei, und um eine andere Aufgabe bat, wurde Olodumaré ärgerlich. Er mochte einfach keine Widerrede.

So zog Orunmilá los, um den Willen des Mächtigen zu erfüllen, und durchwanderte alle Winkel der Erde. Er überwand viele Hindernisse und lernte fremde Völker kennen. Oft wurde er für sein Vorhaben verlacht. Irgendwann zog er sich in einen großen Wald zurück und wollte verschwinden. Schließlich war er bereit aufzugeben und reuig die Strafe zu empfangen, die er sicher verdiente. Müde und enttäuscht von sich selbst, machte er sich auf den Rückweg.

Als er in einen unscheinbaren Weg einbog, hörte er Trommelklänge, hörte er Gesang. Mit jedem Schritt fühlte er, wie seine Kräfte zurückkamen. Er fühlte unmittelbar, dass sein Schicksal eine Wendung nahm. Er gelangte zu einer Siedlung, in der die Trommeln zum Lob der Orixás erklangen. Mitten auf der Straße tanzte eine schöne Königin. Es war Oxum (damals waren eben alle Orixás zu Königen geworden, seltsam, aber wahr!), die das Fest mit ihrem Tanz erfüllte. Neben ihr tanzte ein prächtiger junger Mann. Es war Oxóssi, der berühmte Jäger.

Was mich an diesem Mythos so berührt, ist, dass er auch meine Geschichte erzählt als ein Wesen, das schon als Kind viel wahrnahm, aber von seinem Umfeld nicht verstanden wurde und sich in die Introversion zurückzog wie Orunmilá in den Wald.

Eine der wenigen Geschichten, die man über mich als Kind erzählte, war die, dass ich einmal verschwunden war. Nirgends konnten meine Eltern mich finden, auch nicht die zu Hilfe gerufenen Nachbarn und Bekannten. Es wurde schon dunkel, als einer von diesen plötzlich auf die Idee kam, mich auf dem Jahrmarkt im Stadtzentrum zu suchen. Und tatsächlich, dort fanden sie mich. Ich hätte – so die Erzählung – von fern die Klänge des Rummelplatzes vernommen und sei mit meinem Dreirad losgefahren, der Musik entgegen.

Solch mutige Aktionen waren in meiner Kindheit und Jugend eine Ausnahme, im Grundwesen war ich ängstlich und schüchtern. Wie Orunmilá hatte ich zwar ein starkes Gefühl, dass ich einen Auftrag in der Welt habe, aber ich fühlte mich nicht in der Lage, konkret zu handeln; so begann ich Bücher zu lesen. Eines der ersten, das mich ergriff und aufrüttelte, hieß *Aufbruch ins dritte Jahrtausend*. Und da gab es die Stelle, an der eine Kammerzofe zur Königin beim Anprobieren eines Hutes sagt: »Es gibt nichts Neues, nur Altes, das wiederentdeckt wurde.« So begann mein Erkunden der Welt, mein Aufbruch ins dritte Jahrtausend, meine Reise in die Vergangenheit.

Das Schwein wurde in vielen Gebieten der Erde unabhängig voneinander domestiziert, ein erstes Mal vor 9000 Jahren in Vorderasien. Schweine sind Allesfresser, und man kann gut annehmen, dass die Haustierwerdung fast von selbst geschah, weil sich Wildschweine gern in der Nähe der menschlichen Siedlungen aufhielten, wo sie in deren Abfall Nahrung fanden. Was das Wildschwein zum Hausschwein macht, ist lediglich die Haltung im Eingezäunten oder im Stall. Asterix und Obelix holten sich für ihre Festessen die Schweine immer gleich im nahen Forst. Der Unterschied ist klein, und Hausschweine können leicht auch wieder verwildern.

Das ist ähnlich wie bei den Menschen. Die »Domestikation« der Sammler-Jäger erfolgte dadurch, dass sie sich – erst freiwillig, später dann auch oft erzwungen – in engeren Räumen zusammenpferchten. Und wie beim Menschen können wir auch beim Schwein von einer ersten und einer zweiten Natur sprechen. Das Schwein der ersten Natur ist ein intelligentes, reinliches und soziales Wesen. Das weibliche Wildschwein bildet mit seinen Frischlingen eine Sammler-Jäger-Gruppe von bis zu zwanzig Individuen. Schweinemütter sind sehr fürsorglich, wachsam und behutsam im Umgang mit ihrem Nachwuchs. Die männlichen Jungtiere bilden eigene Gruppen und nehmen erst nach zwei Jahren an der Fortpflanzung teil und werden ab dieser Zeit Einzelgänger. Die Rangordnung der Schweine wird zwar durch Kämpfe ausgearbeitet, diese verursachen aber in der Regel keine schwerwiegenden Verletzungen.

Während das Schwein der ersten Natur die Erkundung über alles liebt, muss das Schwein der zweiten Natur in der reizarmen Umgebung heutiger Schweineställe verbringen, in denen es degeneriert und auf Ersatzhandlungen ausweicht, bei denen sein natürliches Erkundungsverhalten sich gegen die eigenen Artgenossen wendet, was bis zum Kannibalismus führen kann. Da diesem Schwein das Ausleben der natürlichen Nestsuche für die Kleinen durch die enorme Beschränkung im Stall verwehrt ist, entwickelt es in dieser Zeit eine große Unruhe, die sogar dazu führen kann, dass der Nachwuchs erdrückt wird.

Während ein Mutterschwein der ersten Natur niemals seine Lagerstatt beschmutzt, wird in der heutigen Tierhaltung dieses artgemäße Verhalten verhindert, weil das Schwein der zweiten Natur durch die Fixierung in Metallgestellen gezwungen wird, in unmittelbarer Nähe seines Nachwuchses zu harnen und zu koten. Dabei geschieht dies sehr zögerlich und widerwillig, was seinen Allgemeinzustand auch nicht verbessert. Das typische Verhalten des Suhlens im Schlamm dient dem Schwein der ersten Natur der Reinlichkeit und der Regulation der Körpertemperatur, weil Schweine nicht schwitzen können. Und auch dem Schutz vor Parasiten, die durch den getrockneten Schlamm entfernt werden. Da das Schwein der zweiten Natur verdammt ist, auf engstem Raum zu »leben«, hat es statt des Schlamms nur seine Ausscheidungen; es muss eine kaum erträgliche Qual für das Wesen sein, ständig den Ausdünstungen von Kot und Urin ausgesetzt zu sein.

Für die germanischen Völker war das Schwein der ersten Natur in Form des Ebers ein heiliges Tier. Als ein Symbol für Fruchtbarkeit und Stärke stand es auch für Wohlstand und Reichtum, was im Volksglauben bis heute als Glücksbringer erhalten ist und sich beispielsweise in der Redensart »Schwein haben« für »Glück haben« ausdrückt.

Die völlig artfremde Massenhaltung des Schweins der zweiten Natur schlägt sich natürlich auch in der Qualität des Fleisches nieder. Wie wir nicht nur durch Asterix und Obelix erfuhren, schmeckt Schweinefleisch der ersten Natur hingegen vorzüglich. Das wissen alle, die in den Genuss eines Spanferkels vom Permakulturhof kommen oder eines »Jamón Ibérico«, jenes wunderbaren Schinkens, von dem einzelne Exemplare auf dem Weltmarkt astronomische Preise erzielen können.

Während das Schwein in der griechischen und römischen Kultur der Antike hohes Ansehen genoss und häufig als Opfertier verwendet wurde, galt es im Nahen Osten zunehmend als unrein und kam als Tempelopfer nicht infrage, weil die klimatischen Bedingungen in jenen Gebieten eine Schweinehaltung der ersten Natur nicht möglich machten. Dazu kam, dass das Schwein wegen seiner Eigenart als Allesfresser, der auch vor Kadavern nicht haltmacht, verbunden mit den ortsüblichen Begräbnissitten (nur in Leichentüchern und ohne Sarg) als Leichenfresser in Verruf kam, sodass man Menschen, die Schweinefleisch aßen, den indirekten Kannibalismus vorwarf. Die Speisegesetze haben zur Folge, dass für etwa ein Viertel der Weltbevölkerung der Verzehr von Schweinefleisch aus religiösen Gründen untersagt ist.

Auch im Westen wenden sich viele vom Verzehr des Schweinefleischs der zweiten Natur ab, während es für andere, weil es billig ist, ein wichtiges Nahrungsmittel bleibt. In einem vegetarischen Kochbuch las ich in der Einleitung die Beschreibung der Schlachtung eines Schweines. Sie ist so grausig, dass ich sie hier gar nicht wiederholen möchte.

Das Schwein ist dem Menschen ein Spiegel. Parallelen zur heutigen Schweinehaltung finden wir in der »Menschenhaltung« jener Zivilisationsräume in den ersten Stadtstaaten, von denen wir nur über die archäologischen Zeugnisse wissen, während sie in den europäischen Städten des Mittelalters durch notierte Fakten und Bilder plastisch dokumentiert sind. Im Vergleich zum heilen Raum der Menschheitsgeschichte des Sapiens, der sich über eine Zeit von 300 000 Jahren erstreckte und generell als das Paläolithikum bezeichnet wird, ist der Zeitraum des Neolithikums und die nachfolgende Epoche bis zum Mittelalter nur ein Bruchteil. Alles, was uns genetisch als Menschen der ersten Natur ausmacht, wurde in jener Zeit davor entwickelt.

Das mittelalterliche Europa wurde in weiten Teilen von Hunger und Pest gebeutelt und war im Doppeldiktat von Aberglauben und Gläubigkeit gefangen, viele Menschen lebten in Schmutz und Angst. Die Erlösung aus der Enge begann im 15. Jahrhundert aufgrund von mehreren Faktoren. Die Routine der Kriegsführung, die Verfügbarkeit von Heerscharen gewaltbereiter Soldaten, die Kunst des Schiffsbaus und nicht zuletzt die Erfindung der Schusswaffe machte die europäischen Königshäuser so überlegen, dass die Annexion und

Ausbeutung der amerikanischen, afrikanischen und asiatischen Kolonien erfolgreich an die Hand genommen werden konnte. Dies brachte nicht nur einen steigenden Wohlstand in Europa, sondern auch eine Entlastung des Bevölkerungsdrucks durch die neue Möglichkeit der Auswanderung. Diese als Renaissance bezeichnete Epoche geht einher mit der Reformation. Die Gläubigen begannen aufzubegehren gegen die zunehmend als falsch erkannten Lehren, gegen Missbrauch und Korruption, missbräuchliche Ablassbriefe und Käuflichkeit kirchlicher Ämter. Möglich wurde dies unter anderem durch die Erfindung des Buchdrucks, der die schriftlichen Inhalte der Bibel einem größeren Publikum zugänglich machte.

Mit der gelungenen Entzifferung der Hieroglyphen erfolgte eine weitere Relativierung des alleinigen Wahrheitsanspruchs der Bibel. Es wurde deutlich, dass viele der alttestamentlichen Inhalte aus vorbiblischen Zeiten stammen, die umgeschrieben und oft auch in ihr Gegenteil verdreht wurden, wie beispielsweise die jüdischen Gesetze, bei denen Jan Assmann zufolge jedem einzelnen ein ägyptisches Ritual in der Umkehrung entspricht.[54]

Die sogenannte Aufklärung setzte ab 1700 ein. Es war eine geistige und soziale Reformbewegung, die sich auf die Vernunft als Urteilskraft berief, mittels deren eine Befreiung von den Ideologien möglich werden sollte. Es ging um die Hinwendung zu den Naturwissenschaften, um religiöse Toleranz und um persönliche Handlungsfreiheit und auch schon um Menschenrechte. (Frauenrechte gehörten noch nicht dazu. Die Revolutionärin Olympe de Gouges, die sich für sie einsetzte, wurde im November 1793 durch die Guillotine getötet.)

Mit der Aufklärung wurden die religiösen Dogmen, zu denen auch die Drohung vor der Hölle und das Versprechen eines Paradieses im Himmel gehört, relativiert. Ein Wiedererlangen von paradiesischen Zuständen im irdischen Leben schien in der revolutionären Aufbruchsstimmung jener Zeit nicht mehr als unerreichbar. In der amerikanischen Revolution wurden die egalitären Menschenrechte erstmals festgeschrieben: »Folgende Wahrheiten erachten wir als selbstverständlich: daß alle Menschen gleich geschaffen sind; daß sie von ihrem Schöpfer mit gewissen unveräußerlichen Rechten ausgestattet sind; daß dazu Leben, Freiheit und das Streben nach Glück gehören.«[55] Das sind alles Werte der Menschen der ersten Natur. Ein Wesen, das Jean-Jacques Rousseau in seinem Bild des »edlen Wilden« beschrieb, gekoppelt mit dem Aufruf eines »Zurück zur Natur«. Rousseau war ein Wegbereiter der Französischen Revolution, die mit dem Schlachtruf Liberté, Égalité, Fraternité (Freiheit, Egalität und Brüderlichkeit) die Demontage der privilegierten Elite in Angriff nahm.

Dieser Versuch der Wiederinstallation einer Menschheit der ersten Natur war allerdings von vornherein zum Scheitern verurteilt, weil er die zentrale Voraussetzung, dass die Menschen wieder weniger werden, nicht im Programm haben konnte. Und die Rückverwandlung in eine egalitäre Gesellschaft war ebenfalls eine Farce, weil mit »Brüderlichkeit« schon mal nur die Hälfte der Gesellschaft gemeint war. In der Erklärung der Menschen- und Bürgerrechte galten die darin enthaltenen Rechte und Pflichten nur für »mündige Bürger«, was zu diesem Zeitpunkt alleinig die Männer waren. Frauen hatten kein Wahlrecht. Zwar gab es schon einzelne mutige Frauen, die als Begründerinnen der feministischen Bewegung ihre Geschlechtsgenossinnen mitmeinten, aber das Gros der Frauen verharrte im festen Griff des patriarchalen Haushalts.

Egalität stellte sich aber auch unter den Männern nicht ein, schlussendlich wurde nur die Oberschicht ausgewechselt, der Adel durch eine finanzielle Machtelite ersetzt. Die Anfang des 19. Jahrhunderts in der Deputiertenkammer der französischen Nationalversammlung auf der linken Seite saßen, kämpften für Egalität, von daher die Bezeichnung »links«, die sich bis heute erhalten hat. Die Rechte hatte sich schon damals den Eigennutz des Bürgertums auf die Fahnen geheftet. Auch der Kommunismus, der ursprünglich Gleichheit und Freiheit aller Gesellschaftsmitglieder auf der Basis von Gemeineigentum repräsentieren sollte, bestand in allen sogenannten kommunistischen Ländern nur auf dem Papier, auch hier wurde durch die diversen »Revolutionen« überall lediglich die elitäre Oberschicht durch eine neue ersetzt.

Dass eine schimpansoide Gesellschaftsordnung ohne gleichzeitigen Rückgang der Überbevölkerung nicht veränderbar ist, hatte auch ein späteres Aufbegehren, die sogenannte 68er- und die Hippie-Bewegung, nicht erkannt. Das verbat schon ihre Devise »Make love, not war!«, aber immerhin, es wurde in der Zeit auch die Antibabypille erfunden. Leider wurden damit wieder einmal mehr die Frauen beziehungsweise deren Körper als verantwortlich definiert. Eine Antibabypille für den Mann wäre sicher ein gerechterer Ausgleich gewesen.

Die 68er-Bewegung war die Revolution einer jungen Generation, Männer und Frauen; hoffnungsvoll, farbenfroh und von einer energiegeladenen Musik begleitet. Es war die Revolution der Blumenkinder. So nannte sich ein Aufstand in Osteuropa »Prager Frühling« und in Kalifornien »Flower-Power«. In Italien wurde mit der »Bandiera della Pace« die Regenbogenflagge, das Symbol der Friedensbewegung, zum ersten Mal geschwungen. Dieselbe Flagge trugen unabhängig davon auch Homosexuelle beim Begräbnis von Judy Garland in Amerika in Anspielung auf eines ihrer Lieder: »Over the Rainbow«, das ein Land besingt, in dem alles besser und gerechter sei.

Die Regenbogenflagge steht für eine bessere und gerechtere Welt. Dafür stand auch schon die Trikolore der Französischen Revolution. Die damaligen Linken wurden zur neuen linken Studentenbewegung, die Rechten die Rocker. Aber die größte Gruppe waren die Hippies, die sich im Outfit zwar mehr an die Jesusbewegung vor 2000 Jahren anlehnten, ihr philosophisches Gedankengut aber aus dem Osten bezogen; Bhagwan oder Maharishi Mahesh Yogi hießen die neuen Propheten. Das Hare-Krishna-Mantra wurde Bestandteil der Texte von Pop-Songs. Die Hippies waren pazifistisch und die Frauen diesmal mit von der Partie. Bei den linken Studenten hießen die Weisheitslehrer Lenin, Marx und Trotzki, und sie waren alles andere als pazifistisch und die Frauen zwar mitgemeint, aber prinzipiell im zweiten Glied gehalten. Die dritte Gruppe, die motorradfahrende Subkultur der Rocker, die aus der »Kameradschafts«-Bewegung amerikanischer Kriegsveteranen herausgewachsen war, hatte auch die Freiheit auf dem Banner, nicht aber den Pazifismus, und sie waren alles andere als frauenfreundlich.

Eine vierte Gruppe, die in der 68er-Geschichtserzählung selten erwähnt wird, obwohl sie schon 1955 in den USA mit ihrer Bürgerrechtsbewegung aufbegehrten, muss auch genannt werden: die Afro-Amerikaner. Sie waren es, die der 68er-Bewegung das Aufbegehren vorlebten. Ihre Musik war der »Rhythm 'n' Blues«, aus dem sich erst der »Rock 'n' Roll« und dann die Rockmusik entwickelte. Es war die Musik, die das Lebensgefühl der 68er-Bewegung bestimmte.

»Hier entsteht das Africana«, stand auf dem Plakat am Baugerüst. Das unscheinbare Haus, das gerade renoviert wurde, gab sonst keinen Hinweis. Aber irgendwas packte mich da. Ich wurde von einem unglaublichen Gefühl ergriffen; eine Ahnung, dass hier was Großes kommt, eine frühlingshafte Aufbruchsstimmung, ein Ruf (war es der einer afrikanischen Trommel?). Die revolutionäre Stimmung der »Beat Generation« war längst gegenwärtig, obwohl es mir erst nach und nach dämmern sollte, was sie alles umfassen würde: Peace und Cannabis, Leben in Kommunen, östliche Weisheit, lange Haare, Hermann

Hesse, sexuelle Freiheit und die Musik der Beatles und der Rolling Stones. Afrikanisch war diese Musik, als sie dann zum ersten Mal mein Ohr erreichte, schon lange nicht mehr. Das Schlagzeug, neben der Elektrogitarre ein Hauptinstrument der neuen Musik, war eine Ein-Mann-Konstruktion (es gab meines Wissens noch keine Schlagzeugerinnen), die sich aus den Perkussionsbestandteilen einer Militärkapelle zusammensetzte: Blechtrommel, Pauke und Becken. Aber da Militärmusik nun nicht gerade ein Vorbild sein durfte, wurde kräftig zwischen den Zählzeiten des Metrums getrommelt, was sich »Off-Beat« nannte.

Wie Oskar Matzerath in der Grass'schen *Blechtrommel* machte diese neue Musik mächtig Krach. Das allein war für das Establishment schon eine gehörige Provokation. Trommeln galten bei den Braven irgendwie als subversiv. Das hat historische Gründe, denn in der frühen Kirchenmusik war die Trommel nicht zugelassen. Ihr wurde zwar eine Wirkung zugeschrieben, aber vielleicht gerade deshalb nahm man sie nicht ins Instrumentarium auf. Die Trommel verleitete schon seit jeher zum Gruppentanz (ums Feuer) und zur Trance. Das war für ein hierarchisches und an die Schrift gebundenes Ritual nicht dienlich. Der Übergang von den Erfahrungs- zu den Offenbarungsreligionen hatte ja schon längst stattgefunden, Vermittler war nur noch eine männliche Priesterschaft über das Wort.

Im Mittelalter herrschte weitherum ein kirchlich verordnetes Trommelverbot. Davon ausgenommen war die Kriegstrommel; sie begleitete den Marsch der Soldaten, dessen Eins-zwei-eins-zwei-Rhythmik »binär« ist. Demgegenüber ist die altafrikanische Musik »ternär«, das heißt, sie ist aus drei Elementen aufgebaut. Es ist die Rhythmik unseres Körpers: eins, zwei, Pause. So geht unser Atem, und so schlägt unser Herz. Es ist der Rhythmus, mit dem jedes Kind geboren wird, nachdem es neun Monate mit ihm im Mutterbauch gewachsen ist. Forschungen haben gezeigt, dass das Rhythmusgefühl weder genetisch noch biologisch vererbt, sondern über die Enkulturation erworben wird. Wenn ein Kind in eine binäre Musikkultur wie die unsere hineinwächst, geht das Gefühl für das Ternäre mit zunehmendem Alter verloren:

»Die Bevorzugung einfach aufgebauter Musikrhythmen in westlichen Kulturen ist nicht angeboren, sondern eine Frage der Gewöhnung«, schreibt die Wissenschaftsjournalistin Ilka Lehnen-Beyel. So hätten zum Beispiel

> »die an komplexe Musik gewöhnten Bewohner des Balkans überhaupt keine Probleme, dem Rhythmus mazedonischer oder bulgarischer Volkstänze zu folgen, während nordamerikanische Erwachsene damit überfordert sind. Kleinkinder dagegen zeigen keine Vorliebe für einfache Rhythmen: Sie können die komplexe Taktstruktur ebenso gut erfassen wie den einfacheren westlichen Rhythmus.[56]

Um zu überprüfen, ob es eine angeborene Vorliebe für den einfacheren Rhythmus gäbe, spielten die Psychologinnen Erin Hannon und Sandra Trehub [57]

> »54 nordamerikanischen Studenten Auszüge aus Musikstücken mit einfacher und mit komplexerer Rhythmik vor. Zum Teil waren diese Stücke so verändert, dass die ursprüngliche Taktstruktur zerstört war. Die Studenten erkannten diese Veränderungen jedoch nur dann, wenn sie in Musikstücke mit einfacheren Takten eingefügt worden waren. Bei komplexeren Rhythmen bemerkten die Probanden solche Modifikationen dagegen nicht.«[58]

Offenbar, so die Psychologinnen, sei die Verarbeitung von rhythmischen Strukturen im Gehirn zu Beginn des Lebens sehr flexibel. Eine langjährige Gewöhnung an eine bestimmte Art von Taktstruktur veranlasse dann jedoch möglicherweise eine Umorganisation im Gehirn, sodass fast nur noch die gewohnten Rhythmen wahrgenommen würden.

Mit der Musik der afrikanischen Sklaven kam der ternäre Rhythmus nach Amerika. Er wurde von den weißen Musikern im Rhythm 'n' Blues übernommen. Der Rock 'n' Roll der Fünfziger war noch ternär (»Love me tender, love me sweet ...«), dann setzte sich in der Rockmusik das Binäre (»She loves you, yeah, yeah, yeah«) wieder durch. Heute ist praktisch alle Popmusik binär, selbst in Afrika, ganz kompatibel mit dem binären »Herzschlag« der digitalen Welt. (Der Begriff »Bit« leitet sich vom englischen *binary digit* [Zweierstelle, Zweierzahl] ab.)

In der alten westafrikanischen Ritualmusik sind die Dreierrhythmen noch präsent, auch in der afroamerikanischen Ritualmusik. Salsa und Samba, die gern als afrikanisch beschrieben werden, sind binär. Selbst der Rap, der seine Wurzeln in den afroamerikanischen ternären Worksongs hat, ist binär geworden. Die binäre Gleichschaltung der Welt ist allumfassend.

Von alldem wusste ich damals natürlich noch nichts, ich fand die Musik dieser Zeit großartig, und sie berührte mich sehr. Die 68er-Bewegung war eine von der Musik getragene Revolution. Die Songs handelten von Liebe und Leid, von einer besseren Welt und vom Protest gegen Rassendiskriminierung und Krieg. Erst zaghaft, dann mit zunehmender Stärke sickerte diese neue Musik aus der Ferne in die ostschweizerische Provinz.

Mit dem Wunsch, mehr ins Zentrum dieses Geschehens zu gelangen, ließ ich meine Haare wachsen. Damit gehörte ich unversehens zur Gruppe der Hippies. Ich erfuhr, dass die Beatles mit Maharishi Yogi meditierten, probierte erste Joints, las Hermann Hesses *Siddhartha* und das *I Ging*. Ich ging aber weder mit Blumen in den Haaren nach San Francisco, noch kehrte ich als braungebrannter Saddhu aus Goa zurück. Dafür hatte ich noch kein Geld, und so blieb ich schön brav, beziehungsweise eben nicht so brav, in meiner Ostschweiz.

Die Beheimatung in der Hippie-Szene wollte mir aber nicht so recht gelingen. Die Musik gefiel mir zwar und auch die Philosophie eines gemeinschaftlichen, von Zwängen und bürgerlichen Tabus befreiten Lebens. Aber der Müßiggang war nicht meins. Auch die Drogenerlebnisse überzeugten mich nicht, ebenso wenig der neue Essensstil à la »Curry statt Fleisch«.

Pasta und Rotwein waren da schon besser. Dies gab es bei der anderen antibürgerlichen Gruppe, der ich mich dann anschloss. Die Szene der linken Studenten hatte mehr Power, wenigstens verbal, und St. Gallen mit seiner weltbekannten Wirtschaftsuniversität war ein gutes Pflaster. Die Exotik des revolutionären Kollektivs der linken Studenten war anders als das der Hippies: Man traf sich beim Italiener, las Marx und Engels und reiste mit Aeroflot nach Kuba; den beschwerlichen Umweg über Moskau nahmen wir in Kauf.

Lange blieb ich nicht, denn mich störte bald, dass zwar von Egalität gesprochen wurde, aber einem männlichen Heldentum der Redegewandten gehuldigt wurde; die Rede war von der Aufhebung der Klassengegensätze, geschehen ist ein Austausch der Machteliten. Und das weibliche Geschlecht wurde meist lediglich als Alibi in höhere Hierarchiestufen gehievt. Selbst bei den legeren Frankophilen mit ihren wackeligen luftgekühlten Deux-Chevaux-Vehikeln war Freiheit primär Männersache.

Der Hippie-Joint war egalitärer als die linke Gauloises Bleu. »Don't bogart that joint, my friend, pass it over to me«, ging der Song im Film »Easy Rider«: »Lass den Joint nicht wie Humphrey Bogart im Mundwinkel hängen und verglimmen; reiche ihn weiter an mich.«

Ich kaufte mir ein Motorrad und fand Aufnahme bei der dritten Gruppe der Sechzigerjahre, den Rockern. Sich den Wind um die Ohren pfeifen zu lassen, das war Freiheit: mit Freunden an einem Feuer sitzen, Bier trinken, Würste braten und unter dem Sternenhimmel übernachten. Dennoch war ich nicht der Idealtyp, ich war kein Schläger und auch nicht sehr geneigt, nur über Motorräder und Frauen zu reden. Es gab auch einen Boss, aber der hatte in unserer Gruppe nur administrative Funktion. Gurus gab es keine und auch keine Literaturempfehlungen. Ich las dann doch das Buch *Zen und die Kunst, ein Motorrad zu warten.*[59]

Es wunderte mich, dass alle außer mir ohne Vater aufgewachsen waren. Eine Antwort darauf fand ich damals nicht. Auf welche Frage? Wir hießen »Outlaws«, hielten uns aber mehr oder weniger an die Gesetze. Doch auch die Rockeruniform wurde mir mit der Zeit zu eng, und ich hängte sie an den Nagel.

Schlussendlich bildete ich meine eigene Fraktion: eine neue Gattung, die sich später mal »Outdoor-Szene« nennen würde.

»The call of the wild«, der Ruf, der ja schon mit Rousseau die Französische Revolution begleitete, war bei den »68ern« ein Dreiklang: zurück zum Wilden, zu einer ästhetischen Spiritualität und zurück zur Natur. So hieß denn auch einer der Kultromane *Gammler, Zen und hohe Berge.*[60]

Die 68er-Bewegung ist also einer der jüngsten von vielen Versuchen in der Menschheitsgeschichte, auszubrechen aus dem Leid des Lebens in einer Welt, für die wir nicht geschaffen sind. Moses versprach ein Gelobtes Land, das noch ein irdisches war, ein politisches Ansinnen, das für die meisten Menschen unerreichbar blieb. Unpolitisch war dann Buddhas Botschaft, dass durch innere Einkehr eine Abkehr vom Leiden des irdischen Daseins möglich sei. Die meisten Menschen leiden weiterhin. Auch die Botschaft der Nächstenliebe eines Jesus wurde schon 300 Jahre nach seinem Tod ins Gegenteil pervertiert und die Welt mit einer andauernden Folge heiliger Kriege und frauenfeindlicher und intoleranter Dogmen überzogen. Und brachte die Aufklärung die Menschheit wirklich zur Vernunft? Und die Französische Revolution Gerechtigkeit? So gesehen ist die 68er-Bewegung bis jetzt wohl noch die erfolgreichste.

Zwar ließ die rebellische Stoßkraft der 68er schon zehn Jahre später nach. Die Hippies wurden älter, soweit sie die Folgen ihres Drogenkonsums überlebten, und gliederten sich mit gekürzten Haaren in die Gesellschaft ein. Die Chefs der Linken zogen sich Krawatten an und wurden Professoren, CEOs oder Politiker. Und die Rocker tauschten früher oder später ihr Motorrad gegen einen familientauglichen Combi oder Mini-Van.

Helden und sogenannte »große Männer« im überkommenen Sinne brachte die 68er-Bewegung nicht hervor, aber vielleicht war dies gerade ihr heimlicher Erfolg, weil sie ihrem Anliegen der Egalität real gerechter war als frühere Revolutionen. Still und heimlich wurden viele ihrer Forderungen Grundkonsens der heutigen Zivilgesellschaft: ablehnende Haltung gegenüber Kriegsführung, fortlaufende Anstrengungen für Naturschutz und Gleichstellung von Frau und Mann. Die damals gegründeten Organisationen wie Greenpeace, Amnesty International und WWF sind heute Institutionen, die man ernst nimmt, und die Organic-Food-Bewegung (mit Vorläufern unter anderem in der Naturkost-Bewegung seit Mitte des 19. Jahrhunderts) und Yoga, auch in den 68ern im Westen eingeführt, erfreuen sich zunehmender Beliebtheit. Ebenso die sogenannte humanistische Psychologie, damals von jüdischen Emigranten in den USA entwickelt und verbreitet, ist heute Standard. Die neue sexuelle Freiheit, deren Haupterrungenschaft ja nicht – wie vom Bürgertum fantasiert – der Freibrief für ausgelassene Orgien war, sondern die Erlaubnis, offen über Sexualität zu reden, führte nicht nur zu Entkrampfungen in ehelichen Schlafzimmern und breiterer Toleranz gegenüber anderen Neigungen, sondern brachte auch die tausendfachen Missbräuche in klammen Kammern, Umkleidekabinen und Sakristeien nach und nach ans Tageslicht.

Erfolgreich waren auch die Bluejeans. In den 68ern noch ein Ausdruck der Rebellion, vom Bürgertum abgelehnt und von der Modebranche bekämpft, mauserte sie sich zum nicht aus der Mode kommenden Outfit für Mann und Frau.

Bluejeans, lange Haare und die Regenbogenflagge, das waren die neuen Zeichen. Aber wie es sich für große Ereignisse ziemt, erschien zu jener Zeit auch ein Zeichen am Himmel. Ein so noch nie gesehenes Gestirn ging am Horizont auf. »O mein Gott!«, hört die Welt den Astronauten Bill Anders rufen. »Seht euch dieses Bild da an! Hier geht die Erde auf. Mann, ist das schön!«

Es war am Heiligabend des Jahres 1968, als Apollo 8 den Mond umkreiste. Die paar Steine, die die Astronauten zurückbrachten, waren vielleicht das Geld nicht wert, das diese Mission gekostet hatte, aber das wirkliche Geschenk, das die Space-Magier aus dem All brachten, war das Bild eines blauen »Weihnachtssterns«, unseres Planeten.[61] Es war am 24. Dezember, ein Datum, das schon in ganz alten Kulturen Symbol einer kosmischen Neugeburt war. (Zahlenmystiker würden sogar in der Jahreszahl die Besonderheit dieses Datums ausmachen: Die Quersumme von 1968 ist 24.)

Das 1969 erfundene Internet gilt als Meilenstein für die digitale Revolution, der im Prinzip Zugang zu Informationen für alle Menschen und einen nichtzentralisierten und nichtkontrollierten Austausch bot, bis auch dieser Trend mehr und mehr vom Establishment vereinnahmt, kommerzialisiert und in verschiedenen Herrschaftssystemen unterschiedlich stark restriktiv manipuliert wurde. Ein Schicksal, das es mit vielen anderen basisdemokratischen und egalitären Bewegungen teilt. Die Errungenschaften der 68er-Bewegung werden auch deshalb heute kaum als Folge einer alternativen Revolution wahrgenommen, weil sie während eines allmählichen Paradigmenwechsels vom Mainstream absorbiert worden sind, nachdem die seinerzeitigen etablierten Institutionen sie zuerst nicht ernst genommen, abgelehnt oder bekämpft hatten.

In einer Alternativzeitung jener Zeit erschien ein Artikel über den ozonschichtschädigenden Fluorchlorkohlenwasserstoff (FCKW). Der Bericht wurde von bürgerlicher Seite wütend bekämpft. Erst 1987 wurde aufgrund erwiesener schädlicher Eigenschaften und ihrer Auswirkungen auf den Menschen das Montrealer Protokoll zur Reduktion der ozonschichtschädigenden Stoffe unterzeichnet. Beim Klimawandel wiederholt sich die Geschichte. Und während der »Occupy-Wall-Street-Bewegung« erschien in einer Tageszeitung ein Cartoon, das einen CEO in einer oberen Etage eines Business-Towers zeigt, der mit einem Feldstecher auf die protestierende Menge hinunterblickt und zu seinem danebenstehenden Produktionsleiter sagt: »Einer scheint sich als Anführer herauszukristallisieren, er trägt einen roten Pullover. Lassen Sie unverzüglich 100 000 rote Pullover herstellen.«

Das Phänomen der Identifikation mit dem Aggressor und der Wiederkehr des Verdrängten hat dazu geführt, dass es als ganz selbstverständlich galt, dass Geschichte aus Kriegen besteht. Aber trotz der vielen Kriege und Seuchen hat sich die Menschheit nicht dezimiert, im Gegenteil. Die Dynamik des psychotraumatischen Fußabdrucks führte zu einer weiteren Bevölkerungsexplosion, ganz wie in der Natur die Nottriebe: Eine Spezies in Bedrängnis beginnt sich gesteigert zu vermehren.

Da die natürlichen Ressourcen dafür auf dem Planeten nicht mehr gegeben waren, begannen die Menschen, andere ihrer Artgenossen und, was die fossile Energie betrifft, die Vergangenheit auszubeuten.

Die in Millionen von Jahren entstandenen Erdölvorkommen werden in weniger als hundert Jahren verbraucht sein. Die Folgen sind bekannt. Der Natur wird Nahrung abgerungen durch massiven Einsatz von Pestiziden, Herbiziden, Fungiziden, Kunstdünger, Hormonen und Antibiotika. Die Luft ist verseucht, die Gewässer sind verschmutzt, und die Erde ist überdüngt.

Weil das trotzdem nicht reicht, wird auch die Zukunft auf Teufel komm raus ausgebeutet. Die Gesamtweltverschuldung beläuft sich auf ein Vielfaches des Sozialprodukts und hat im Zuge der Corona-Staatshilfen einen weiteren kräftigen Anstieg gemacht. Die Bewirtschaftung der Schulden beziehungsweise der Zinsen zwingt die ganze Welt dazu, zu einem unaufhaltsamen »Wachstum« verdammt zu sein, obwohl schon seit Langem Wachstum nur noch auf Kosten von anderen möglich ist, da die Ressourcen begrenzt sind. Noch schlimmer, dieses Wachstum ist nicht einmal linear, es ist einer unheimlichen Beschleunigungsdynamik unterworfen, die Hartmut Rosa in seinem 600-seitigen Werk *Resonanz*[62] als »unaufhaltbar« bezeichnet und durch welche die Menschheit unvermeidlich auf einen Megacrash zusteuert.

Welcher Natur dieser Crash sein wird, wissen wir nicht. »Erledigt« es die Natur durch einen neuerlichen Kometeneinschlag oder ein Virus? Oder wird der Mensch sich selbst auslöschen mit der Wasserstoffbombe oder durch ein flächendeckendes Unfruchtbarwerden wegen zu großer Umweltbelastung mit Giften und Elektrostrahlung? Oder geschieht ein Wunder, und die Menschheit kommt – 300 Jahre nach der Aufklärung – wirklich zur Vernunft?

Vernunft hieße ja in allererster Linie erst einmal die Einsicht und den Willen, wieder weniger zu werden. Dieses Wenigerwerden darf aber auf keinen Fall traumatischer Natur sein. Das ginge selbstredend aus moralisch-ethischen Gründen nicht, hätte aber wohl auch schon wegen des »Nottrieb-Effekts« lediglich eine gegenteilige Wirkung. Vielversprechender wäre, den Weg zum Wieder-heil-Werden der Menschheit über ein heilsames Erinnern zu versuchen.

Riane Eisler führte uns vor Augen, dass ein großes Urtrauma der europäischen Kultur, und damit auch all jener Weltgegenden, die von Europäern »erobert« wurden, jener Überfall auf die alteuropäischen Völker durch die eurasischen Reiterhorden ist. Die weitgehende Ausrottung der amerikanischen Urvölker, die Versklavung afrikanischer Völker und nicht zuletzt auch die vielen Kriege untereinander seien nichts anderes als die verfluchte Wiederholung dieses Urereignisses. An vieles von dem erinnert man sich heute ja schon, aber daneben gibt es auch enorme Anstrengungen seitens der Täternationen, traumatische Ereignisse zu verschweigen, beispielsweise das Massaker auf dem Tiananmen-Platz (was zynischerweise übersetzt »Platz des Himmlischen Friedens« heißt) in Peking Anfang Juni 1989.

Doch wie wir aus der Traumatherapie wissen, ist der erste Schritt, der heilsames Erinnern möglich macht, die Einrichtung eines sicheren Raumes. Dies geschieht meist über Imagination. Eine Trauma-Therapeutin erzählt, dass sie mit gutem Erfolg folgendes Bild imaginieren lässt: Der Klient stellt sich vor, er sitzt vor einem Feuer und hinter ihm ist eine schützende Felswand. Genauso wie diese Imagination für einen Einzelnen hilfreich ist, kann sie der Menschheit nützlich sein, entspricht es doch dem genetisch tief eingezeichneten realen Sicherheitsraum der früheren Menschen. Heilung ist ja nichts anderes, als sich an die Zeit zu erinnern, in der etwas noch heil war. Ein Arzt kann zwar durch Desinfizieren und Nähen einer Wunde die Heilung unterstützen, die Heilung selbst aber vollbringt der Körper. Er erinnert sich, wie der verletzte Teil des Körpers vor der Verletzung war, und lenkt den Selbstheilungsprozess so, dass er wieder in diesen Urzustand zurückkehrt.

Die 68er-Bewegung hatte eine Idee, wie eine bessere Welt ausschauen könnte, aber erst die moderne Gen- und Isotopenforschung in Kombination mit der damit verbundenen neuen Schau auf archäologische Zeugnisse machte es wie gesagt möglich, zu erkennen, dass es sich bei dieser besseren Welt um einen Zustand handelt, den die Menschheit schon einmal über einen Zeitraum von Hunderttausenden von Jahren hatte.

Wie ebenfalls schon gesagt wurde, sind sich die Verfasser des *Tagebuchs der Menschheit* ja sicher, dass die eigentliche Ur»sünde« der Menschheit, die sie aus dem paradiesischen Zustand katapultierte, die Überbevölkerung ist. Sie beziehen sich dabei auf eine ältere Version der Vertreibungsgeschichte, in der die Götter sich daran störten, dass die Menschen zu viel Lärm machten. Deshalb muss angenommen werden, dass der angebliche Auftrag des biblischen Gottes an die Menschen, sich zu vermehren und sich die Welt untertan zu machen, wohl auf einer späteren Umdeutung basiert. Es war wohl eher so, dass Gott zu Adam und Eva – salopp formuliert – sagte: »Ihr wollt es so haben, euch auf Teufel komm raus zu vermehren, und euch die Welt untertan machen, aber dann habt ihr im Paradies nichts mehr verloren. Im Schweiße eures Angesichts sollt ihr euer Brot essen, aber zieht euch wenigstens was drüber!«

Ich selbst hatte schon in der frühen Jugend das Empfinden, dass es zu viele Menschen auf der Erde gäbe. Sicher war diese Ansicht genährt dadurch, dass ich ältestes von sieben Kindern bin von Eltern, die sich so viel Nachwuchs mangels genügender Ressourcen eigentlich gar nicht leisten konnten. Auf jeden Fall entschied ich mich damals, keine Kinder auf die Welt zu stellen. Geredet habe ich mit niemandem darüber, ich sagte nur, dass ich nie heiraten würde.

In der 68er-Zeit wagte ich es einmal anlässlich einer Veranstaltung linker Studentenkreise, diese Meinung kundzutun. Einer der Kommilitonen runzelte die Stirn und sagte: »Uhhh, das ist aber gefährlich!« Er meinte wohl, ich plädierte für einen Genozid. Nichts liegt mir ferner. Da bin ich wieder verstummt.

Inzwischen sind fünfzig Jahre vergangen, und die Weltbevölkerung hat sich in dieser Zeit etwa verdoppelt. Doch die Idee, es solle wieder weniger werden, ist nach wie vor gesellschaftliches, politisches und wirtschaftliches Tabu. Udo Jürgens zum Beispiel komponierte schon 1988 ein Lied mit dem Titel »Gehet hin und vermehret euch«, das von verschiedenen Rundfunkstationen mit einem Sendeverbot belegt wurde, obwohl es weder gewalttätige noch unsittliche Inhalte hatte. Darin heißt es, es sei Zeit, Alarm zu schlagen: An jedem Tag wachse die Zahl der Menschen um 300 000, in jeder Woche über zwei Millionen. Aber wir wollten das nicht wissen, noch sei es nicht unser Problem. Doch wenn wir es merken, könne es zu spät sein. Wo die Menschen am ärmsten sind, vermehrten sie sich am schnellsten. Schon jetzt sei zu wenig Platz auf dieser Erde, und es werde immer weniger Platz sein. Nicht Kriege, Seuchen und Naturkatastrophen, sondern es seien die Menschen selbst, die ihren Lebensraum vernichteten. Wer die Umwelt schützen wolle, müsse die Welt bewahren.[63]

Schlagersänger, vor allem wenn sie häufig in den Hitparaden landen, sind Idole, denen man nacheifert. Aber stand Udo Jürgens wirklich für das, was er in diesem Lied äußerte? Er selbst zeugte vier Kinder – na ja, wir wissen ja, »der Geist ist willig, doch das Fleisch ist schwach« – und hat Enkel. Und so hat der Komponist und Sänger, unter ökologischen Gesichtspunkten betrachtet, zu einer ansehnlichen Vergrößerung seines »Fußabdrucks« innerhalb von zwei Generationen beigetragen. Die Zahl der Menschen, die ihren ökologischen Fußabdruck reduzieren wollen, nimmt laufend zu. Viele von ihnen verzichten deswegen auf Fleisch, aber nicht auf Nachwuchs. Es scheint einfacher zu sein, der kulinarischen Fleischeslust zu entsagen als der reproduktiven. Nun, bei mir war das nicht so. Ich mag zwar Sex, aber auch Würste. Doch da ich keine Familie gegründet habe, kann mir mein ökologischer Fußabdruck zumindest in dieser Hinsicht wurst sein: Er wird nach meinem Tod so oder so auf null reduziert werden.

Das Schwein, vom Mensch vielfach (art)*un*gerecht behandelt, versteckt sich oft in Würsten, wo es unsichtbar ist, wie im Falle der St. Galler Bratwurst, der Stolz jedes St. Gallers, wie ich einer bin. Und so wie alle St. Galler esse ich sie gern zusammen mit einem Bürli (einem runden, knusprigen Brötchen), stehend oder gehend in den Gassen der Stadt. Und wie alle meine Mitbürger betrachte ich es als eine Beleidigung, wenn Stadtfremde zu einer Bratwurst Senf verlangen. Das ist ein No-Go, weil durch die Beigabe von Senf der Unterschied zu einer anderen Bratwurst als der original Kalbsbratwurst nicht wahrgenommen werden kann. Und weil es sich um eine Kalbsbratwurst handelt, war sie auch sehr beliebt unter muslimischen Jugendlichen, bis ans Tageslicht kam, dass diese Wurst trotz ihres Namens je nach Qualität auch einen erheblichen Anteil an Schweinefleisch enthalten kann.

Das Schwein ist in vielen berühmten Würsten beheimatet, so im schweizerischen Wienerli (also »aus Wien«), das in Wien »Frankfurter« heißt. Oder den Braunschweigern, die der Protagonist Alvin Straight in David Lynchs Roadmovie »Eine wahre Geschichte – Straight Story« jeden Abend am Feuer brät. Würste braten am Feuer ist immer und überall beliebt, Erwachsene werden zu Kindern und entspannen sich. Es ist eine uralte Erinnerung an das Zusammensein am Feuer, mit einem gefüllten Tierdarm am Spieß.

Edmond war Teilnehmer in einer Weiterbildung in Erlebnispädagogik, damals schon bald siebzig Jahre alt und als Nichtschwimmer zum ersten Mal in einem Kanu auf dem Meer. Mutig! Als 78-Jährigen, das war ein Jahr vor seinem Tod, lud ich ihn ein zum philosophischen Cervelatbraten. (Der Cervelat ist eine Schweizer Brühwurst und nicht identisch mit der deutschen Zervelatwurst.) Für Edmond war Cervelatbraten am offenen Feuer nach wie vor das höchste aller kulinarischen Gefühle. Wir wählten einen Wald am Rand der Stadt Zürich, wo er schon als Jugendlicher seine Freizeit verbracht hatte. Edmond hielt die aufgespießte Wurst mitten in die Flammen und ließ sie kohlenschwarz anbrennen. Als ich Edmond darauf ansprach, dass es doch heißt, dass dies krebserregend sei, meinte er, dass ihm das egal sei und er seinen Cervelat schon als Zwanzigjähriger so gebraten habe. Und er sei damals schon gewarnt worden. Seither halte er die Wurst erst recht und voller teuflischer Freude – und zum Entsetzen aller – mitten in die Flammen. Eine rechte Dosis knallgelber Senf auf die schwarze Wurst und lustvoll hineingebissen – das war Edmond, kulinarischer Rebell.

Auch der Cervelat besteht, mit Ausnahme der Haut, aus Schweinefleisch. Er ist für die Schweizer das, was die Currywurst für die Deutschen ist: die Wurst aller Würste. Jeder Schweizer Vater ist stolz darauf, seinen Kindern das Cervelatbraten am offenen Feuer im Wald zu zeigen. 2008 drohte gar ein nationaler Notstand, als der Cervelat über Nacht vom Aussterben bedroht schien, weil die EU (und damit heutzutage unweigerlich auch die Schweiz) den Import von Rinderdärmen aus Brasilien verbot. Es können ja nur die Rinderdärme vom Zebu-Rind die knackige Hülle garantieren, die dem gegrillten Cervelat seinen wunderbaren Geschmack und das saftige Knacken beim Reinbeißen verleiht. In letzter Sekunde, als die Vorräte an diesen wertvollen Rinderhäuten zu Ende gingen, schaffte es die hohe Politik, Ersatzhäuten aus Paraguay die Einreise zu erlauben. Es gibt ja außer in diesen südamerikanischen Ländern nur in Indien Zebu-Rinder, aber diese dürfen nicht für niedrige Fleischfresser-Gelüste geopfert werden – dem Inder ist die Kuh so heilig wie dem Schweizer der Cervelat.

REZEPT

HOTDOG

Weil das ein lustiges Unterfangen ist, laden wir andere dazu ein. Wir wählen eine gerade, 2 bis 3 Zentimeter dicke luftgetrocknete Wurst (Trockenwurst), die sich gut aufspießen lässt und eine ordentliche Würze in den Teig bringt.

1 Kilo Mehl reicht für eine ganze Menge Hotdogs. Außerdem braucht es 2 Briefchen Trockenhefe, 1 Esslöffel Salz und lauwarmes Wasser.

Das Mehl mit Hefe, Salz und Wasser in warmer Umgebung (am Feuer) 20 Minuten gut kneten und den Teig 1 Stunde ebenfalls in warmer Umgebung aufgehen lassen. Vorsicht, der Teig darf auf keinen Fall zu flüssig sein, weil er sich sonst nicht fürs Stangenbrot eignet und herunterfällt. Eine Wurst auf einen dünnen Stecken spießen und den Teig spiralförmig um die Wurst wickeln. Dann wird das Ganze so am Feuer gebacken.

Nicht zu viel Teig um Stecken und Wurst wickeln, weil das Gewicht ihn sonst vom Stecken fallen lässt. Nicht direkt über das Feuer halten, sondern in einer Distanz von mindestens 20 Zentimetern (je nach Größe des Feuers), sonst wird der Teig außen zu schnell gebacken und bleibt innen roh.

16

MARSHMALLOWS – SYNTHETISCH ODER NATÜRLICH?

»Iroko – du Weltenbaum, du Hüter aller Zeiten! In deinem Schutze können Fragen reifen, und rund um dich kann das Leben seine Kreise ziehen.«

Marshmallows kannte ich nur als farblose Gebilde in den Süßwarenregalen des Supermarkts. »Wie kann man nur so etwas Künstliches essen?«, dachte ich mir jeweils, bis ich eines Tages erfuhr, dass es Menschen gibt, die diese Dinger auch auf dem Feuer grillen. Das weckte meine Neugierde. Als dann anlässlich eines Grillabends bei Freunden deren Kinder Marshmallows übers Feuer hielten, nahm ich die Gelegenheit wahr, sie zu probieren. Sie schmeckten nicht schlecht, was mich veranlasste zu recherchieren.

Ich lernte zu meiner Überraschung, dass Marshmallows aus Zucker, Eischnee und Geliermittel, also aus natürlichen Stoffen, bestehen und dass es sogar koschere gibt, mit Fischgelatine oder pflanzlichen Geliermitteln. Früher wurden sie aus dem Wurzelsaft der Sumpf-Malve hergestellt, der offenbar in Europa schon seit Langem als Heilmittel gebraucht wurde und wegen seiner klebrigen Substanz auch als Leim zum Einsatz kam.

Inzwischen ist das Angebot von Grill-, Brat- und Kochspezialitäten, bei denen oft unklar ist, ob es sich um Leim oder menschengerechte Nahrung handelt, rasant im Wachstum begriffen. Obwohl die ideologischen Trennlinien klar sind, sind die tatsächlichen Abgrenzungen so schwammig wie Marshmallows. Ist Fleisch aus dem Labor, wenn es von Stammzellen vom Biohof-Tier kommt, natürlich? Sind Fleischersatzprodukte aus Soja organisch? Sind Speisen aus der Molekularküche für den Sapiens artgerecht?

In seinem Buch *Feuer fangen* mit dem Untertitel *Wie uns das Kochen zum Menschen machte*[64] beschreibt der Primatenforscher

Richard Wrangham den Prozess der Menschwerdung als eine des Kochens. Diese relativ neue Erkenntnis, die in der Wissenschaft als die »Kochhypothese« bezeichnet wird, verdeutlicht, was unser menschliches Sein ausmacht. Es war die Ernährungsform, die uns das große Hirn bescherte, und das Feuer, das uns als kooperative und friedliche Gruppenwesen formte.

Das Bild dieser Kooperative, das Wrangham in seinem Buch zeichnet, ist seltsamerweise das der heutigen Kleinfamilie, in der die Frau am Herdfeuer bleibt, während der Mann sich um die Nahrungsbeschaffung kümmert. Eine solche Struktur konnte sich aber erst in der letzten Phase des Sammler-Jägertums vor der Agrarisierung etablieren, in der schon mit Pfeil und Bogen auf Kleinwild Jagd gemacht wurde. Da dies ein relativ kleiner Zeitraum ist, handelt es sich allenfalls um ein temporär-epigenetisches Element, denn genetisch, weil über einen Zeitraum von vielen hunderttausend Jahren praktiziert, ist zweifellos jene soziale Form, wie sie der Grafiker Zdeněk Burian in seinen wunderschönen Bildern malte (siehe Seite 206): eine Gruppe in der Größe von zehn bis fünfzehn Menschen gemeinsam unterwegs, Frauen, Männer und Kinder, eben alle, die gut laufen und Dinge tragen konnten. Ihre Mitbringsel waren neben Fleisch vom Großwild eben auch all jene Dinge, die der Gemischtwarenladen jener Zeit zu offerieren hatte. Und »zu Hause« freuten sich alle Daheimgebliebenen: Säuglinge, Schwangere, Alte, Kranke, Verletzte und selbst Behinderte, um die sich nachweislich schon die Neandertaler sorgten.

Auch in seinem neueren Buch *Die Zähmung des Menschen* [65] bezieht sich Wrangham auf ein kulturelles Element, wenn er die These vertritt, dass die Erfindung der Todesstrafe uns zum Menschen gemacht haben soll. Er meint, unsere Vorfahren hätten sich selbst gezähmt, indem sie dafür sorgten, dass nur diejenigen Gruppenmitglieder sich fortpflanzen konnten, die sozial eingestellt waren. Dies sei durchgesetzt worden, indem aggressives Verhalten mit dem Tod bestraft wurde. Das halte ich für eine etwas schimpansoide Sicht, eine mehr bonoboide und sympathischere wäre die, dass die Weibchen jenen Raufbolden einfach die Liebe verweigerten, das war einfacher und energiesparender.

Der Kinderwunsch ist natürlich, und den kann und soll man den Menschen auch nicht nehmen. Doch wenn alle Frauen dieser Welt nur mit einem Mann schliefen, sofern ihnen auch danach ist, und außerdem selbst bestimmten, ob sie schwanger werden wollten, wäre der Welt auf vielen Ebenen gedient. Im Vergleich zu diesbezüglich schlimmen Ländern der östlichen und südlichen Kontinente haben es Frauen in Ländern wie beispielsweise der Schweiz oder Deutschland relativ gut. Aber dennoch: In der Schweiz werden jährlich fast 700 Vergewaltigungen angezeigt,[66] und in Deutschland werden jährlich weit über hundert Frauen von ihren Partnern oder Ex-Partnern umgebracht.[67] Damit haben wir die Dunkelziffer noch nicht berücksichtigt.

In einer besseren Welt sollte das nicht vorkommen. Doch dass wir wieder zu einer guten Welt kommen, wird wohl erst in zukünftigen Generationen geschehen können. Wichtig ist jetzt für uns alle, endlich zu erkennen, dass nicht nur unser ökologischer Fußabdruck, sondern auch der psychotraumatische in seiner natur- und selbstzerstörerischen Wucht eingedämmt werden kann. Und das wird nachhaltig weder mit Gewalt noch mit Verzichtsgesetzen erreicht werden, sondern nur über positive Anreize.

Das bedingungslose Grundeinkommen könnte hier Teil eines aussichtsreichen Konzepts sein. Vor allem aber auch alternative Lebensentwürfe, die andere Formen von liebenden Gemeinschaften und sinnstiftenden Lebensaufgaben anbieten als die heutige, nicht dem Menschen der ersten Natur entsprechende Form der Kleinfamilie unter dem Diktat einer wettkampforientierten Karrierekultur.

Der alte Spruch der 68er »Make love not war« hat seine Schuldigkeit getan, er darf wie gesagt jetzt ersetzt werden durch jenen von Donna Haraway, den wir bereits erwähnten: »Macht euch verwandt, nicht Babys«, weil nicht mehr in erster Linie Krieg, sondern ein übervölkerter und überhitzter Planet die große Bedrohung für die Menschheit ist. Es ist ja nicht allein das Klima, das sich menschengemacht gefährlich erwärmt, sondern auch die Menschheit selbst in ihrer »unaufhaltbaren Eskalationstendenz« und dem »ziellosen und unabschließbaren Steigerungszwang«, der nach Hartmut Rosa zu einer gestörten Weltbeziehung unserer Gesellschaft führt.

Was eine ungestörte Weltenbeziehung wäre, hat uns unsere zeitgeschichtlichen Reise durch die Jahrhunderttausende der Menschheitsgeschichte gezeigt. Wir haben uns erinnert, dass diese Geschichte auch eine Kochgeschichte ist und was unsere artgerechte Nahrung wäre: Früchte, Blätter, Knochenmark, Trockenfleisch, Knollen, Muscheln, Honig, Dry Aged Beef, Fisch, Bohnen und Wildhühner. Mit der Agrarisierung kamen vor 14 000 Jahren Haustiere, Milch und Getreide dazu, wobei man im Falle der Milch und des Weizens wegen der hohen Unverträglichkeitsrate im Grunde schon nicht mehr von artgerechter Nahrung sprechen kann. Artgerecht ist in diesem Sinn statt Induktionsherd, Mikrowellenofen oder Gasgrill auch das Kochen am frei brennenden Holzfeuer und in der Glut. Dazu bräuchte es aber wieder mehr Wälder.

Was wären die Menschen ohne die Bäume? Sie sind die Träger von Früchten und Blättern, sie beherbergen Honignester, und sie liefern das Brennholz für die Zubereitung von Nahrung. Aber wir sind keine Baumwesen, das waren unsere Vorfahren, die Primaten. Deshalb ist der oft gehörte Spruch von Zynikern, wenn an ein besseres Menschsein in jenen Zeiten erinnert wird: »Was wollt ihr denn, zurück auf die Bäume?« Dabei sind wir ja längst zurück auf den Bäumen der Schimpansen, was unsere soziale Wirklichkeit betrifft.

Der Baumgott Iroko wird im afrobrasilianischen Candomblé mit einem Feigenbaum assoziiert, im afrikanischen Ursprungsland dieser Tradition hingegen mit dem Maulbeerbaum, der dort auch Iroko heißt und ein weitverbreitetes Bauholz ist. Bei den Bantuvölkern heißt die Baumgottheit »Kitembu« und stellt – weil mit dem Schöpfungsmythos verbunden – eine Hauptgottheit dar. Das Wort »Kitembu« klingt in der portugiesischen Sprache wie »Tempo«, was übersetzt sowohl »Zeit« wie auch »Wetter« heißt. Deshalb war es für die afrobrasilianische Tradition der Umbanda ein Leichtes, diesen Orixá Tempo zu nennen und ihn als Gott des Wetters und der Zeit zu sehen.

Iroko begleitete uns auf unserer Reise durch den großen Zeitraum der Menschheitsgeschichte also nicht nur als Träger von Früchten, Blättern und anderer Nahrung, sondern auch als Lieferant von Brennholz für das Kochen und außerdem auch als Gottheit der Zeit. Ein Sprichwort in Nigeria besagt: »Die Zeit gibt, die Zeit nimmt, die Zeit vergeht, und das Blatt wendet sich.«

Die Geschichte der Bäume ist einiges älter als die der Menschen. Sie beginnt vor 300 Millionen Jahren. In den ersten wässrigen Farnwäldern, die vorerst an nur wenigen Stellen wachsen konnten, gab es außer Insekten noch keine Tiere. »Deren Zirpen und das gelegentliche Aufschlagen von Wassertropfen, die von den Blättern fielen, sind wohl die einzigen Geräusche gewesen, die in einem Wald des Karbon zu vernehmen waren.«[70]

Der Mensch, und mit ihm das Feuer, kamen erst viel später dazu. In der Zeit zwischen dem Entstehen der ersten Waldgebiete und heute haben die Kontinente der Erde vielfachen Wandel erlebt. Wälder breiteten sich aus und zogen sich zurück, je nach klimatischen und anderen Umweltbedingungen wuchsen mal diese, mal jene Baumsorten besser. Schon vor dem Auftauchen des Menschen gab es also nicht so etwas wie *den* einen ursprünglichen Wald. Wald war mal so, mal so, wuchs mal da, mal dort. Und als die Menschen auf der Weltbühne erschienen, waren die Bäume von Anbeginn an ihre Freunde. Sie gaben Nahrung und Feuerholz, sie boten Schutz unter ihren Blätterdächern, sie lieferten den Rohstoff für Jagdwaffen, Boote und Hütten. Sie standen ihnen zur Seite mit ihrer alten Weisheit. Sie haben Namen wie »Baum der Erkenntnis« oder »Axis Mundi«, jene »Weltachse«, der wir in zahlreichen Mythologien vom Weltenbaum begegnen. Es ist der Baum, der Buddha die Erleuchtung zuflüsterte. Darum sitzen Meditierende dieser Tradition in einer Positur, die unverkennbar die eines Baumes ist, so wie die betenden Muslime eine Körperhaltung einnehmen, die jener eines großen Steines gleicht; diese verneigen sich im Gebet ja nicht nur in Richtung von Mekka als dem Geburtsort Mohammeds, sondern auch zur Kaaba, wo ihr heiliger Stein aufbewahrt wird. So können wir die beiden Religionen auch in ihrem Naturbezug unterscheiden: Während der Islam – wie alle mosaisch-monotheistischen Religionen – eine Religion des Steins ist, ist der Buddhismus eine Religion des Baums.

Bevor sie mit den Opferaltaren von Kain und Abel monolithisch wurde, war die alttestamentliche Religion noch eine des Baums. Der Baum war ein zentraler Austragungsort des biblischen Dramas, das aus der Vertreibung aus dem Paradies führte. Und so ist der Baum auch die Markierung eines Zeitpunkts, zu dem der heile Raum der Menschheitsgeschichte dem neuen, schweißtreibenden und von biblischen Plagen heimgesuchten Zeitalter Platz machen musste. Wir sagten ja schon, dass dieser Baum in der Mitte des Paradieses stand und es sich folglich nur um einen Garten gehandelt haben kann, denn in der Natur gibt es keine Mitte, und in der Regel steht kein Baum von Natur aus in irgendeiner Mitte.

In seinem Buch *Das geheime Leben der Bäume*[71] beschreibt der Förster Peter Wohlleben, wie Bäume miteinander kommunizieren und ihren Nachwuchs, aber auch alte und kranke Nachbarn liebevoll umsorgen und pflegen. So gesehen, haben die Menschen der ersten Natur mehr von ihren Freunden, den Bäumen, übernommen als von ihren Primatenvorfahren. Im Schatten der Bäume versammelten sich die Menschen seit Jahrtausenden, um über das Wetter zu reden. Und dieselben Bäume spendeten ihre trockenen Äste für das abendliche Lagerfeuer, wo man sich über die Nachbarn unterhalten konnte.

Aber auch die abendlichen Gespräche und das Geschichtenerzählen am Lagerfeuer sind uns fast gänzlich abhandengekommen. Erst wurde das Feuer in der Agrarzeit ins Haus verlegt, das Kochfeuer in einen speziellen Raum namens Küche und der wärmespendende

Teil als Kamin an die Wand, wo er dann später durch die Flimmerkiste ersetzt wurde. Heute schauen die meisten Menschen abends in dieses Ding und hören viele Geschichten, die nicht ihre sind. Das Kochen ist Sache einer einzelnen Person – meist der Frau –, oder man verspeist Fast Food: Schnellessen. Die Computerküche, in der alles elektronisch und automatisch abgehandelt wird, ist nicht mehr Utopie, unsere Spezies ist längst dabei, zum »Homo silicon-valleyensis« zu mutieren, bei dem Cookies nichts mehr mit Kochen zu tun haben. Während bei den Pinnacle-Point-People Innovationen nur vollzogen wurden, wenn Not war, gehören sie beim Silicon-Valley-Menschen zum Credo des Daseins. Durch Vernetzung des menschlichen Gehirns mit Computern und genetische Umcodierungen von Unerwünschtem ist der »neue glückliche Mensch« in Reichweite geraten, und es braucht – gemäß den Verheißungen – nur noch wenig, damit in den öffentlichen Verkehrsmitteln nicht nur die Menschen auf den Werbeflächen fröhlich ausschauen, sondern auch die auf den Sitzen. Eine Welt ähnlich der, wie sie schon Aldous Huxley in seinem 1932 erschienenen Roman *Schöne neue Welt* beschrieb. Seine »Glückspillen« waren Dinger in den Farben von Marshmallows, vergleichbar vielleicht mit den Tranquilizern, die von den Rolling Stones als »Mother's Little Helper« besungen wurden.

Wie gesagt heißt es, dass es uns heutzutage so gut geht wie nie zuvor und es uns in Bälde sogar noch besser gehen werde. Ich frage mich jeweils, wer denn damit gemeint ist. Sicher nicht die Menschen mit einem Einkommen von 1,90 US-Dollar pro Tag und Kopf, die die Mehrheit der Weltbevölkerung ausmachen. Was ist mit den psychischen Erkrankungen, Depressionen, Angstzuständen und anderen mentalen Erkrankungen, die inzwischen auf die vorderen Plätze der Liste weltweiter Erkrankungen stehen, wobei ja nur die extremen Fälle sichtbar werden, der Großteil liegt im Dunkeln. So wie all die Suizide, von denen man nie etwas erfährt, inzwischen aber eine der häufigsten Todesursachen junger Menschen sind. In der reichen Schweiz sind die Hälfte aller Sozialhilfeempfänger Kinder. Weltweit nehmen Burnout-Erkrankungen rasant zu, sind 270 Millionen Menschen drogenabhängig, wovon jährlich eine halbe Million stirbt.[72] 1,6 Millionen sterben jährlich einen gewaltsamen Tod. Mexiko hält den traurigen Weltrekord von täglich zehn ermordeten Menschen. Weltweit hat eine von fünf Frauen die tragische Chance, Opfer einer Vergewaltigung zu werden.

Und diejenigen, denen es wirtschaftlich gut geht, müssen sich fragen, auf wessen Kosten das möglich ist. Nahezu eine Milliarde Menschen leben in extremer Armut, vierzig Millionen müssen unter sklavenähnlichen Bedingungen arbeiten. Wir wissen, dass die Abholzung der Wälder massiv voranschreitet, die Meere werden von Fischen entleert und mit Plastikmüll gefüllt, fossile Energien überhitzen die Atmosphäre und lassen unsere Gletscher schmelzen. Die Wohlstandssicherung geschieht über Kredite aus der Zukunft; die Weltverschuldung liegt bei einem Vielfachen des Bruttosozialprodukts, und das mit steigender Tendenz.

In seinem Buch *Die Welt neu bewerten*[73] stellt der Soziologe Alexander Dill fest, dass die Maßstäbe, an denen Staaten heute gemessen werden, nicht objektiv sind. Er zeigt auf, dass die sogenannten armen Länder arm bleiben, weil das Bruttosozialprodukt als Maßstab dient – und nicht das Sozialkapital. Er stellt die Frage, wie etwa eine Energiewende finanziert werden soll, »wenn nur wenige Staaten Kredite zu Nullzinsen aufnehmen dürfen? Wie soll Frieden herrschen, wenn die Vertriebenen und Besetzten nicht auf die Solidarität anderer Völker bauen können?« Die viel geschmähte Weltbank verleihe pro Jahr nur einen Bruchteil dessen, was allein Deutschland jedes Jahr an neuen Krediten aufnehme.

Für Dill steht fest – so der Journalist Marc Engelhardt in seiner Buchbesprechung –,[74] dass, weil das Bruttosozialprodukt, die »Summe aller Güter und Dienstleistungen, die in einer Volkswirtschaft hergestellt werden«, über Wohl oder Wehe in den Rankings entscheidet, im Wettbewerb der Staaten reiche Länder reich bleiben – und arme Länder arm. Des Weiteren sagt er zu Dills Analyse des Kreditgeberlands Deutschland:

> »Wenn Alexander Dill das Bruttosozialprodukt auf diese Weise auseinandernimmt, dann entlarvt sich dieses vermeintliche Fundament aller Wirtschaftskraft als durchzogen von Luftbuchungen. [...] Wenn Deutschland etwa Griechenland eine Milliarde Euro leiht, dann fließen laut Dill 900 Millionen davon als Provision, Zins oder Honorar zurück nach Deutschland. Diese werden als Einnahme im deutschen Bruttosozialprodukt verbucht – und festigen damit Deutschlands Platz auf der Bewertungsskala, obwohl doch eigentlich ein ungedecktes Kreditrisiko in Höhe von einer Milliarde Euro entstanden ist. Doch das können Deutschland und andere Top-20-Staaten durch Staatsanleihen ausgleichen, die die Deutsche oder Europäische Zentralbank herausgibt und im Zweifel selber kauft. Das Problem: Arme Länder können so etwas nicht, denn ihre Währungen sind auf dem Weltmarkt

> nichts wert – sie müssen mit hohen Renditen Devisen anwerben. Als Beispiel dafür nennt Dill das ostafrikanische Tansania.«[75]

Die tansanische Zentralbank, so Dill, musste noch 2014 für die Zeichnung einiger Staatsanleihen einen Zinssatz von 15,56 Prozent bieten. Es könne »als ausgeschlossen gelten, dass mit derartigen Zinssätzen langfristige Investitionen wie Straßen, Eisenbahnen, Stromerzeugung, Wasser oder regionale Banken finanziert werden können, die ja dann alle traumhafte Jahresrenditen von 15,56 Prozent erwirtschaften müssten«. Die Einstufung von Tansania als »niedrig entwickelt« habe also vor allem zur Folge, »dass Tansania die nötigen Investitionen in seine öffentlichen Güter nicht selbst tätigen kann«.[76]

Stattdessen würden ausländische Investoren angeworben, schreibt Engelhardt, »die mit ihren Einkünften wiederum das Bruttosozialprodukt in ihrem Zuhause ankurbeln. Es ist ein Teufelskreis, aus dem es für die Tansanias dieser Welt kein Entrinnen gibt. Außer, die Welt würde anders bewertet.« Das zu erreichen sei die Mission, die Dill in der zweiten Hälfte seines Buchs beschreibe:

> »Seine Ausgangsfrage: Sollte Tansania ganz hinten auf der Weltrangliste stehen – ein Land, das anders als höherbewertete Staaten keine Kriege, keinen Terror, keine Hungersnöte kennt? Dill glaubt: Nein – und will deshalb nicht das Bruttosozialprodukt, sondern das Sozialkapital eines Landes zum Maß des Messens machen.«[77]

Aber auch im reichen Westen ist fraglich, ob unser Wohlstand automatisch mit einem zufriedenen Leben für alle einhergeht. Als ich beispielsweise zum Thema der Genitalverstümmelung von Frauen und Mädchen recherchierte und dazu den Begriff »Beschneidung« eintippte, befassten sich zu meiner Überraschung die ersten von der Suchmaschine angezeigten Seiten ausschließlich mit Männern. Ich wusste schon, dass in der jüdischen und in der islamischen Tradition Jungen beschnitten werden und dass diese Praxis ursprünglich in den damaligen wasserarmen Gebieten aus hygienischen Gründen eingeführt wurde. Da das hygienische Motiv in den aktuellen Zivilisationen entfällt, wird das Prozedere heute wohl nur noch aus religiösen Gründen aufrechterhalten. Nun lese ich aber, dass allein in den USA 70 Prozent der Männer beschnitten sind, obwohl ein Großteil dieser Gruppe weder jüdisch noch muslimisch ist. Viele Amerikaner wüssten nicht einmal, wieso sie beschnitten seien, und suchten die

Erklärung bei der Hygiene. In Wahrheit sei aber die Beschneidung in den USA erst ab dem Ende des 19. Jahrhunderts üblich, als im ganzen Land eine Tabuisierung von Sex stattfand.[78] Der Grund dafür scheint eine damalige Kampagne zu sein, welche die Masturbation durch die Beschneidung verhindern sollte.

Warum wird die Beschneidung weiter vorgenommen, obwohl sie zu vielen Komplikationen führen kann wie Infektionen, Blutungen, Vernarbungen, Problemen beim Urinieren, Amputationen des Penis und sogar zum Tod? Obwohl die Vorhaut ja kein genetischer Defekt ist, sondern wichtige Funktionen erfüllt, auch in Bezug auf die sexuelle Empfindung? Und offenbar bevorzugen Frauen den Verkehr mit unbeschnittenen Penissen. Auch wird in Studien nachgewiesen, dass die Beschneidung des Mannes mit einer Vielzahl sexueller Schwierigkeiten verbunden ist, insbesondere Orgasmusstörungen, Problemen bei der Penetration, schmerzhaftem Geschlechtsverkehr und einem »Gefühl der unvollständigen Erfüllung der sexuellen Bedürfnisse«.[79]

Aber auch bei einem Großteil der unbeschnittenen Männer kann offenbar nicht von einer ungestörten Sexualität ausgegangen werden, dafür sprechen zum Beispiel die Verkaufszahlen der einschlägigen Potenzmittel und die Bedrohung der afrikanischen Nashornpopulation durch die große Nachfrage nach den angeblich aphrodisierenden Hörnern. Wenn ich des Weiteren lese, dass neun von zehn Männern Pornografie konsumieren,[80] die ja in den meisten Fällen eine Erniedrigung der Frau zeigt, und dann noch in einem Sexratgeber von Frauen für Frauen erfahre, dass die Dame beim Oralverkehr halt lernen sollte, den Würgeinstinkt zu unterdrücken, frage ich mich, ob die Frauen da wirklich mitmachen müssen. Hat die »sexuelle Befreiung« der 68er gar nicht stattgefunden? Wie als Ausgleich scheint mit den sich rasant erhitzenden biologischen und gesellschaftlichen Zuständen vielfach eine zunehmende Erkaltung der menschlichen Gefühlsatmosphäre einherzugehen.

Was ist mit dem Feuer, das die Menschen von den Göttern erhielten? Das einstmals große Geschenk, das sich im agrarischen Mythos des Prometheus schon in ein Gestohlenes und in Besitz Gebrachtes verwandelt hatte, wurde im Zuge der fortschreitenden Entfernung vom Menschsein der ersten Natur mittlerweile fast gänzlich durch das Flimmern der Bildschirme ersetzt. Viele Länder kennen ein absolutes Verbot freier Feuer. Und vor Kurzem wurden auch die »alt«ehrwürdigen Glühbirnen aus ökologischen Gründen verboten, weil die Wärmeabgabe den wirtschaftlichen Wirkungsgrad vermindert. Der atmosphärischen Wärme wird kein Wert mehr zugemessen, und so sind auch unsere modernen nächtlichen Lichter erkaltet. Wir als Menschen der ersten Natur und Nachkommen der Pinnacle-Point-Leute wurden doch als soziale, kooperative und liebende Wesen über Jahrhunderttausende am abendlichen Lagerfeuer geschaffen; zufriedene und fröhliche Menschen, wie es heute noch die San sind. Menschen, denen das Wichtigste ist, einander glücklich zu sehen ...

Das Feuer begleitete mich schon im Kindesalter in angstmachenden Träumen; Feuer, die lichterloh brannten. Aber es gab das Erlebnis mit meinem Vater, der mir, seinem Sohn, das Feuermachen im Wald zeigte. Derselbe Vater, der mich auch beruhigte, als ich einst glaubte, ein Feuer geschürt zu haben, das außer Kontrolle zu geraten drohte. Das Lager- und Kochfeuer in der Natur begleitete mich auch in meinen Sturm-und-Drang-Jahren und wurde schlussendlich zu einem zentralen Element meines beruflichen Profils als Trekkingleiter, Erlebnispädagoge und Naturtherapeut.

So lernte ich in tausendundeiner Nacht die Wirkungen dieses Elements in menschlichen Gemeinschaften kennen. Es braucht kaum eine Intervention, außer vielleicht mal die Zurechtweisung eines schimpansoiden Alphatiers, das einer Frau beim Feuermachen das Streichholz aus der Hand nehmen will. Mit der Abmachung einer wertschätzenden und dialogischen Gesprächshaltung entsteht wie von selbst eine kooperative, konsensorientierte und egalitäre Kultur in freundlicher Atmosphäre, die auch kein Regenguss zu entzaubern vermag.

Um im professionellen Umfeld von Bildung wissenschaftliche Erklärungsthesen bieten zu können, forschte ich gern rund um das Thema »Mensch und Feuer«. In Johan Goudsbloms Buch *Feuer und Zivilisation*[81] kam ich zum ersten Mal in Kontakt mit der Erkenntnis, dass wir unser Menschsein primär der Nutzung des Feuers zu verdanken haben. Und in Hermann Parzingers *Kindern des Prometheus*[82] begegnete ich dann der bereits erwähnten These der neuen Archäologie, dass es den Menschen in voragrarischen Zeiten in vieler Hinsicht besser ging als heute.

Neben den weiteren Forschungen auf diesem Gebiet – ich stieß immer gerade auf jene Bücher, die für mich eine passende nächste Lektion bereithielten – war ich auch auf der Suche nach einer spirituellen Tradition, die kongruent mit meinen weltlichen Erfahrungen, mit meinem Denken, Fühlen und Tun wäre; das heißt, sie sollte nichtpatriarchal und naturbezogen sein. So stieß ich auf die Umbanda, eine synkretistische Tradition Brasiliens, Argentiniens und Uruguays, die aus afrikanischen, indianischen und europäischen Elementen besteht. Man sagt, die Umbanda sei 1920 in Rio de Janeiro entstanden. Bei einer spiritistischen Sitzung sei ein indianisches Geistwesen, ein sogenannter Caboclo, erschienen, der gefordert habe, dass er fortan auch gerufen werden wolle.

In Brasilien trafen sich ja vor 500 Jahren die Nachkommen jener Homo-sapiens-Gruppen zum ersten Mal wieder, die sich vor Urzeiten in Afrika getrennt hatten. Von den Bantus hat das Umbanda-Ritual das Element der Trance-Inkorporation über Trommelmusik und Tanz, als europäisches Element die Séance aus dem Kardezismus (nach dem Spiritisten Allan Kardec aus dem 19. Jahrhundert) und als indianische Elemente jene indigenen spirituellen Wesen, die Caboclos. Die Umbanda war aber nicht einfach eine willkürliche Mischung religiöser Elemente, sondern eine auf Wiedererkennung basierende Erinnerung an ein gemeinsames Menschheitserbe. So gesehen könnte man sagen, die Umbanda ist einerseits die jüngste Religion der Menschheitsgeschichte, weil erst 1920 gegründet, und gleichzeitig die älteste, weil schon vor 45 000 praktiziert. Die Heiltrance-Rituale der heutigen San im südlichen Afrika sind dem Umbanda-Ritual verblüffend ähnlich.

Die Umbanda ist der Ritualpraxis der San auch deshalb näher verwandt als andere Weltreligionen, weil sie egalitärer ist, kein kirchliches Oberhaupt kennt und jedes Mitglied mit den geistigen Welten direkt in Kontakt treten kann, nämlich durch die inkorporierten Geistwesen oder spirituelle Entitäten. Diese sind – je nach »Haus« – in bis zu acht Untergruppen eingeordnet, von denen die indianischen Caboclos und die sogenannten Pretos Velhos, das heißt die alten Schwarzen, die wichtigsten sind.

Eine dieser Pretos Velhos, eine schwarzafrikanische alte Weise namens Vo Lucia, ist mir eine große Freundin geworden. In ihren Inkorporationen erzählt sie oft vom Feuer. Vor vielen Jahren sagte sie einmal, dass uns das Feuer mit den Ahnen verbinde. Damals war mir diese Aussage noch ziemlich rätselhaft. Ein andermal erzählte sie folgende Geschichte.

> Es gibt eigentlich nichts Wichtigeres für die Menschen als das Feuer. Als Vo Luzia ein Kind war, gab es noch das heilige Feuer, und das ganze Leben spielte sich drum herum ab: Die Kinder waren da, die Frauen, die Männer, die Künstler, die Handwerker. Doch die Zeit verging, die Menschen arbeiteten viel, sie vergaßen, das Feuer zu hüten, und das Feuer erlosch.

Eine traurige Zeit begann. Die Menschen arbeiteten so viel, doch im Herzen waren sie traurig. Und das Traurigste war, dass sie das Feuer vergessen hatten.

Da war ein kleiner Junge, der schrie in der Nacht; da er aber noch keine Sprache hatte, konnte er der Mutter nicht erzählen, weshalb. Die Mutter war verzweifelt. Und der Junge war traurig. Als er aber älter wurde, erzählte er ihr, er habe von einem Feuer geträumt. Die Mutter dachte, der Sohn sei verrückt, denn sie kannte ja kein Feuer mehr; doch da sie ihn liebte, sprach sie mit ihm, und er erzählte ihr vom Feuer.

In jeder und jedem von uns gibt es einen Kleinen, der träumen kann. Und Vo Luzia ist hier, weil es hier das heilige Feuer gibt, weil es eine Gemeinschaft gibt. Das Feuer, zusammen mit der Erde, bringt Sicherheit, das Wasser bringt das Leben, und die Luft erzählt die Geschichten.

In dieser Geschichte fand ich auch meine eigene gespiegelt von jenem Kind, das so oft vom Feuer träumte. »Jeder Mensch hat von Geburt an ›seinen‹ Orixá«, sagt die Tradition, in der Vo Lucia beheimatet ist. Der Orixá, der mich begleitet, ist Xangô, also ausgerechnet jener, der den Menschen damals das Feuer brachte. Deshalb muss ich auch dieses Buch schreiben. Schicksal? »Was in unserem Leben schicksalhaft wirksam ist, ist das wahrhaft Bedeutsame, nämlich der Charakter des führenden Geistes, dessen Eigenarten das Leben auf die einzigen Möglichkeiten beschränken, die man wirklich hat.«[83]

In seinem Buch *Charakter und Bestimmung*[84] beschreibt der Psychotherapeut James Hillman, von dem das vorangegangene Zitat stammt, seine *acorn theory*. Diese besagt, dass jede Person über eine Einzigartigkeit verfüge, die danach suche, gelebt zu werden, und die bereits da sei, bevor sie gelebt werde. Hillman benutzt das Bild einer Eichel (engl. *acorn*), die bereits alle Merkmale des späteren Baums in sich birgt. Die Seele von jedem und jeder von uns habe einen einzigartigen »Daimon«, schon bevor wir auf die Welt kämen, und habe ein Muster gewählt, das wir auf Erden lebten. Dieser Seelen-Companion führe uns im Prozess der Ankunft, aber wir vergäßen das und glaubten, leer auf die Welt gekommen zu sein. Der Daimon erinnere uns daran, was zu uns gehöre, und darum sei er der Träger unseres Schicksals. Hillman meint, dass es einfacher sei, die Geschichte einer heldenhaften Selfmade-Entwicklung zu akzeptieren als die, dass du von der führenden Vorsehung geliebt bist, dass du gebraucht wirst für das, was du mitbringst, und dass sie dir manchmal auch in Situationen von Leid hilft.

Während Hillman eine gute Beziehung des Menschseins zu seinem Innern anregt, beleuchtet der bereits zitierte Hartmut Rosa in seinem Buch *Resonanz* ja die Weltenbeziehung der Menschen.[85] Rosa meint, dass der Maßstab nicht die Wettbewerbsfähigkeit oder die Ressourcenausstattung der Individuen oder Gruppen sein sollte, sondern in der Qualität ihres Weltverhältnisses selbst gefunden werden müsse. Intakte und scheiternde Weltverhältnisse bilden, so die Ausgangshypothese des Buches, die Basis für gelingendes und misslingendes Leben und liefern daher den unhintergehbaren Maßstab für eine Soziologie des guten Lebens.

Rosa sieht gute Gründe für die Annahme, dass eine Vorbedingung für ein gelingendes (resonantes) Weltenverhältnis im Ganzen in einem resonanzsensiblen »leibseelischen« Selbstverhältnis besteht. Der Kern der ökologischen Krise bestehe nicht darin, dass wir mit den natürlichen Ressourcen nicht vernünftig umgehen, sondern darin, dass wir die Natur als Resonanzsphäre verlieren, wenn wir sie nur als Ressource betrachten.

Ich habe Rosas Buch gern gelesen, weil ich seinen Resonanzbegriff mit meiner Beziehungserfahrung mit der Natur in Einklang bringen konnte. Es ist eine Natur, die ein eigenständiges, lebendiges Gegenüber darstellt, zu der wir eine reziproke Resonanzbeziehung pflegen können, die aber nicht per se verfügbar ist.

Sowohl Hillman als auch Rosa beziehen sich auf ein Menschsein, das wir als jenes der ersten Natur bezeichnen können. Und diese Menschen der ersten Natur sind, wie wir mehrfach gesehen haben, heute in eine Welt gestellt, für die sie nicht geschaffen wurden. Eine solche Welt wäre die einer »sprechenden, fühlenden und beseelten Natur«, meint der Kulturökologe David Abram in seinem Buch *Im Bann der sinnlichen Natur*.[86] Das Menschsein der ersten Natur beschreibt er als eine sinnliche Erfahrung der Landschaft, in der wir leben. Abram entwirft eine vollständig im Körper verankerte ökologische Philosophie. Dabei ist der Körper für ihn keine mechanistisch-biologische Maschine, sondern ein mit allen Sinnen wahrnehmendes, lebendiges Selbst, das unsere Sprache prägt und aus seiner Bezogenheit auf die lebendig atmende Natur heraus lebt.

Hillmans »Daimon«, Rosas »lebendige, unverfügbare Natur«, Abrams »mehr-als-menschliche Welt« und C. G. Jungs »kollektives Unbewusstes« sprechen zu uns in der Sprache der Phänomene. Jung war einer der wenigen, die es als Wissenschaftler wagen, magische Phänomene als Wirklichkeiten ernst zu nehmen. In seinem Buch *Synchronizität, Akausalität und Okkultismus* beschreibt er den

Themenkreis der Synchronizität (»sinngemäßen Koinzidenz«) und Akausalität als einen verwickelten Tatbestand, wobei es sich um Dinge handele, über die man nicht laut spreche, um sie nicht »gedankenlosem Spotte« auszusetzen.[87] Er mutet seiner Leserschaft nicht nur »Exkursionen in dunkle, zweifelhafte und durch Vorurteile abgeriegelte Gebiete menschlicher Erfahrungen zu, sondern auch die Aufbürdung von Denkschwierigkeiten«. Dabei äußert er sein Erstaunen darüber, wie viele Leute Erfahrungen dieser Art gemacht haben und wie sorgsam das Unerklärliche gehütet werde.

Er stellt dabei den Vergleich zur modernen Physik her, in der die absolute Gültigkeit der Naturgesetze erschüttert wurde und nur noch im makrophysikalischen Bereich statistischen Wahrheitsgehalt aufweise. Man werde in der makrophysikalischen Welt »vergeblich nach akausalen Ereignissen Umschau halten, schon einfach darum, weil man sich nicht-kausal verknüpfte, nicht zu erklärende Ereignisse gar nicht vorstellen kann«. Einmalige Ereignisse wie die Synchronizität fallen nach Jung wissenschaftlich auch deshalb nicht in Betracht, eben weil sie einmalig, das heißt nicht reproduzierbar sind. Solche Singularitäten zusammenzutragen ergäbe nur eine chaotische Kuriositätensammlung, wie in jenen alten Naturalienkabinetten, wo das Horn des Unicorn und eingetrocknete Meerfräulein zu finden wären. »Da genügt auch ein einzelner Zeuge nicht mehr, und auch mehrere reichen nicht aus, um ein einmaliges Vorkommnis als unbedingt glaubwürdig erscheinen zu lassen.«[88] Jung spricht davon, dass, wenn wir Material dazu sammeln wollen, wir es dort fänden, wo alle Autoritäten uns versichert haben, dass da nichts zu finden sei.

Jung zeigt auf, wie beharrlich sich dieses Thema nach der entmystifizierenden Aufklärung dem begreifen wollenden wissenschaftlichen Geist an die Fersen heftete, wobei er den zu seiner Zeit aktuellen »wissenschaftlichen Straßenbau an seinem vorläufigen Ende« sieht. Da sei einmal die den Ärzten wohlbekannte »Duplizität der Fälle« (vulgo: »Ein Unglück kommt selten allein«), was im wissenschaftlichen Begriff der »aperiodischen Gruppenbildung« ausgedrückt wird. Er erwähnt Schopenhauer, dessen Bemühungen um Kausalität er als »untaugliche Kraftübertragungsvorstellung« abtut, und weist darauf hin, dass schon viele vor ihm um nichtkausale Erklärungsversuche rangen mit Begriffen wie »Präfiguration«, »Korrespondenz« und »prästabilierte Harmonie«. Er erwähnt den Schriftsteller Wilhelm von Scholz, der in der Publikation *Der Zufall* eine Reihe von Fällen gesammelt habe und zum Schluss zu einer »Anziehungskraft des Bezüglichen« komme.

Jung führt das Beispiel einer jungen Patientin an, die ihm während eines entscheidenden Moments in der Behandlung einen Traum schilderte, in dem sie einen goldenen Skarabäus zum Geschenk erhielt. Da klopfte etwas hinter seinem Rücken leise ans Fenster. Es war ein Gemeiner Rosenkäfer, der entgegen seinen sonstigen Gewohnheiten in ein dunkles Zimmer einzudringen versuchte. Der Scarabaeidae, ein Blatthornkäfer, ist in unseren Breitengraden die nächste Analogie zu einem goldenen Skarabäus, der im alten Ägypten als heilig galt. Jung beschreibt dann den einsetzenden Heilungsprozess als das Durchbrechen des Panzers.

Jung bezieht sich auf die vielen Fälle solcher Synchronizitäten, in denen das Zusammentreffen eines innerpsychischen Anliegens mit einem äußerlichen Bild den Anstoß zu einem Heilungsprozess gab. Er bezeichnet diese Phänomene deshalb mit dem Begriff der »Synchronizität«, weil es sich seiner Meinung nach um »die Gleichzeitigkeit zweier sinngemäß, aber akausal verbundener Ereignisse« handelt. »Diese Bilder stehen in sinngemäßer Beziehung zu objektiven Ereignissen, die mit ihnen keine erkennbare, ja nicht einmal eine denkbare kausale Beziehung haben.« Jung gesteht aber zu, dass nach wie vor die Frage der Übermittlung bleibt. Er meint, dass uns auch die Tradition bei der Wahl zwischen transzendentem Sinn und magischer Kausalität nicht weiterhilft, »indem einerseits der Primitive bis zur Gegenwart Synchronizität als magische Kausalität erklärt, andererseits der philosophische Geist seit alters eine geheimnisvolle correspondentia der Naturereignisse bis ins 18. Jahrhundert angenommen hat«.

Diese »Entzauberung der Welt« nahm ihren Anfang in der beginnenden Monotheisierung der Götterwelt und der Ableitung nicht ursächlich verknüpfter, eben akausaler Ereignisse von einem einzigen wirkenden Gott. Die alte Welt der Geister landete, meint Jung, auf dem Scheiterhaufen. Wie dann in der Aufklärung das Monument des monotheistischen Gottes zu bröckeln begann, war von der alten Welt scheinbar nichts mehr vorhanden. »Mit dem Aufstieg der Naturwissenschaften im 19. Jahrhundert ist die correspondentia mit Ausnahme der Astrologie dann allerdings von der Bildfläche verschwunden, und damit schien die magische Welt früherer Zeiten endgültig untergegangen zu sein.«

Verschwunden ist sie nur scheinbar, denn sie hat ihr Unwesen im Bereich der Quantenphysik zu treiben begonnen, wo ihr mit wissenschaftlichen Begriffen wie Quantenverschränkung und Dekohärenz zu Leibe gerückt wird. Jung schließt seine Ausführungen mit dem

Satz: »Aus diesen Gründen scheint es mir notwendig, dass neben Raum, Zeit und Kausalität eine Kategorie eingeführt wird, welche die Charakterisierung der Synchronizitätsphänomene als eine besondere Klasse von Naturereignissen ermöglicht.«[89]

Eine »Wiederverzauberung der Welt« würde demnach auch heißen: ein Rückerinnern an die Sprache einer lebendigen Natur und das Verstehen ihrer Sprache im Sinne der Wortbedeutung von »Religion« (lat. *religere* [zurückbinden]) als »sorgsame Beachtung der Zeichen«, das heißt der Phänomene. In seinem Buch *Über die Natur – Das vergessene Wissen der Seele* schreibt Jung, unter den sogenannten neurotischen Patienten seiner Tage gäbe es »nicht wenige, die in früheren Zeiten nicht neurotisch, das heißt nicht entzweit mit sich selber, geworden wären. Hätten sie in einer Zeit und in einem Milieu gelebt, wo der Mensch noch durch den Mythus mit der Ahnenwelt und dadurch mit der erlebten und nicht bloß von außen gesehenen Natur verbunden war, so wäre ihnen das Uneinswerden mit sich selber erspart geblieben.«[90] Was Jung beschreibt, ist jenes Menschsein der ersten Natur.

In ihrem 1974 publizierten Hauptwerk *Göttinnen und Götter des Alten Europa* beschreibt die bereits erwähnte Archäologin Marija Gimbutas eine frühagrarische Kultur des »alten Europa«, die vor 9000 Jahren im südöstlichen Europa entlang des Donautals blühte.[91] Diese alten Europäer mit ihrer Sprache, deren Spuren heute noch im Baskischen zu finden sind, lebten in kleinen Gemeinschaften, die egalitärer organisiert waren als die bereits patriarchalisierten Völker im südlicheren Griechenland, deren größere Siedlungen zu jenem Zeitpunkt schon stark befestigt waren. Die Alteuropäer waren frühe Ackerbauern, die einerseits noch Wildpflanzen sammelten und Wild erjagten, aber auch gleichzeitig Pflanzen und Tiere domestizierten und Töpfereien herstellten. Aufgrund archäologischer Funde schloss Gimbutas, dass diese Völker friedvoll waren und eine göttinnenorientierte Religion pflegten.

Obwohl Gimbutas für ihre archäologischen Arbeiten großes Ansehen genoss und mit vielen Ehrentiteln und Preisen ausgezeichnet wurde, ist sie für ihre These, dass die berittenen und mit dem Schwert bewaffneten eurasischen Hirtennomaden Gewalt über Europa brachten, von ihren männlichen Berufskollegen heftig kritisiert worden. Erst der genetische Beweis für ihre Thesen brachte ihr eine Rehabilitierung, die sie aber nicht mehr erleben durfte.

Zdeněk Burian lässt uns mit seinem Bild »Das neolithische Dorf« in die Stimmung eines solchen alteuropäischen Dorfs einsinken.

Die Spuren eines ähnlichen vorpatriarchalen Alteuropas finden wir auch, wie schon an anderer Stelle erwähnt, in Riane Eislers Beschreibung des minoischen Kreta, jenen Zustand, der sich als »Goldenes Zeitalter« in der mythologischen Erinnerungskultur Griechenlands erhalten hat. Dem griechischen – später von den Römern übernommenen – Mythos zufolge waren die sozialen Verhältnisse im Goldenen Zeitalter ideal und die Menschen hervorragend in ihre natürliche Umwelt eingebettet. Kriege, Verbrechen und Laster waren unbekannt, die bescheidenen Lebensbedürfnisse wurden von der Natur erfüllt. Im Verlauf der folgenden, nach Metallen von absteigender Qualität benannten Zeitalter trat jedoch ein zunehmender moralischer Verfall ein, Macht- und Besitzgier kamen auf, verstärkten sich, und die Lebensbedingungen verschlechterten sich drastisch. In der Lebenszeit des Mythenerzählers habe diese Entwicklung einen Tiefstand erreicht.

Manche römische Autoren verkündeten zwar den Anbruch einer neuen Epoche des Friedens und der Eintracht und eine Erneuerung des Goldenen Zeitalters. Davon war aber weder im Römischen Reich

In diesem frühagrarischen Dorf scheint noch friedliche Kooperation ohne Mühsal zu herrschen. Es gibt Weizen, Rinder und Schweine. Der Mann im Vordergrund trägt einen Grabstock und eine Kalabasse. Vielleicht geht er auf Honigsuche.

noch im nachfolgenden europäischen Mittelalter etwas zu sehen. Zum Aufbruch der Kolonialzeit ging dann die Kunde von paradiesischen fernen Ländern um.

Die Kolonisatoren, Entdecker genannt, fanden überall auf dem Planeten fremde Kulturen vor, von denen sich einige noch im friedlichen Sammler-Jäger-Zeitalter befanden, während andere bereits agrarisch, patriarchal und gewalttätig waren. Ein friedliebendes und außergewöhnlich gastfreundliches Volk beispielsweise fand Kolumbus in den Arawak vor. Diese lebten bis zuletzt in matrilinearen Clans und besaßen eine komplexe Mythologie aus Jaguaren, Erd- und Mondmuttergöttinnen, bevor sie unter der spanischen Herrschaft versklavt und nahezu vollkommen ausgerottet wurden.

Die Arawak waren aber auch schon vor der Ankunft der Spanier von aggressiven Dominator-Kulturen bedrängt und vertrieben worden, ebenso wie viele andere Völker Amerikas. Der bereits erwähnte Wolfgang Paalen begegnete auf seinen Reisen im mexikanischen Urwald überall Zeugnissen jenes Prozesses, dem die Entstehung des Patriarchats zugrunde liegt, eben der bewaffnete Überfall auf friedliche Dörfer, deren Einnahme, Plünderung und anschließende Zerstörung.

Obwohl mancherorts in Südamerika archäologische und genetische Spuren darauf hindeuten, dass es auch Einwanderer direkt aus Afrika, aus Europa und aus dem pazifischen Raum gab, sind die aktuellen indigenen amerikanischen Völker alle Nachkommen der über die Beringstraße eingewanderten Asiaten. Und alle, auch die ab dem 15. Jahrhundert ankommenden Europäer und Afrikaner, sind ja Nachkommen der Pinnacle-Point-People. Und wenn heute noch im tiefsten Amazonasurwald bis jetzt »unentdeckte« Sapiens-Gruppen aufgestöbert werden sollten, handelt es sich nicht um seit jeher hier angesiedelte Clans. In allen Ursprungsmythen ist gemäß dem Anthropologen Wade Davis in der einen oder anderen Form von einer großen Reise aus dem Osten die Rede, »von heiligen Kanus, von riesigen Anacondas aus dem Osten den Milchfluss hinaufgetragen«.[92]

Es ist unverkennbar, dass es sich beim »milchigen Fluss« um den Amazonas handelt und bei der enormen Anaconda um Pororoca, jene gewaltige, bis zu fünf Meter hohe Gezeitenwelle, die einige Male im Jahr mit Geschwindigkeiten von bis zu 65 Stundenkilometern 800 Kilometer stromaufwärts tosen kann. Heute sind es keine heiligen Kanus mehr, die von der Atlantikmündung westwärts getragen werden, sondern waghalsige Surfer.

Auf unserem Planeten existiert kein einziges Volk mehr, das in seiner Geschichte nicht von anderen, mächtigeren und gewalttätigeren Gruppen vertrieben oder überwältigt worden wäre. Wenn wir die vollständige Besiedelung des Globus durch die Pinnacle-Point-People als eine erste Globalisierung bezeichnen, wäre dies eine zweite: die überall vollzogene Dominierung durch kriegerische Hirtenkulturen. Eine der letzten großen Unterwerfungen eines Urvolkes begann vor etwas mehr als 200 Jahren in Australien an den Aborigines durch die europäischen Einwanderer. Während sich Verdrängungen wie die der afrikanischen San durch die Bantu, der indischen Urbevölkerung durch die Arier, der indianischen Arawak durch die Kariben und viele andere noch auf eine Weltgegend beschränkten, waren die Überfälle der mehrfach erwähnten Kurganreiter die radikalsten, weil schlussendlich weltumspannend. Jene Europäer, die das Gewalterbe der indogermanischen Berittenen und Bewaffneten fortsetzten, überzogen ab dem 15. Jahrhundert als Kolonisatoren die restliche Welt mit einer in diesem Ausmaß noch nie dagewesenen Vertreibung und Ermordung indigener Bevölkerungen und der Inbesitznahme ihrer Länder.

Die tödliche Überlegenheit dieser patriarchalen Kurgan-Nachfolger gründete sich dabei nicht nur auf dem Pferd, dem Schwert und den mitgebrachten Seuchen, sondern auch auf ihrer »christlichen« Denktradition, welche die indigenen Völker de facto als »Nichtmenschen« deklarierte, die trotz der ursprünglich gewaltfreien und egalitären Lehre bedenkenlos abgeschlachtet, vergewaltigt und unterworfen werden durften.

Als europäische Männer auf dem amerikanischen Kontinent ankamen, glaubten die Indianer, diese seien von einem bösen Geist besessen, den sie »Wetiko« nannten. Wetiko war bei den Cree so etwas wie ein »Virus« der Selbstsucht, ein physischer Krankheitserreger, der das Opfer zwingt, seine unersättlichen Bedürfnisse zu stillen, als ob sie sonst hungern müssten. Er mache die Menschheit zu ihrem eigenen schlimmsten Feind.

Dieses dunkle Zeitalter der indogermanischen Okkupationen können wir als eine Globalisierung des »Gewaltregimes der Kurgan-Menschen« bezeichnen. Ein Ende fand das Gewaltregime bis heute nicht; das Völkermorden trieb weiterhin sein Unwesen, fortan in den eigenen Ländern: in Stalins Sowjetunion, in Hitlers Deutschland, in Maos China und in all den Ländern südamerikanischer und afrikanischer Diktatoren bis hin zu jenem der Amerikaner in Vietnam, das sogar unter dem Deckmantel von Freiheit und Demokratie erfolgen konnte. Und von den Kriegen im Irak war da noch keine Rede.

Die 68er-Bewegung deckte diese Bigotterie und Doppelmoral auf und reagierte mit einem wirksamen Protest; dadurch verlor das Herrschaftsinstrument von Krieg und Völkermord seine Unterstützung durch einen Großteil der Völker. Heute operieren die demokratisch oder scheindemokratisch gewählten Weltherrscher und die sie unterstützenden Eliten mit dem gut funktionierenden Kombi-Modell der Angstmache, des Sicherheitsversprechens und eines zunehmenden digitalen Steuerungsapparates. Im Brasilien Jair Bolsonaros kann ein solcher Prozess beobachtet werden, wobei ein durch eine Angst- und Sicherheitswahl an die Macht gekommener Militär seinerseits nach und nach sein Kabinett und seine Beraterstäbe mit Soldaten und Ex-Soldaten besetzt. In Ägypten kann eine durch massive amerikanische »Militärhilfe« gestützte scheindemokratische Militärregierung ungestört schalten und walten. Der Arabische Frühling hatte von allem Anfang an keine Chance, weil es für die Amerikaner zu keinem Zeitpunkt opportun war, das Militärhilfeprogramm (etwa 1,3 Milliarden Dollar pro Jahr) zu kippen und einen Angriff auf Israel zu riskieren. Selbst nach der Entmachtung Mohammed Mursis im Jahr 2013 äußerte sich Barack Obama nach langen Beratungen mit dem Sicherheitsstab des Weißen Hauses deshalb zwar als »›zutiefst besorgt‹ über den Sturz eines demokratisch gewählten Präsidenten«, das entscheidende Wort »Putsch« vermied er aber bewusst. Denn hätten die USA Mursis Sturz tatsächlich als Coup d'État definiert, hätte das massive finanzielle Konsequenzen gehabt, weil ein US-Gesetz von 1961 die Hilfe an die Regierung jedes Landes einschränkt, »dessen ordnungsgemäß gewählter Staatschef durch einen Militärputsch oder -erlass abgesetzt wird«.[93]

Im Zuge der demokratischen oder diktatorischen Vereinnahmung und Verwaltung der Massen, die eine zunehmende Gleichschaltung bedeutet; verliert unser Planet nicht nur die Diversität seiner Natur, sondern eben auch die der Menschen. Um aber blühenden Fortschritt zu zelebrieren, jagt eine Erneuerung die nächste, und so entfernen wir uns – um mit Harari zu sprechen – mit jeder Innovation ein Stück mehr vom Garten Eden. Jenen wenigen noch existierenden indogenen Kulturen, die unser Wesen als Menschen der ersten Natur verkörpern und damit ein wertvolles Kulturerbe des Sapiens verwalten, hat Wade Davis sein Buch *The Wayfinders* gewidmet. Und wie der Untertitel seines Buchs *Why Ancient Wisdom Matters in the Modern World* (»Warum alte Weisheit in der modernen Welt zählt«) sagt, möchte Davis zeigen, dass unsere jetzige Welt auf die altehrwürdige Weisheit dieser Völker angewiesen ist.

Er nimmt uns mit auf eine Reise an die Lagerfeuer indigener Völker der Anden, des Amazonas, Polynesiens, Nepals, Borneos, Australiens, der Sahara und der Kalahari und führt uns vor Augen, wie wichtig es für die gesamte Menschheit ist, diese Kulturen lebendig zu halten, weil sie einen zentralen Part im globalen Dialog und der Definition des zukünftigen Lebens auf unserer Erde spielen. Wade meint, auch wenn sich heute bereits 1500 Sprachen am »Lagerfeuer des Internets« träfen, sei es wichtig, auch deren Stimmen zu hören. Zur Beantwortung der Frage, warum, reicht ein Begriff, sagt Wade: »Klimawandel«. Über das Erdöl haben wir nun jahrhundertelang im Übermaß die uralte Energie der Sonne konsumiert. Unsere Wirtschaftsmodelle sind »Wurfgeschosse« statt Kreise, die sie sein sollten, und die Definition von Wohlstand allein über die Idee eines fortdauernden Wachstums auf einem endlichen Planeten bedeutet nichts anderes als einen langsamen Selbstmord. Deshalb sind die Stimmen dieser indigenen Völker wichtig, weil sie uns zeigen können, dass es Alternativen gibt, um sich im sozialen, spirituellen und ökonomischen Raum zu orientieren.

Wade Davis berichtet auch von seinem Leben mit den Inuit, welche die ersten Leidtragenden der Klimaerwärmung sind, und wie sein »Eskimo«-Freund Theo mit Tränen in den Augen auf das offene Wasser zeigt, das doch im Oktober längst gefroren sein müsste: »Der Gemischtwarenladen dieses Volkes ist draußen im Eis, und ihr emotionales Leben ist um so viel größer als jener, die in Städten leben.«[94]

Das Buch wurde mir von einer lieben Freundin empfohlen, die mit einem ebenso lieben Unternehmensberater verheiratet ist. Dieser teilt zwar auch die Ansichten Wades, aber auf die Frage, warum er denn trotzdem für Organisationen arbeite, die an der Ausbeutung und Zerstörung des Planeten beteiligt seien, konnte er nur antworten: »Ich muss doch meine Familie ernähren.«

In derlei Abhängigkeiten sind wir alle mehr oder weniger gefangen. Der Kapitalismus, die heute weltweit installierte Verwaltungsform der Massen, kann wie gesagt auf Wachstum nicht verzichten, Wachstum ist sein Lebenselixier. Das macht es der Menschheit praktisch unmöglich, bedrohliche Entwicklungen wie die Klimaerwärmung wirksam anzugehen. Keine Maßnahme, sei sie noch so vielversprechend, hat eine Chance, zum Einsatz zu kommen, wenn sie die kapitalistische Lebensader trifft. Und wir alle sind auf Gedeih und Verderb mit im Spiel, nicht nur wegen der Gefährdung der Arbeitsplätze, sondern auch unserer Renten, sind diese doch unmittelbar von den Zinserträgen an den Finanzmärkten abhängig. Darum wehrte und wehrt sich das ganze System gegen griffige Maßnahmen: erst durch die Leugnung des Klimawandels und später, als die Daten handfester wurden, durch die Leugnung eines menschlichen Einflusses auf diesen. Jetzt, da auch der menschliche Einfluss immer weniger bestritten wird, wird der Widerstand gegen wirksame Interventionen aufrechterhalten mit der Forderung, ja keine Maßnahmen zu ergreifen, die den Wirtschaftsmotor ins Stottern bringen könnten.

Wir sind ja alle an einer Verbesserung der Welt interessiert, daran gibt es kaum einen Zweifel. Aber schon bei der Frage, was mit einer besseren Welt gemeint ist, und noch mehr, wie wir dorthin gelangen können, gehen die Meinungen weit auseinander. Während viele überzeugt sind davon, dass innovative Techniken, fortschrittliche Wissenschaft und ein »freier« Markt zwingend zu einer besseren Welt führen und hierarchische Strukturen dafür unabdingbar sind, glauben andere, dass nur eine egalitäre Gesellschaft ein gutes Leben für alle garantieren kann. Diese Ansicht nannte sich einmal »Kommunismus«. Noch schmückt er als Worthülse viele Regime in den ehemaligen Ländern dieser Glaubensrichtung, doch in Wirklichkeit sind inzwischen weltweit sämtliche Kommunisten Kapitalisten geworden.

Unter den vielen »Isten« sind weiter die Fatalisten zu nennen, die finden, man könne ohnehin nicht viel machen und der Sapiens sei dem Gang der Dinge einfach ausgeliefert. Die Hinduisten sehen – wie auch die Buddhisten – keinen Anlass, das irdische Geschehen überzubewerten, für sie ist die materielle Welt nur Maya, Täuschung. Die Apokalyptiker unter den »Christen« sind ihrerseits der Meinung, dass die Auslöschung des menschlichen Geschlechts früher oder später so oder so stattfände. Dies soll nach der Offenbarung des Johannes in der letzten großen Schlacht des biblischen Armageddon geschehen (Apk 16, 1–21).

Als Vorboten dieser »Endlösung« erscheinen ein letztes Mal unsere »Kurganreiter«. Es sind deren vier: ein erster mit Pfeil und Bogen auf einem weißen Pferd – um zu siegen. Der zweite, ausgestattet mit einem großen Schwert auf einem feuerroten Pferd mit der Ermächtigung, »der Erde den Frieden zu nehmen, damit die Menschen sich gegenseitig abschlachten«. Der dritte Reiter sitzt auf einem schwarzen Pferd, in der Hand eine Waage, um Weizen und Gerste abzuwägen. Auf dem vierten, einem fahlen Pferd, sitzt der Tod, dem die Macht gegeben wird, »über ein Viertel der Erde zu töten durch Schwert, Hunger und Tod und durch die Tiere der Erde«. Dieses biblische Szenarium liest sich wie eine geschichtliche Zusammenfassung des psychotraumatischen Erbes der patriarchalen Reiterhorden der letzten 6000 Jahre.

Auch unter den Anhängern der neunten Weltreligion (nach Prothero), den Atheisten, gibt es die Apokalyptiker. Eines ihrer Szenarien ist die atomare Selbstauslöschung des Sapiens in einem letzten, menschengemachten Desaster in drei Akten: Der erste Reiter bringt die Bomben, der zweite den Fallout und der dritte den weltumspannenden atomaren Winter. Diese Gefahr einer nuklearen Selbstausrottung der Menschheit ist keineswegs gebannt. Das sogenannte »Gleichgewicht des Schreckens« kann nach wie vor kippen, solange es diese mit diktatorischer oder präsidialer Macht ausgestatteten Alpha-Männer gibt, die sich herausnehmen dürfen, auf den berüchtigten »roten Knopf« zu drücken.

Anders als bei der menschengemachten atomaren Bedrohung sind wir der Möglichkeit einer apokalyptischen Ausrottung durch ein tödliches und nicht besiegbares Virus ziemlich hilflos ausgeliefert. Ein solches mögliches Schicksal wird im Film »Outbreak – Lautlose Killer« aus dem Jahr 1995 dargestellt, in dem eine sich schnell verbreitende Ebola-Variante zur Bedrohung einer ganzen Stadt wird, die – wie immer in Hollywood – ein amerikanischer Held (dargestellt von Dustin Hoffman) in letzter Sekunde rettet.

Auch Aids hatte solches Potenzial, und ich fragte mich immer, warum denn dieses Akronym für *Acquired Immune Deficiency Syndrome* (»erworbenes Immundefektsyndrom«) im Englischen »Hilfen« heißt. War das eine Botschaft der Natur, in diesem Fall von Schimpansen übermittelt, die sagt: »Wenn ihr nicht bald etwas tut gegen die Überbevölkerung, nehme ich es selber in die Hand«? Nun, etwas hatte das Virus bei allem unermesslichen Leid ja dann bewirkt, dass nämlich die Verwendung eines Kondoms nicht nur »gesellschaftsfähig« wurde, sondern auch vielfach geforderte Norm. Genützt hat es dennoch nicht besonders viel, die Menschheit als Ganzes ist dem Hilferuf nicht gefolgt, die Weltbevölkerung wächst weiterhin rapide.

Ob das Coronavirus es schaffen wird, uns wachzurütteln – unser Bewusstsein für die Vernetzung der Welt flächendeckender zu sensibilisieren und »uns an die Überlegenheit der Natur über Homo sapiens zu erinnern«,[95] ist, während ich diese Zeilen schreibe und wohl auch noch eine ganze Weile danach, ungewiss. Auch dieses Virus ist offenbar von einem Wildtier auf den Menschen übergesprungen und treibt sein Unwesen vor allem in den Räumen größter Bevölkerungsdichten. Was mich diesbezüglich beunruhigt, ist darüber hinaus die aktuelle Berichterstattung, nach der man den Eindruck gewinnen könnte, das Virus habe sich auch in die Kommunikationsnetzwerke eingeloggt. Dabei ist es nicht einmal wichtig, ob es nun wie jenes HIV wirklich von Tieren auf den Menschen übergesprungen ist oder – wie in den obligatorischen Verschwörungstheorien kolportiert – aus irgendwelchen Gen-Laboren entwich beziehungsweise gar wissentlich freigesetzt wurde. In allen Fällen bleibt das Ganze ein Element der Natur, das sich – zufällig oder gesteuert – direkt gegen die Überpopulation des Sapiens richtet, einer Spezies, die sich selbstgefällig als »Krone der Schöpfung« bezeichnet. Dieser heute häufig nur noch ironisch verwendete Begriff lässt sich bis zur *Scala Naturae* (»Stufenleiter der Natur«) des Aristoteles zurückführen, dem frühen Versuch, die Natur systematisch in belebt und unbelebt zu ordnen, bei dem die am kompliziertesten scheinenden Lebewesen als die am höchsten stehenden eingestuft wurden. So inthronisierte sich der Mensch selbst als »›Krönung‹ der Schöpfung« oder *corona creaturae* an der höchsten Stelle des Systems. Corona will uns sicher auch zeigen, wer in Wirklichkeit die Krone aufhat.

In einem Gastkommentar in der *Neuen Zürcher Zeitung* schreibt Niall Ferguson, Senior Fellow am Zentrum für europäische Studien in Harvard, dass die Götter wohl einen »grausamen Humor« hätten: »Gerade als wir uns in die Gefahren der Kohlendioxidemissionen und der ansteigenden Temperaturen in den vor uns liegenden Jahrzehnten hineingesteigert hatten, sandten sie uns ein Virus, das fast perfekt geeignet ist, uns genau jetzt, in diesem Augenblick, in Verwirrung zu stürzen.«[96] Die wirklich große Gefahr, meint Ferguson, bestehe aber nicht »für das Leben durchschnittlicher Menschen«, sondern wegen der Folgen für das Wirtschaftswachstum. Oha: *Die Götter* haben es also auf die Ökonomie abgesehen. Das sind ganz neue Töne in einem konservativ liberal-bürgerlichen Blatt.

Offensichtlich ist, dass die Götter, wenn sie wieder einmal für alle spürbar wirken, es mit dem Virus auf die Bevölkerungsdichte abgesehen haben wie schon damals bei der Vertreibung aus dem Paradies. Und dass sie uns wegen unseres linearen Wachstumswahns gram sind, der sich so wider die Natur richtet, die ihrerseits, inklusive ihrer Götterwesen, ja nur zyklisches Wachstum kennt. Corona zeigt auch die Grenzen auf für ein Gesundheitssystem, das ganz auf wirtschaftliche Effizienz getrimmt wurde. Es gibt keine Polster und Reserven, um unvorhergesehenen Ereignissen wie Corona angemessen und wirksam begegnen zu können.

Eines der aktuellen Dramen, die Klimaerwärmung, gibt ein anschauliches Beispiel: Dem Wachsen der Weltbevölkerung und der

Wirtschaft steht ein bedrohliches Schrumpfen der Gletscher gegenüber. Unser Planet ist ein großes Gleichgewichtssystem. Luftaufnahmen zeigen einen massiven Rückgang der Luftverschmutzung und der klimaschädigenden Stoffe in den von Corona massiv betroffenen Gegenden. Als ob »die Götter« uns sagen wollten: »Wenn die Menschen nicht wollen, wir wollen nicht mehr länger zusehen …«

Luftschadstoffe, Corona und »die Götter« – sie alle sind Substanzen beziehungsweise Wesen einer für unser bloßes Auge unsichtbaren Welt, und wohl denen, die wissen, wie in dieser zu navigieren ist. Ferguson spricht ja nicht von »Gott«, da wären wir nur wieder in dem alttestamentarischen Muster eines Jahwe, der die Menschen für ihr Fehlverhalten bestraft; er spricht von *den Göttern*. Und wenn wir es mit jenen unserem Verstand unbegreiflichen Instanzen zu tun bekommen, indem sie uns eine Botschaft senden, dann empfiehlt es sich, genau hinzuschauen, nämlich, um welche Götter es sich da handeln könnte.

Corona ist ein Luftwesen. Es flog heimlich – wie im Film »Tanz der Vampire« – mit den Fledermäusen mit, die im abgeholzten Indonesien ihre Heimat verloren und nach China geflohen waren. Corona reitet auf Aerosolen und zielt auf die Lunge, das heißt auf den Atem; zu den ersten Symptomen gehört der Verlust des Geruchssinns. An der Erkrankung des Atems unseres Planeten sind wir alle mitschuldig, außer den Kindern. Aber Corona scheint ja seltsamerweise gerade ihnen wenig auszumachen. Ist das Virus wählerisch? Und was sind seine Kriterien?

»Nur Stämme werden überleben« betitelte Daniel Weber einen Beitrag im *NZZ Folio* vom November 1995. Mit Stämmen meinte er Virenstämme. Er schreibt, dass die Mikrobiologie und Virologie eine Fülle von Kenntnissen über Mikroorganismen gesammelt hätten und dass wir wüssten, dass wir ohne diese nicht leben könnten:

> »[…] unendlich vielfältig sind ihre Aufgaben im Stoffkreislauf der Natur […] wir wissen auch, dass sie uns auf grausame Weise töten. Ob Pocken oder Pest in der Vergangenheit, ob Aids, Cholera oder die Schlafkrankheit heute: Seuchen raffen Millionen von Menschen dahin, und die Medizin hat ihre Siegesgewissheit längst verloren. Die als Wundermittel gefeierten Antibiotika verlieren ihre Wirksamkeit, resistente Bakterienstämme breiten sich aus, immer raffinierter mutierende Viren erschweren die Entwicklung von Impfstoffen. Wohin das führen wird? Fest steht nur, dass in unserer sich schnell verändernden Umwelt

> Mikroorganismen keine Mühe haben, sich anzupassen. Ganz im Gegensatz zum Menschen, dessen Überleben, so der Medizin-Nobelpreisträger Joshua Lederberg, in der Evolution nicht vorgesehen ist. Mikroben haben die Erde viele Millionen Jahre vor uns bevölkert. Sie werden es auch nach uns noch tun.«[97]

Den Titel »Nur Stämme werden überleben« hat Weber wohl aus einem Buch vom Vine Deloria jr. übernommen. Dieser amerikanische Intellektuelle indianischer Abstammung meinte mit »Stämmen« natürlich die indogenen Sapiens-Gemeinschaften:

> »Die Stammesgesellschaft ist von solcher Natur, dass man sie von innen heraus erfahren muss. Das Leben in einer Stammesgemeinschaft ist so wohldurchdacht und behaglich, dass es fast wie eine Droge wirkt. Der Mensch, der mit Gewalt aus diesem System herausgenommen wird, wird reizbar und einsam. Er sehnt sich verzweifelt nach einer Rückkehr zum Stamm, manchmal nur, um seinen gesunden Verstand zu bewahren. In vieler Hinsicht werden Indianer, wie jede andere Gruppe auch, von der elektrischen Natur unseres Universums beeinflusst. Aber die Anschauungen des Stammes nehmen sofort auf, was berichtet wurde, und integrieren es in die Erfahrung der Gruppe. Vielerorts werden die Weißen nur als eine vorübergehende Erscheinung betrachtet, und es besteht der unerschütterliche Glaube, dass der Stamm die Herrschaft des weißen Mannes überleben und den Kontinent wieder beleben wird. Indianer saugen die Welt auf wie ein Fließblatt und führen ein von äußeren Ereignissen unberührtes Leben. Je gründlicher das geschieht, desto besser scheint der Stamm zu funktionieren und stärker zu werden. Von allen Gruppen in der modernen Welt sind die Indianer am besten gerüstet, mit neuartigen Situationen fertig zu werden.«[98]

REZEPT

MONGOLENSPIESS

Der Mongolenspieß hat nichts mit jenen Fleischzubereitungsarten zu tun, die sich »Mongolenhut«, »Mongolengrill« und so weiter nennen. Der Name entstand anlässlich einer Gruppenreise in der Mongolei und eines geplanten Grillessens in der Wüste.

Die einheimischen Reisebegleiter hatten Brennholz und viel Fleisch dabei. Nur hatte man vergessen, auch Gerätschaften zum Grillen mitzunehmen. Zudem gab es weit und breit keine Stauden, aus deren Ästen man einen Spieß hätte schnitzen können. Das Einzige, was zur Verfügung stand, war ein langer Metalldraht.

Kurz entschlossen nahmen die Einheimischen den Draht und reihten Fleischstücke darauf auf. Als dann die Teilnehmer rund um das Feuer saßen, je zwei sich gegenüber Sitzende je ein Drahtende in der Hand, und die Fleischstücke an den Drähten kreuz und quer über dem Feuer baumelten, war klar: Hier wurde gerade eine neue Grilltechnik erfunden.

Diese Grillversion ist auch ganz amüsant mit Marshmallows. Dabei lassen sich vielerlei Grillstücke nebeneinander aufreihen: Marshmallows, Zucchinirädchen, Halloumikäse, kleine Würstchen und so fort.

17

NÜSSE – AUSSEN HART UND INNEN WEICH

*»Nanã Buruku – Urmutter, Urschlamm, Urquell irdischer Kraft!
Wer dich vergisst, der irrt verwirrt, wer dich ehrt,
wird von altem Zauber genährt.«*

Wir haben dieses Kochbuch der Menschheit mit den Früchten begonnen, die wohl eine Hauptnahrung der Australopithecinen war. Aber auch Nüsse gehörten sicher zum Menü jener Urahnen. Während sie die Früchte mit Konkurrenten aus der Tierwelt teilen mussten, hatten sie die Knacknüsse mehr für sich, da der Zugang zum nahrhaften Kern ein Werkzeug voraussetzte. Es gibt wenige Tiere, die Nüsse öffnen können. Eines ist das Eichhörnchen, das sein Leibgericht zwischen die Pfoten zu nehmen und mit den Zähnen aufzunagen vermag.

Als Kinder hatten wir im Herbst große Freude daran, in Hecken Haselnüsse zu sammeln und gleich zu verspeisen. Im Gegensatz zu Beeren waren Wildnüsse völlig sicher, es gibt keine giftigen. Giftig werden Nüsse nur durch falsches Lagern. Viele Nüsse sind bis zu einem Jahr haltbar, und die »Hamster« wissen, wie solche zu bunkern sind. Auch wir Menschen sind mit einer solchen genetischen Sicherung ausgestattet, wie sonst wären wir anfällig für »Hamsterkäufe«? Bei den Nüssen haben wir noch einen natürlichen Instinkt: Wir mögen Nüsse nicht, die ranzig schmecken, deshalb würden wir nicht zu viele bunkern. Ganz anders bei der entwicklungsgeschichtlich gesehen relativ neuen Sapiens-Errungenschaft des Klopapiers. Da hat es sich bis zu den Genen noch nicht herumgesprochen, wann genug genug ist – wie die leergefegten Regale in den Supermärkten des frühen Jahres 2020 zeigten.

Während wir die Haselnüsse mit den Eichhörnchen teilen müssen, sind es bei den Walnüssen die Krähen. Diese intelligenten Tiere haben sich da etwas ganz Besonderes ausgedacht. Sie holen sich die reifen Nüsse von den Bäumen und lassen sie von weit oben auf die Straße fallen, wo diese aufspringen. Bei den Kastanien wiederum sind es die Würmer, die uns zuvorkommen können. Sogenannte Schädlinge sind ja in Wirklichkeit nichts anderes als Lebewesen, die dasselbe mögen wie wir. Zu einer ernsthaften Konkurrenz werden sie uns bei den Maronen aber nicht, gibt es sie doch in Hülle und Fülle in den europäischen Kastanienwäldern. In größeren Höhen, wo außer wenigen anderen Baumarten nur noch Buchen wachsen, finden wir immer noch die kleinen Bucheckern. Und auch die Eiche stellt uns ihre Frucht zur Verfügung, die wir allerdings wässern müssen, um die giftigen Gerbstoffe der Eichel unschädlich zu machen.

Botanisch wird eine Unterscheidung zwischen echten und nichtechten Nüssen gemacht. Zu den »unechten«, aber dennoch äußerst schmackhaften und nahrhaften Nüssen gehören die Pistazie, die zu den ältesten blühenden Kulturpflanzen zählt und im Nahen Osten heimisch ist, die Paranuss und die Cashew der tropischen Wälder Brasiliens, die Muskatnuss, die in größeren Mengen konsumiert Rauschzustände hervorrufen kann, und die Kolanuss, die neben dem Kokablatt die zweite Grundsubstanz des originalen Coca-Cola war.

Die früheste kultivierte Form von »Nüssen« sind die Erdnüsse; Archäologen datierten die ältesten bekannten Funde dieser Hülsenfrucht im Zusammenhang mit menschlichen Ansiedlungen auf ein Alter von 8000 Jahren. Mandeln, die im streng botanischen Sinn ebenfalls keine eigentlichen Nüsse sind, wurden vor 4000 Jahren erstmals kultiviert. Heute werden weltweit jährlich über zwei Millionen Tonnen geerntet, davon die Hälfte in den USA. Hier erlebt der Mandelanbau eine große Zunahme. Der Grund dafür liegt unter anderem im steigenden Bedarf durch eine vegan lebende Kundschaft.

Leider werden in diesen Plantagen im Kampf gegen Nahrungsfeinde Pestizide eingesetzt, was wiederum zu einem Bienensterben führt, wie zum Beispiel der Schweizer Regisseur Markus Imhoof in seinem Film »More than Honey – Bitterer Honig« von 2012 eindrücklich zeigt.

Die Nüsse aller Nüsse aber – ebenfalls botanisch nicht wirklich eine Nuss – ist die Kokosnuss. Das Klischee ihres paradiesischen Wohnorts kennen wir alle: jene wunderschönen Kokoshaine an den tropischen Sandstränden dieser Erde. Kokosnüsse sind ganz besondere Wesen. Sie können weite Strecken übers Meer treiben, um woanders wieder an Land zu rollen. Sie können einen Menschen erschlagen, wenn sie von der Palme fallen. Und sie verlangen von Letzteren ein großes Geschick im Klettern, um ihrer habhaft zu werden, aber auch, um sie zu öffnen. Den Erfolgreichen liefert sie nicht nur köstliches Fruchtfleisch, sondern auch ein sehr schmackhaftes und gesundes Wasser. Ihre Fasern dienen als Spinn- und Füllmaterial, und ihre Schale kann ein Trink- oder Essgefäß werden. Die Kokosnuss gehört auch zu den Opfergaben, die die afrikanische und afroamerikanische Gottheit Nanã Buruku erhält.

Nanã Buruku ist eine alte Wassergöttin, die vor langer Zeit von weit her kam. Sie hat schon viel erlebt und auch lange mit angesehen, wie die Welt von sich allzu wichtig nehmenden Kräften und Ideen besiedelt und zerstört wurde.

In der Zeit war es üblich, sich zu treffen, um darüber zu debattieren, wer nun unter ihnen der Wichtigste sei. Das war damals sehr wichtig und für Nanã ziemlich langweilig. Dort wurde also über Obatalá gesprochen, der die Menschen macht. Und über Orunmilá, den Herrn über das Schicksal der Menschen. Sie sprachen über Exú und was für ein wichtiger Bote er doch sei. Und besonders viel sprachen sie über Ogun und sagten: »Nur seinen Werkzeugen haben wir es zu verdanken, dass wir überleben können. Er ist der Mächtigste unter uns!«

Da reichte es Nanã Buruku endgültig, und sie widersprach: »Sagt das nicht. Wie wichtig ist denn seine Arbeit wirklich?«

Die anderen Orixás erwiderten: »Dank seiner Werkzeuge können wir unser Essen selbst verdienen. Dank seiner Werkzeuge können wir die Felder bestellen. Dank seiner Werkzeuge können wir Tiere schlachten und zerteilen.«

Doch Nanã wollte Ogun die Ehre nicht erweisen.

Daraufhin sprach Ogun: »Da alle anderen mich als den Mächtigsten ehren, scheint es mir angemessen, dass du es ebenfalls tust, Nanã.«

Doch Nanã wollte davon nichts wissen. Sie diskutierten lange Zeit, bis Ogun fragte: »Glaubst du also wirklich, dass ich entbehrlich bin?«

»Gewiss«, sagte Nana und ließ ihren alten Zauber über die Welt kommen. Alles wurde still. Niemand konnte sich mehr bewegen. Da lagen die besten Werkzeuge, aber niemand konnte sie bedienen. Da hatten manche Jäger Lanzen in der Hand, aber konnten sie nicht werfen. Da waren Krieger mit Waffen, aber ohne Kraft. Das ging so lange, bis alle begriffen: ohne Nanã keine Bewegung, keine Nahrung, kein Leben. Selbst Ogun begriff. Er wandte sich zur Alten und verbeugte sich tief. Das Leben kehrte zurück.

Wir haben im ersten Kapitel dieses Buches die Regen- und Nebelgöttin Euá kennengelernt und auf unserer Reise durch das Pantheon der afrikanischen Orixás auch die Flussgöttin Oxum und die Meeresgöttin Yemanjá. In diesem finalen Kapitel begegnen wir nun der letzten der vier Wassergöttinnen, Nanã Buruku. Und nach dem Abtauchen in diesen tiefen Ur-Ozean werden wir sozusagen »mit allen Wassern gewaschen« sein.

Nanã Buruku ist in den afrikanischen und afroamerikanischen Orixá-Religionen die älteste Gottheit, eine alte Frau und Urmutter. Sie ist sogar älter als die Schöpfung selbst, da sie schon vor allem anderen existierte. Das Wort *nanan* bedeutet »Wurzel«, gemeint ist die »Wurzel«, die sich im Zentrum der Erde befinden soll. Der Nanã-Buruku-Kult geht auf eine sehr frühe Zeit zurück, bevor das Eisen entdeckt wurde; daher kommt bei ihren Ritualen kein schneidendes Gerät aus Metall zum Einsatz. Sie wird ebenso als Gottheit des Lebens wie als Göttin des Todes verehrt.

Der afrikanische Nanã-Mythos und der hellenistische Mythos vom Goldenen Zeitalter sprechen vom selben. Mit der Herrschaft des Zeus folgte das Silberne Zeitalter, das Hesiod als Ära der schwindenden Vernunft und zunehmender Maßlosigkeit beschreibt, weshalb der Göttervater ein neues Zeitalter entstehen ließ, das Bronzene, in dem die Menschen das kriegerische Handwerk des Ares betrieben und von einer wütenden Faszination durch schreckliche Waffen erfasst wurden.

Die Menschheit hat sich also in eine schwierige Situation hineinmanövriert und eine große Nuss zu knacken. Wir haben die Wahl, die Aufgabe anzunehmen oder nicht. Sollen wir resignieren und weitermachen wie bis anhin?

In diesem Buch wird die These verfolgt, dass, wenn wir uns an einen heilen Raum der Menschheitsgeschichte erinnern, wir Wissen und Erfahrungen gewinnen können für andere Entwicklungsszenarien als die Sackgasse ungebremsten Wachstums. Sich auf die anzestrale Weisheit der Menschheit zu besinnen heißt nicht nur, an jene indigenen Völker zu denken, die Wade Davis beschreibt, sondern auch jene zu pflegen, die in unserer aktuellen Kultur noch erhalten wird.

Die Rückkehr ins Paradies ist nicht für immer ausgeschlossen, es gibt dort nur den Wächter mit dem Feuerschwert. Wer mit ihm Freundschaft schließt, kann eintreten, dort auf Gleichgesinnte treffen, die sich rund um die Lagerfeuer versammeln und wie in den guten Zeiten miteinander kochen. Aber davon sind wir noch weit entfernt, denn erst müssen wir die Versündigung wiedergutzumachen versuchen, die wir dem Planeten durch unser ungehemmtes Wachstum angetan haben. Da wir aber überzeugt sind, dass das in der Zukunft gelingen mag, plädieren wir dafür, die Erinnerung an das Paradies nicht durch die virtuelle Brille, sondern durch das konkrete Erleben an schönen Plätzen wachzuhalten, an lebendigen Lagerfeuern zu sitzen und die Glut der Menschheit zu hüten.

Zu diesen Hütern der anzestralen Glut gehören einmal jene Frauen und Männer, die Jagen und Fischen noch als altehrwürdiges Handwerk pflegen und verstehen. Dieses Handwerk umfasst nicht nur alles Wissen und Können rund um die Nahrungsquelle Wildtier, sondern auch die wertschätzende Haltung gegenüber der Natur im Allgemeinen und gegenüber dem erbeuteten Tier im Speziellen. Die heutigen Jagdrituale dieser Menschen, soweit sie sie noch pflegen, sind kaum anders als die indigener Völker, welche die Wildtierjagd als spirituellen Akt erleben und pflegen. Eine Haltung, die in unseren industrialisierten Schlachthäusern zwar nicht mehr anzutreffen ist, obwohl es sicher immer noch viele Metzger und Metzgerinnen gibt, die ihren Beruf in wertschätzender Haltung gegenüber dem Tier ausüben.

Anzestrales Wissen wird in der modernen Welt auch von den Praktikern der Naturheilkunde gepflegt. Dazu gehören das Hüten der Heilpflanzenkunde, die Kunst der Zubereitung von Naturheilmitteln und die Behandlungstechniken körperorientierter Therapien. Sie verdienen eine besondere Rückendeckung, wird ihr Tun doch von schulmedizinischer Seite ziemlich infrage gestellt und angegriffen. Ich selbst schätze die Arbeit beider gleichermaßen, bevorzuge aber in vielen Fällen den Naturheilzugang. Die Nebenwirkungen schulmedizinischer Substanzen lassen mich, so weit es geht, zurückhaltend sein. Auch soll nicht weggeschaut werden angesichts der Tatsache, dass weltweit jährlich Millionen Menschen bei schulmedizinischen Behandlungen zu Schaden kommen. Der Grund liegt nicht in der Methode an sich, sondern im hierarchischen und wirtschaftlichen Druck, dem das medizinische Personal ausgesetzt ist. Ich schätze die Ruhe und Gelassenheit meines naturtherapeutischen Hausarztes, meines »esoterischen« Zahnarztes, bei dem ich noch nie einen Schmerz verspürte, und meiner Fußreflexzonen-Therapeutin, zu der ich auch gern gehe, ohne ein akutes Leiden zu haben.

Neben dem kulturellen Menschheitserbe unserer Sammler-Jäger-Ahnen ist auch das altehrwürdige Wissen jener naturverbundenen Landwirtschaft zu berücksichtigen, die auf Pestizide, Herbizide, Antibiotika und Güllenschwemme verzichtet, mit bewusst gestalteten Landschaften, die sich an den Mustern und Beziehungen der Natur orientieren und eine Fülle von Nahrungsmitteln, Fasern und Energie für lokale Bedürfnisse produzieren. Die Rede ist von der zunehmenden Zahl an Permakulturhöfen. Permakultur – ein Kofferwort, abgeleitet aus dem englischen *permanent (agri)culture* für »dauerhafte Landwirtschaft« oder »dauerhafte Kultur« – basiert auf drei ethischen Grundlagen: Sorg für die Erde (Earthcare), sorg für die Menschen (Peoplecare), teile gerecht und schränk dich ein (Fairshares).

Charakteristisch für diese altehrwürdige Form der Landwirtschaft sind kleinräumige Landnutzung, unterschiedlich intensiv bewirtschaftete Zonen, große ökologische und biologische Vielfalt, Verwendung von einheimischen und fremdländischen Wild- und Kulturpflanzen sowie Tieren, multifunktionale Elemente (zum Beispiel das Schaf, das mäht und die Weide düngt, Milch, Fleisch und Wolle liefert), positive Beziehungen und Verknüpfungen der Elemente, mehrjährige Kulturen. Diese Art der Agrarökonomie kann in der Architektur, auf dem Balkon, in Gärten, auf Bauernhöfen, in Schulen, Gemeinden oder Betrieben und selbst in ganzen Stadtvierteln zur Anwendung kommen.

Es wächst auch die Zahl von Gemeinschaften, die das anzestrale Modell des egalitären Zusammenlebens der Menschen der ersten Natur wiederbeleben, soziokratische Konzepte verfolgen und Lebensgemeinschaften in der artgerechten Größe der Stammes-Communities unserer Vorfahren bilden. Und mit ihrem Aufruf »Macht euch verwandt, nicht Babys« plädiert Donna Haraway darüber hinaus dafür, dass wir in unsere Communities auch Mitglieder der »mehr-als-menschlichen Welt« aufnehmen, ein Begriff, den ja auch Abram in seinen Sprachgebrauch aufgenommen hat.[99]

Unsere Aufgabe, meint Haraway, sei es, uns »entlang erfinderischer Verbindungslinien verwandt zu machen«, was uns ermöglicht, gut zu leben und gut zu sterben. Unruhig zu bleiben, wie der Titel ihres Buches sagt, und zu »wirkungsvollen Reaktionen auf zerstörerische Ereignisse aufzurütteln, aber auch die aufgewühlten Gewässer zu beruhigen, ruhige Orte wiederaufbauen«. Sich als *kin* (Verwandtschaft, Sippe) »auf eigensinnige Art verwandt zu machen mit dem, dem gegenüber wir eigentlich verantwortlich sind, damit artenübergreifendes Gedeihen auf dieser Erde eine Chance hat«. Haraway meint, dass zwei Bewegungen unvereinbar sind mit dem Konzept des Unruhigbleibens, einmal der »lächerliche Glaube an technische Lösungen, ob nun säkularer oder religiöser Art«, die dereinst auftauchen würden, um uns zu retten. Und zweitens die Einstellung, dass es sowieso zu spät sei. Dies angesichts einer Verelendung von Milliarden Menschen für etwas, »das Profit oder Macht oder auch Gott genannt wird«, und der Explosion einer Bevölkerung, die sich in den letzten 200 Jahren um sechs Milliarden vergrößert hat, allein von 1999 bis 2011 um eine Milliarde – mit »verheerenden Folgen für beinah alle nichtmenschlichen Wesen«.

Auch Haraway sieht die Lösung darin, dass neu zu bildende oder schon gebildete Gemeinschaften mithelfen, »die menschliche Weltbevölkerung über einige Hundert Jahre hinweg radikal zu verringern und gleichzeitig unzählige Praktiken von artenübergreifender Umweltgerechtigkeit zu entwickeln«. Jedes Kind, meint Haraway, hat mindestens drei menschliche Eltern, und jede Frau das alleinige Verfügungsrecht über ihre sexuelle und reproduktive Freiheit, so wie es Nanã Buruku vorgelebt hat.

Eine bessere Welt, wie sie die UNO-Resolution vom September 2015 fordert, ist nicht erreichbar allein durch schöne Absichtsformulierungen. Und die Beseitigung von Hunger und Armut, das Recht auf ein gesundes Leben und Wohlergehen, das Recht auf gleichberechtigtes Lernen und Selbstbestimmung wird nicht gelöst mit moralischen Aufrufen zu allerhand Verzicht. Es würde auch nicht besser, wenn alle vegan lebten; eine vegane Klo-Spülung verunreinigt genauso viel Trinkwasser wie jede andere. Das Hüten unserer Quellen, Bäche, Seen, Flüsse als Geschenk von Himmel und Erde ist nur möglich, wenn wir sie nicht mehr so massenhaft bedrängen. Wenn die Wasser dieser Erde wieder sauber sind, wird die Verfügbarkeit von sauberem Trinkwasser für alle nicht mehr gefordert werden müssen, es wäre einfach eine natürliche Selbstverständlichkeit.

Was die UNO-Generalversammlung vergessen hat, ist, dass neben dem Recht auf ein gutes Leben auch das Recht auf ein gutes Sterben ein Menschenrecht sein sollte. Ich bin froh, dass mich meine Partnerin – falls es denn so kommt und uns möglich sein wird – an einen schönen Ort bringen wird, allenfalls gute Mittel verabreicht und mich im Kreis von sichtbaren und unsichtbaren Freunden am Feuer zum letzten Mal einschlafen lassen wird.

Ich bin nun siebzig Jahre alt, und es liegen fünfzig Jahre hinter mir, seit mich damals der Ruf der Natur ereilte. Mein Weg führte mich über den Natursport, die Leitung von Trekkingreisen und über die Erlebnispädagogik zum naturtherapeutischen Wirken. Mein Weg war ein Pionier- und Praxisweg, eine begleitende Theorie kam erst später dazu; in den letzten Jahren waren dies Publikationen, wie sie in diesem Buch erwähnt werden: Hartmut Rosas Resonanztheorie, welche die Natur als ein lebendiges, nicht per se verfügbares, also eigenwilliges Gegenüber sieht. Donna Haraways und David Abrams sinnliche Natur und die Beziehungspflege mit einer »mehr-als-menschlichen Welt« und viele andere, die an eine Wiederverzauberung der Erde und eine Wiedererinnerung des Magischen appellieren. Es ging um die Wiederentdeckung einer Weltenbeziehung, wie sie unsere Sammler-Jäger-Ahnen und die heute noch existierenden lebenden indigenen Kulturen pflegten und pflegen, und so wurde aus der Errungenschaft eine Hüterschaft; das Hüten, Pflegen und Weitergeben der anzestralen Naturbeziehung, das, was als »Einklang mit der Natur« bezeichnet wird und wir »Natur-Dialog« nennen.

Zentrales Element dieses Wachhaltens ist das Hüten des Feuers nicht nur, weil es uns an die große Schutz- und Ernährungsressource der heilen Menschheitsgeschichte erinnert, sondern auch, weil es uns rundherum im Kreis sitzend Geschichten erzählen lässt, die uns segensreich mit unseren Ahnen und vielen anderen unsichtbaren Wesen verbindet. Donna Haraway spricht von »artenübergreifenden Geschichten« als einer Rückgewinnung, womit sie ein gegenwärtiges Handeln meint: Es geht ihr um ein »Weitergeben von Verbindungen, die zählen: ein Geschichtenerzählen, das von Hand zu Hand geht, von Finger zu Finger, von Anschlussstelle zu Anschlussstelle«.[100] Haraways Wesen sind nicht vom Himmel, sondern »aus dem Schlamm«, wie Nanã Buruku.

Das Erzählen und Nachspielen von Mythen hat ein großes Heilungspotenzial für uns Menschen. Voraussetzung ist, dass wir hinter den Schleier der »patriarchalen Kontaminierung« zu sehen vermögen.[101] Die Deutungshoheit darf nicht mehr allein solchen patriarchalen Gurus überlassen werden, die das magische Zeitalter der Menschheit gern als »überwunden« und in der Mottenkiste der Geschichte versenkt sähen. Wir halten es lieber mit Donna Haraway und der Community der neuen »Art-Genossinnen« und sprechen deshalb von einem – weil vorpatriarchal und magisch – »tiefenmythologischen Heilungszugang«.

Zu erinnern und zu hüten sind jenseits von Corona nicht nur das tiefenökologische und das tiefenmythologische Kulturerbe der Menschheit, sondern auch ein tiefenspirituelles. Die Pflege einer *Kin*-Schaft mit jenen Helferkräften der Menschen, die aus dem Schlamm kommen. Die Hoffnung auf Hilfe von Wesen vom Himmel sollten wir besser hinter uns lassen. Eine religiöse Praxis des anzestralen wie auch eines zukünftigen heilen Raumes der Menschheitsgeschichte ist plural, egalitär, irdisch-naturverbunden und wird in einer konsensualen, liebenden Community praktiziert.

»So ihr nicht werdet wie die Kinder ...«, spricht Jesus (Mt 18, 3), jener Gott, der Mensch geworden, also aus dem Schlamm geboren, und dessen im *Tagebuch der Menschheit*[102] als ein Jesus der ersten Natur gedacht wird. In unseren Kindern ist der Mensch der ersten Natur noch lebendig. Und wenn wir wieder wie die Kinder, wieder zu Menschen der ersten Natur werden, sind die Tore ins Paradies frei. Ein Paradies, das ein zeitliches Jenseits ist, ein Garten Eden, der bis vor 10 000 Jahren Wirklichkeit war und in der Zukunft wieder Wirklichkeit werden kann. Der Satz »Mein Reich ist nicht von dieser Welt« (Joh 18, 36) kann dann diese Bedeutung bekommen: nicht von dieser Welt der Menschen der zweiten Natur mit ihren Kaisern und Steuergroschen, die uns in der Welt der ersten Natur gestohlen bleiben können, weil wir nur den Naturkräften zu Dank verpflichtet sein wollen. So verstanden, könnte auch ich in Jesus einen großen Propheten sehen: Wenn dieses von ihm beschriebene Reich wirklich zu uns kommt und ein erster Schritt zurück zum heilen Raum der Menschheitsgeschichte mit ihm begann, hat die neue Zeitrechnung in der Menschheitsgeschichte einen Sinn.

Wenn wir postmodernen, postpatriarchalen und postkapitalistischen Menschen es tatsächlich schaffen sollten, kann die Welt im Jahr 3000 vielleicht wieder wie das Goldene Zeitalter beschrieben werden: Auf dem Planeten Erde lebt eine umweltverträgliche Anzahl Menschen, wo jeder wieder jeden lieben kann wie sich selbst und an Orten, die ihrerseits wieder zu Paradiesen wurden: weite Palmenstrände, ausgedehnte Wälder, fischreiche Seen und Flüsse mit reinem Trinkwasser. Und mit Ausnahme der Geräusche des Windes in Baumwipfeln oder eines nahen Gewässers und den Vogelstimmen am Morgen und einzelner Tierstimmen in der Nacht vielerorts Stille. Da, wo die Menschen leben, sieht man abends die Feuerchen, um die sie sitzen. Die Menschen leben wieder in jenem Zeitrhythmus, der in ihren Genen festgeschrieben ist. Der Tod hat seinen Schrecken verloren, weil jeder das Recht auf Sterben durch Einschlafen hat und weil das Leben auf der anderen Seite, auch wenn wiedergeboren auf der Erde, in jedem Fall ein paradiesisches ist.

REZEPT

KASTANIEN AM FEUER

Unterwegs in den südlichen Alpenregionen, finden wir im Herbst reichlich Nahrung in der Natur. Besonders schmackhaft, nährend und in großen Mengen vorhanden sind Marroni (Maronen, Edelkastanien). Zur Zubereitung brauchen wir eine Marroni-Pfanne, die dank ihrer Löcher besonders leicht zu tragen ist.

Zubereitung: Die Marroni an der Rundung quer einschneiden und in der Pfanne über dem Feuer braten. Zwischendurch mit Wasser beträufeln, damit sie nicht zu trocken werden.

NACHWORT

Bei einem gekonnt zusammengestellten Menü erinnert das Dessert an die Vorspeise. Also macht auch ein Schlusswort, das sich auf die Anfangsworte bezieht, die Sache rund. Im Vorwort erwähnte ich, dass das Manuskript für dieses Buch mit dreißig Seiten begann. Neun Monate nachdem ich mit dem Weiterschreiben anfing, war das Manuskript fertig. Nun ist es soweit: Seit der Fertigstellung des Manuskripts und kurz vor dem »Gut zum Druck« sind wieder neun Monate vergangen. Was soll das bedeuten? Ein Buch, in dem unter anderem auch von Überbevölkerung die Sprache ist, bettet sich ausgerechnet in den Prozess einer Schwangerschaft ein?

Früher sprach ich von »Tabuthemen«, wenn ich mich zu Lebensentscheidungen wie dem bewussten Verzicht auf Kinder äußerte. Jetzt, nur zweimal neun Monate später, ist das kalter Kaffee für mich (auch im Nachwort wollen wir den kulinarischen Metaphern die Treue halten). Mit dem Wort »Tabu« braucht man das Thema nicht mehr zu belegen. Es ist unglaublich, fast eine Revolution. Ein Anliegen, das ich fast mein ganzes Leben für mich behalten hatte, ist salonfähig geworden.

Den Reigen eröffnet hatte mir Claudia Baer bereits im November 2017, und zwar mit einem Artikel in der *Neuen Zürcher Zeitung*, der den Titel »Kinder sind ein Ego-Projekt« *trug*:[103] Das gab mir damals schon den Mut, mit dem Thema an die Öffentlichkeit zu gehen. Und schließlich war ich überhaupt nicht mehr allein. Ich entdeckte auch das Buch *Gene, Völker und Sprachen*, das der renommierte Genetiker Luigi Luca Cavalli-Sforza bereits vor *über* zwanzig Jahren mit einem Aufruf an die Welt zur Reduktion der Bevölkerungsdichte und den Worten beendete, es sei unsere gr*ö*ß*te* Hoffnung, dass das nicht nur ein frommer Wunsch bliebe.[104]

Parallel zu diesem Manuskript schrieb ich auch andere Texte, vor allem zu Corona, beispielsweise einen ausführlichen Brief an eine Freundin in Berlin, in dem es um eine geplante Kanufahrt auf der Havel ging. Ich schrieb ihr, dass ich gern mit ihr gepaddelt wäre, aber nicht nach Potsdam reisen durfte. Es galten ja neuerdings im Westen allerhand (da und dort immer wieder gelockerte oder verschärfte) Regelungen, wie sie ansonsten nur für Diktaturen üblich sind: Ausgeh-, Versammlungs-, Grenzübertrittsverbote, deren Befolgung mit einem totalitären Überwachungssystem überprüft wird. Dazu wurden Grenzzäune wie jener zwischen Kreuzlingen und Konstanz aufgezogen. Der letzte historische Mauerfall ist schon wieder eine Weile her. Und davor war die Havel, die die Adressatin so sehr liebt, auch Teil jener Grenze.

Ich ging darauf ein, dass sie in ihrem Brief von Pflanzen erzählte und dabei das Lungenkraut erwähnte. Da hatte ich die Ohren gespitzt. Hatte das Kraut auch zu ihr gesprochen? Oder sie mit seinen pinkfarbenen Blüten angelächelt?

> »Du weißt ja, dass Pink in den Orixá-Traditionen die Farbe von Iansã ist, der ›Herrin der Luft‹. Das war das alte Wissen: Die Signatur der Pflanze sagt uns etwas über das ›kranke Element‹ und trägt in sich auch schon das Heilpotenzial. Die ›Online-Geberkonferenz‹ hat gerade fast 7,5 Milliarden Euro für die Entwicklung von Mitteln gegen das Coronavirus gesammelt.[105] Das fließt natürlich in die Pharmaindustrie. Was, wenn das Lungenkraut ein wirksames Mittel gegen Corona wäre? Das hat sicher noch niemand probiert – oder doch? Es wächst in jedem Garten, und es heißt, dass schon Hildegard von Bingen dieses Kraut als heilsam für Lungenkrankheiten empfahl, sie nannte es ›Lungwurz‹. Wie viele Frauen haben die Lungenheilkraft dieses Krauts aber schon vor ihr gekannt? Und wie viele nach ihr? Von Letzteren sind ziemlich viele auf dem Scheiterhaufen gelandet.«

Zu Hildegards Zeiten – sie lebte von 1098 bis 1179 – hätte Corona wohl kaum diese Dimensionen entwickelt, dafür war die globale Bevölkerungsdichte viel zu niedrig und die Luft noch zu sauber für die Lungen-Vorerkrankungen heutiger Art. Mittlerweile sind wir bald acht Milliarden, und so konnte Corona die Welt derart in Panik versetzen, dass das Heil in der Isolation gesucht wurde. Wie in Hildegards Inklusium haben sich die meisten freiwillig »einmauern« lassen und sind wochenlang in ihren vier Wänden geblieben, obwohl ein Spaziergang in der Waldesluft sicher auch gutgetan hätte.

Wenn Corona kein aus einem menschlichen Gen-Labor entwichenes oder willentlich entlassenes Kunstprodukt ist, wie es in mehr oder weniger kruden Theorien heißt, dann ist es zweifellos ein Element der

Natur, genauer gesprochen, ein Luftelement: Es ist unsichtbar wie die Luft, es überträgt sich über die Luft, und es geht beim Menschen auf die Luftorgane. In den schlimm verlaufenden Fällen – vor allem jenen mit Vorbelastungen der Atmungsorgane – nimmt es den Menschen gar die Luft.

Im naturdialogischen Denken geben wir der Natur ja eine eigene Stimme. Und die kann offenbar mit ganz kleinen Dingen ziemlichen Lärm entwickeln. Jedenfalls sind unsere wertvollen Metallvögel, gegen die Greta Thunberg fast aussichtslos zu Felde zog, jetzt allesamt gegroundet, verursacht durch ein noch wesentlich winzigeres Wesen. Was für eine Ironie!

Das alles schrieb ich im Mai 2020. Inzwischen sind die meisten Grenzen wieder offen und der Revoluzzer in mir wieder etwas in den Hintergrund getreten. Beim Einkaufen trage ich die Maske gelassener. Hatte ja auch seine Vorteile – ich war selten so wenig erkältet wie in diesem Herbst und Winter.

Obwohl sie noch nicht ausgestanden ist, spreche ich manchmal von »der Coronazeit« als etwas Vergangenem. Es war nicht für alle *nur* eine schlechte Zeit. Viele Menschen wurden ruhiger und verbrachten mehr Zeit in der Natur. In meinen Kreisen wurde ein reges Sozialleben gepflegt, stets unter Einhaltung der für Zusammenkünfte erlaubten Personenzahl. Es war faszinierend zu erleben, dass sich wie von selbst immer eine Gruppe von zehn bis fünfzehn Menschen einfand, sowohl in den Seminaren als auch im privaten Kreis, sogar bei Ritualen; es regelte sich wie von selbst. Auch Schulklassen wurden vielerorts wieder auf eine Zahl unter fünfzehn heruntergebrochen, und die Fußballteams (je elf plus Schieds- und Linienrichter) spielten ohne Zuschauer.

So gesehen schien Corona die Menschen wieder in der natürlichen, sprich genetisch nahegelegten Größe zusammenzubringen. Die Gruppe eben, die um ein Lagerfeuer Platz hat.

Dreizehn ist auch die Zahl auf jenen Gruppenbildern, die die berühmteste Essensszene des Abendlands zeigen, das Abendmahl Jesu. Sucht man nach Darstellungen des letzten Abendmahls, stößt man vor allem auf Bilder, auf denen die zwölf Apostel mit Jesus an einem Tisch zu sehen sind. Nun hatte man zu jenen Zeiten in diesen Regionen gewöhnlich keine Möbel in den Häusern, die Menschen saßen auf Decken. So können wir mit ziemlicher Sicherheit annehmen, dass, wenn dieses Abendmahl tatsächlich stattfand, es im Freien um ein Feuer geschah, wobei auch das Brot – wie üblich – gebacken und verteilt wurde. Urmenschliches Feuerkochen eben.

REZEPTVERZEICHNIS

ANMERKUNGEN

1 – Polly W. Wiessner: »Embers of society. Firelight talk among the Ju/'hoansi Bushmen«, PNAS 111 (39), 2014: 14 027–14 035, https://www.pnas.org/content/111/39/14027, abgerufen am 20.11.2020

2 – Max Rauner: »Bonobos und Schimpansen. Die zwei Gesichter des Menschen«, Zeit Online, 15.4.2016, https://www.zeit.de/zeit-wissen/2016/03/bonobos-schimpansen-stammbaum-verwandtschaft-sex-gewalt, abgerufen am 20.11.2020

3 – Carel van Schaik und Kai Michel: Das Tagebuch der Menschheit. Was die Bibel über unsere Evolution verrät, Rowohlt, Reinbek bei Hamburg 2016

4 – Wade Davis: The Wayfinders. Why Ancient Wisdom Matters in the Modern World, House of Anansi Press, Toronto 2009

5 – Michael Tomasello: Die Ursprünge der menschlichen Kommunikation, Suhrkamp, Frankfurt am Main 2009

6 – Jan Assmann: Moses der Ägypter. Entzifferung einer Gedächtnisspur, Hanser, München 1998

7 – Vgl. Joseph Campbell: Der Heros in tausend Gestalten, Insel, Berlin, 6. Aufl., 2019

8 – Vgl. Arnold van Gennep: Übergangsriten, Campus, Frankfurt am Main 2005

9 – Vgl. Paul Rebillot und Melissa Kay: Die Heldenreise. Das Abenteuer der kreativen Selbsterfahrung, Kösel, München 2000

10 – Donna J. Haraway: Unruhig bleiben. Die Verwandtschaft der Arten im Chthuluzän, Campus, Frankfurt am Main/New York 2018

11 – Friedrich Nietzsche: Also sprach Zarathustra. Ein Buch für Alle und Keinen, Bd. 4, C. G. Naumann, Leipzig 1891

12 – Vgl. Hartmut Rosa: Resonanz. Eine Soziologie der Weltbeziehung, Suhrkamp, Berlin, 3. Aufl., 2018

13 – Vgl. Wiessner, a. a. O., Anm. 1

14 – Paul Wernicke: »Erste Einblicke und Gedanken über meine Reise in die Kalahari zu den Ju/'hoansi«, 2018, https://wildnisschule-hoherflaeming.de/wp-content/uploads/2018/02/Reisebericht-Namibia.pdf, abgerufen am 7.12.2020

15 – Vgl. Sigmund Freud: Das Unbehagen in der Kultur, Internationaler Psychoanalytischer Verlag, Wien 1930

16 – Vgl. Schaik/Michel, a. a. O., Anm. 3

17 – Vgl. Robin Dunbar: How Many Friends Does One Person Need? Dunbar's Number and Other Evolutionary Quirks, Harvard University Press, Cambridge, MA, 2010

18 – Vgl. Attilio Gatti: Bapuka, Orell Füssli Verlag, Zürich 1963

19 – Lindsay Hale: Hearing the Mermaid's Song. The Umbanda religion in Rio De Janeiro, Albuquerque, NM, 2009

20 – Vgl. Svante Pääbo: »Der Neandertaler in uns«, Max-Planck-Institut, 6.5.2010, https://www.mpg.de/der-neandertaler-in-uns, abgerufen am 8.12.2020

21 – Matthias Nolte: »Der Neandertaler und die Religiosität«, in: Handbuch der Religionen, 2011, Kap. I 17.2

22 – Vgl. zum Beispiel Svante Pääbo: »Die Neandertaler«, Max-Planck-Institut, o. J., https://www.mpg.de/neandertaler, abgerufen am 8.12.2020

23 – Zitiert nach Chris Frey Eike (Übers.): »Nordlichter. Hinweis auf eine kommende Mini- oder Kleine Eiszeit?«, 16.3.2019, https://www.eike-klima-energie.eu/2019/03/16/nordlichter-hinweis-auf-eine-kommende-mini-oder-kleine-eiszeit/?print=print, abgerufen am 29.11.2020

24 – Vgl. ebenda.

25 – Gabriele Uhlmann: »Der ›Hirschmensch‹ aus der Höhle Trois-Frères – was sehen wir da wirklich?«, Wahrscheinkontrolle. Patriarchatskritische Anmerkungen zum Zeitgeschehen - Faktensammlung Patriarchat, 22.6.2018, https://wahrscheinkontrolle.wordpress.com/2018/06/22/der-hirschmensch-aus-der-hoehle-trois-freres-was-sehen-wir-da-wirklich/#more-412, abgerufen am 29.11.2020

26 – C. G. Jung: Synchronizität, Akausalität und Okkultismus, München 1990

27 – Vgl. Stephen Prothero: Die neun Weltreligionen. Was sie eint, was sie trennt, München 2011

28 – Melanie Nyfeler: »Menschen mitverantwortlich für das Aussterben der Höhlenbären«, Universität Zürich, Pressemitteilung vom 15.8.2019, https://idw-online.de/de/news720615, abgerufen am 30.11.2020

29 – Vgl. Hermann Parzinger: Die Kinder des Prometheus. Eine Geschichte der Menschheit vor der Erfindung der Schrift, München, 5. Aufl., 2016

30 – Gabriele Herzog-Schröder: »Und der Kaiman lachte. Zur Bedeutung des Feuers bei den Yanomami in Nordamazonien«, in: Feuer, Schriftenreihe FORUM, Band 10, Kunst- und Ausstellungshalle der Bundesrepublik Deutschland, wissenschaftliche Redaktion (Hg.): Bernd Busch, Johann Georg Goldammer und Andreas Denk, Bonn/Köln 2001, S. 354–366, https://www.goethe.de/ins/pt/pro/amazonas/campus/dokumente-lehrer/Kaiman.pdf, abgerufen am 1.12.2020

31 – Jamie Oliver: »Klare Hühnerbrühe, ein Kraftspender« (Rezept), https://www.jamieoliver.com/de/recipes/chicken-recipes/feel-good-chicken-broth/, abgerufen am 1.12.2020

32 – Vgl. Christoph Schneider: »Federn wie ein Vogel - die Zukunft für Flugzeuge?«, WWF Jugend, 17.5.2012, https://www.wwf-jugend.de/blogs/2810/3018/federn-wie-ein-vogel-die-zukunft-fur-flugzeuge, abgerufen am 1.12.2020

33 – Johann Wolfgang Goethe: *Faust. Der Tragödie erster Teil*, Vers 1335f., Stuttgart 1971

34 – Yuval Noah Harari: Eine kurze Geschichte der Menschheit, München 2015

35 – Vgl. zum Beispiel Humberto R. Maturana und Francisco J. Varela: Der Baum der Erkenntnis. Die biologischen Wurzeln menschlichen Erkennens, Frankfurt am Main 2009

36 – Vgl. Joachim Bauer: Prinzip Menschlichkeit. Warum wir von Natur aus kooperieren, Hamburg 2006

37 – Vgl. zum Beispiel Lynn Margulis: Die andere Evolution, Heidelberg/Berlin 1999

38 – Vgl. Schaik/Michel, a. a. O., Anm. 3

39 – David Scott: Die Mühlen der Zivilisation. Eine Tiefengeschichte der frühesten Staaten, Berlin 2019

40 – O. V. (Kürzel: hae): »Heidengebäck«, Neue Zürcher Zeitung (Archiv), 6.1.2012, https://www.nzz.ch/archiv_1939-1.13986622?reduced=true, abgerufen am 8.12.2020

41 – Vgl. zum Beispiel Wolfgang Paalen: »Le plus ancien visage du Nouveau Monde« (»Das älteste Gesicht der neuen Welt«), Cahiers d'art 27 (2), 1952 (über Olmekenkunst)

42 – Riane Eisler: Kelch & Schwert. Unsere Geschichte, unsere Zukunft. Weibliches & männliches Prinzip in der Geschichte, Freiburg im Breisgau 2005

43 – Gerhard Bott: Die Erfindung der Götter. Essays zur Politischen Theologie, Books on Demand, Norderstedt 2009

44 – Vgl. Schaik/Michel, a. a. O., Anm. 3

45 – Bott, a. a. O., Anm. 43

46 – Eisler, a. a. O., Anm. 42

47 – Vgl. zum Beispiel Marija Gimbutas: Göttinnen und Götter des Alten Europa. Mythen und Kultbilder 6500 bis 3500 v. Chr., Uhlstädt-Kirchhasel 2010

48 – Johannes Krause mit Thomas Trappe: Die Reise unserer Gene. Eine Geschichte über uns und unsere Vorfahren, Berlin 2019

49 – Vgl. Andreas Schneider: DuMont Reise-Taschenbuch Reiseführer Kreta, Köln 2017

50 – Vgl. Andreas Rüesch: »Wieso es in Russland wieder salonfähig ist, Stalin zu verehren«, Neue Zürcher Zeitung, 24.10.2017, https://www.nzz.ch/international/stalin-und-die-sehnsucht-nach-der-starken-hand-ld.1323741?reduced=true, abgerufen am 10.12.2020

51 – Vgl. Malte Lehming: »Entschuldigen werden sich die USA für den Atombombenabwurf nicht«, Der Tagesspiegel, 6.8.2020, https://www.tagesspiegel.de/politik/75-jahre-nach-hiroshima-entschuldigen-werden-sich-die-usa-fuer-den-atombombenabwurf-nicht/26068526.html, abgerufen am 10.12.2020

52 – »Tanz der Vampire«, Film von Roman Polański, Großbritannien 1967, https://ssl.ofdb.de/film/3003, abgerufen am 10.12.2020

53 – George Santayana: The Life of Reason or, The Phases of Human Progress, Prometheus Books, Amherst, NY, 1998 (1905/06)

54 – Vgl. Jan Assmann, a.a.O., Anm. 6

55 – »Die Unabhängigkeit. Kongreßsitzung vom 4. Juli 1776«, vollständiger Text in modernem Deutsch, PDF, o. D., https://usa.usembassy.de/etexts/gov/unabhaengigkeit.pdf, abgerufen am 10.12.2020

56 – Ilka Lehnen-Beyel: »Rhythmische Gehirngymnastik«, wissenschaft.de, 9.2.2005, https://www.wissenschaft.de/umwelt-natur/rhythmische-gehirngym nastik/, abgerufen am 3.12.2020

57 – Erin Hannon von der Cornell University in Ithaca, NY, und Sandra Trehub von der Universität von Toronto, ON, beschrieben in der Fachzeitschrift Psychological Science 16 (1), 2005, S. 48

58 – Lehnen-Beyel, a. a. O., Anm. 56

59 – Vgl. Robert M. Pirsig: ZEN und die Kunst ein Motorrad zu warten. Ein Versuch über Werte, Frankfurt am Main, 36. Aufl., 2019 (1976)

60 – Jack Kerouac: Gammler, Zen und hohe Berge, Rowohlt, Reinbek bei Hamburg, 4. Aufl., 2018 (1963)

61 – Das Foto »Earthrise« (Erdaufgang), NASA-Foto AS8-14-2383HR, aufgenommen von William Anders, vgl. zum Beispiel »Time 100Photos«, http://100photos.time.com/photos/nasa-earthrise-apollo-8, abgerufen am 3.12.2020

62 – Rosa, a. a. O. , Anm. 12

63 – Udo Jürgens: »Das blaue Album«, Werk, Lieder, 1988, https://www.udojuergens.de/lied/gehet-hin-und-vermehret-euch, abgerufen am 3.12.2020

64 – Richard Wrangham: Feuer fangen. Wie uns das Kochen zum Menschen machte – eine neue Theorie der menschlichen Evolution, München 2009

65 – Richard Wrangham: Die Zähmung des Menschen. Warum Gewalt uns friedlicher gemacht hat. Eine neue Geschichte der Menschwerdung, München 2019

66 – Vgl. Statista: »Anzahl der angezeigten Vergewaltigungen in der Schweiz von 2009 bis 2019«, Statista Research Department, 25.3.2020, https://de.statista.com/statistik/daten/studie/294693/umfrage/angezeigte-vergewaltigungen-in-der-schweiz/, abgerufen am 3.12.2020

67 – Vgl. zum Beispiel Elisabeth Raether und Michael Schlegel: »Von ihren Männern getötet«, Zeit Online, 8.12.2019, https://www.zeit.de/2019/51/frauenmorde-gewalt-partnerschaft-bundeskriminalamt?utm_referrer=https%3A%2F%2Fwww.google.de%2F, abgerufen am 3.12.2020

68 – Vgl. Haraway, a. a. O. , Anm. 10

69 – Vgl. Rosa, a. a. O., Anm. 12

70 – Hansjörg Küster: Die Geschichte des Waldes. Von der Urzeit bis zur Gegenwart, München 1998

71 – Peter Wohlleben: Das geheime Leben der Bäume. Was sie fühlen, wie sie kommunizieren – die Entdeckung einer verborgenen Welt, München, 40. Aufl., 2015

72 – Vgl. zum Beispiel Rainer Radtke: »Weltweiter Drogenkonsum – Zahlen und Statistiken«, 9.12.2020, https://de.statista.com/themen/100/drogen/, abgerufen am 10.12.2020

73 – Alexander Dill: Die Welt neu bewerten. Warum arme Länder arm bleiben und wie wir das ändern können, München 2017

74 – Marc Engelhardt: »Warum sich reiche Länder nur reich rechnen«, Andruck – Das Magazin für Politische Literatur, Deutschlandfunk, 26.6.2017, https://www.deutschlandfunk.de/armut-warum-sich-reiche-laender-nur-reich-rechnen.1310.de.html?dram:article_id=389609, abgerufen am 4.12.2020

75 – Ebenda

76 – Dill, a. a. O., Anm. 73

77 – Engelhardt, a. a. O., Anm. 74

78 – Vgl. zum Beispiel »8 Fakten zur Beschneidung«, Blick, 13.2.2019, https://www.blick.ch/life/gesundheit/medizin/8-wahr heiten-ueber-die-beschneidung-id15113745.html, abgerufen am 4.12.2020

79 – Vgl. ebenda

80 – Lukas Häuptli: »Neun von zehn Männern schauen Pornos«, NZZ am Sonntag, 26.1.2020, https://mannebuero.ch/img/uploadAdminDok/b3f61_nzzsonntag_260120.pdf, abgerufen am 4.12.2020

81 – Johan Goudsblom: Feuer und Zivilisation, Wiesbaden, 2. Aufl., 2016 (1992)

82 – Vgl. Parzinger, a. a. O., Anm. 29

83 – James Hillman und Michael Ventura: Hundert Jahre Psychotherapie – und der Welt geht's immer schlechter, Olten 1993

84 – James Hillman: Charakter und Bestimmung. Eine Entdeckungsreise zum individuellen Sinn des Lebens, München 1998
85 – Vgl. Rosa, a. a. O., Anm. 12
86 – David Abram: Im Bann der sinnlichen Natur. Die Kunst der Wahrnehmung und die mehr-als-menschliche Welt, Klein Jasedow 2012
87 – Jung, a. a. O., Anm. 26
88 – Ebenda
89 – Ebenda
90 – C. G. Jung: Über die Natur – Das vergessene Wissen der Seele, Zürich 1997
91 – Vgl. Gimbutas, a. a. O., Anm. 47
92 – Wade Davis: The Wayfinders. Why Ancient Wisdom Matters in the Modern World, Toronto 2009
93 – O. V.: »Militärhilfe steht auf der Kippe«, taz, 4.7.2013, https://taz.de/US-Unterstuetzung-fuer-Aegypten/!5063973/, abgerufen am 10.12.2020
94 – Davis, a. a. O., Anm. 92
95 – Niall Ferguson: »Das Coronavirus ist wohl nicht viel stärker als ein Influenzavirus – und könnte doch die Welt auf den Kopf stellen«, Neue Zürcher Zeitung, 2.3.2020, https://www.nzz.ch/feuilleton/niall-ferguson-das-coronavirus-bedroht-trumps-praesidentschaft-ld.1543701, abgerufen am 5.12.2020
96 – Ebenda
97 – Daniel Weber: »Nur Stämme werden überleben«, NZZ Folio. Viren & Co., November 1995, Editorial
98 – Vine Deloria: Nur die Stämme werden überleben, München 1976
99 – Vgl. Haraway, a.a.O., Anm. 10, und Abram, a.a.O., Anm. 86
100 – Vgl. Haraway, a. a. O., Anm. 10
101 – Vgl. Bott, a. a. O., Anm. 43
102 – Vgl. Schaik/Michel, a. a. O., Anm. 3
103 – Claudia Baer: »Kinder sind ein Ego-Projekt«, Neue Zürcher Zeitung, 16.11.2017, https://www.nzz.ch/meinung/kinder-sind-ein-ego-projekt-ld.1329040?reduced=true, abgerufen am 9.12.2020
104 – Lugi Luca Cavalli-Sforza: Gene, Völker und Sprachen. Die biologischen Grundlagen unserer Zivilisation, München u. a. 1999
105 – Vgl. zum Beispiel Miriam Kruse, Cornelia Stenull und Ferdinand Vögele: »EU-Kommission sammelt 7,4 Milliarden Euro ein«, SWR aktuell, 4.5.2020, https://www.swr.de/swraktuell/geberkonferenz-forschung-coronavirus-100.html, abgerufen am 11.12.2020

BILDNACHWEIS

Zdeněk Burian © Jiří und Martin Hochman
Seite 12, 22, 35, 63, 81, 98, 119, 221
Juliette Chrétien
Seite 107
Flaticon.com
Seite 11, 21, 33 (bearb.), 41, 53, 67, 77, 95, 109, 117, 127, 135, 149, 159, 185, 205 (bearb.), 233
Freepik.com
Seite 10, 20, 32, 40, 66, 76, 94, 108, 116, 126, 134, 148, 158, 184, 204, 232
Goncharovaia / Shutterstock.com
Umschlag
Hans-Peter Hufenus
Seite 6 und 7, 19, 31, 39, 51, 52, 64, 73, 74, 75, 93, 115, 124, 125, 133, 146, 147, 157, 183, 203, 231, 242, 243, 244, 248
Natural History Museum, London / Science Photo Library
Seite 42

DER AUTOR

Hans-Peter Hufenus, geboren 1949, entschied sich schon früh im Leben, dem Ruf der Natur zu folgen. So wurde die Begleitung von Menschen – zuerst im erlebnispädagogischen Bereich, wo er zu den frühen Pionieren gehört, später im Feld von Natur und Heilung – zu einer bis heute andauernden Lebensaufgabe. Im Lauf der Zeit wurde für ihn immer klarer, dass die offensichtliche Heilkraft der Natur keine neue Entdeckung, sondern eine Wiedererinnerung ist. Er versteht die Natur als ein lebendiges Gegenüber, das mit den Menschen über seine Phänomene kommuniziert. Die Wiedererinnerung an die alte Kunst des Lesens und des Umsetzens der Phänomene der Natur bzw. der Naturkräfte hat ihn auch zu einem Forscher der Urgeschichte des Homo sapiens sowie dessen Wahrnehmungs- und Lebensformen werden lassen. Bei den afroamerikanischen Orixá-Traditionen entdeckte er eine spirituelle Praxis, die dem entspricht, weil sie sowohl mit Naturkräften wie auch mit Ahnenkräften arbeitet, und so hat er hier einen Initiationsweg beschritten, der inzwischen 25 Jahre dauert. Als Senior Lecturer, Vortragender, Mentor und Lehrer wirkt er in Theorie- und Praxisbildung in natur-dialogischen Zugängen wie Systemischer Naturtherapie und Tiefenmythologie. Zusammen mit seiner Partnerin Astrid Habiba Kreszmeier arbeitet er im gemeinsam gegründeten Institut »nature & healing« in Stein (AR).

AT Verlag AG, Aarau und München
Lektorat: Ralf Lay, Mönchengladbach
Covergestaltung: AT Verlag
Buchgestaltung: Sarah Winter, Hamburg
Bildbearbeitung: Thomas Humm, Matzingen
Druck und Bindearbeiten:
Eberl & Kœsel GmbH & Co. KG, Altusried-Krugzell
Printed in Germany

ISBN 978-3-03902-110-9

www.at-verlag.ch

Der AT Verlag wird vom Bundesamt für Kultur
für die Jahre 2021–2024 unterstützt.